湖北省软科学基金资助（项目编号：2017ADC082）
湖北省高校人文社科重点研究基地——大别山旅游经济与文

经济管理学术文库·经济类

大别山地区绿色发展研究
——以黄冈市为例

Study on Green Development in Dabie Mountains
—A Case Study of Huanggang City

夏庆利／著

经济管理出版社
ECONOMY & MANAGEMENT PUBLISHING HOUSE

图书在版编目（CIP）数据

大别山地区绿色发展研究：以黄冈市为例/夏庆利著．—北京：经济管理出版社，2022.3
ISBN 978 - 7 - 5096 - 8363 - 7

Ⅰ．①大…　Ⅱ．①夏…　Ⅲ．①绿色经济—区域经济发展—研究—黄冈　Ⅳ．①F127.633

中国版本图书馆 CIP 数据核字（2022）第 047046 号

组稿编辑：曹　靖
责任编辑：郭　飞
责任印制：黄章平
责任校对：董杉册

出版发行：经济管理出版社
　　　　　（北京市海淀区北蜂窝 8 号中雅大厦 A 座 11 层　100038）
网　　址：www. E - mp. com. cn
电　　话：(010) 51915602
印　　刷：唐山玺诚印务有限公司
经　　销：新华书店
开　　本：720mm × 1000mm/16
印　　张：19.25
字　　数：367 千字
版　　次：2022 年 4 月第 1 版　　2022 年 4 月第 1 次印刷
书　　号：ISBN 978 - 7 - 5096 - 8363 - 7
定　　价：88.00 元

前　言

绿色发展是以效率、和谐、持续为目标的经济增长和社会发展方式,其与可持续发展在思想上是一脉相承的。

2020年9月,习近平主席在第七十五届联合国大会一般性辩论上宣布,"二氧化碳排放力争于2030年前达到峰值,努力争取2060年前实现碳中和"。中国的这一庄严承诺,在全球引起巨大反响,赢得国际社会的广泛积极评价。

2021年4月习近平总书记指出:"'十四五'时期,我国生态文明建设进入了以降碳为重点战略方向、推动减污降碳协同增效、促进经济社会发展全面绿色转型、实现生态环境质量改善由量变到质变的关键时期。"在《中共中央关于制定国民经济和社会发展第十四个五年规划和二〇三五年远景目标的建议》中,明确将"碳排放达峰后稳中有降"列入中国2035年远景目标。2021年全国"两会"通过的"十四五"规划纲要,进一步明确要制定2030年前碳达峰的行动计划。

碳达峰碳中和有利于促进经济结构、能源结构、产业结构的转型升级,有利于推进生态文明建设和生态环境保护、持续改善生态环境质量,对于加快形成以国内大循环为主体、国内国际双循环相互促进的新发展格局,推动高质量发展,建设美丽中国,具有重要促进作用。为此,必须坚定不移贯彻新发展理念,坚持系统观念,坚持政府和市场"两手"发力,强化科技创新和制度创新,以经济社会发展全面绿色转型为引领,以能源绿色低碳发展为关键,加快形成节约资源和保护环境的产业结构、生产方式、生活方式、空间格局,有效推进生态优先、绿色低碳的高质量发展。

本书正是在这一宏大背景下,选定大别山核心区——湖北省黄冈市为主要研究对象,运用生态文明指数、绿色GDP、生态价值评估等绿色发展理论;搜集大别山地区特别是黄冈市翔实的投入产出历史数据,包括污染物排放数据;采用比较分析法、因素分析法、回归分析法等实证研究方法研究大别山绿色发展现状;采用文献研究法、实地调查法、演绎研究法等定性分析方法,研究现有绿色发展模式，分析黄冈绿色资源产业化瓶颈、发展路径，整理了大别山地区两个绿色发展成功案例，并提出大别山地区绿色发展战略实施的政策建议。其中，对大别山地区绿化度测算、黄冈市生态文明指数测算、大别山地区绿色发展投入产出分析、大别山地区绿色 GDP 测算及其影响因素分析、黄冈市绿色资源产业化分析等内容均为本书原创，在现有公开出版物中很少涉及。

本书研究表明，一方面，黄冈县域经济实力明显落后于全省平均水平。第一产业比重偏高，第三产业比重偏低，城镇化滞后，具有典型农业社会特征。另一方面，黄冈生态保护较好，污染物排放一直处于大别山地区 8 个地级市（以下简称"8 市"）的平均水平以下，工业绿化度居"8 市"之首。运用生态文明指数分析表明，黄冈生态经济建设整体情况良好，特别是万元产值占地、耗电、耗水持续下降；生态环境建设平稳上升，其中建成区绿化覆盖率表现突出；生态文化建设处于全国和全省水平之上，主要得益于黄冈崇文重教的优良传统，高度重视教育科技投入；生态社会建设低于湖北平均水平，居全国中等偏下的位置；生态法制建设抓得紧、做得实，充分发挥了生态建设的后发优势。

从"8 市"投入产出的包络分析看，2010 ~ 2018 年黄冈人力投入冗余率平均为 0.17%，人力资源利用率居大别山地区前列；资本投入冗余率 0.73%，资本利用率居大别山地区中等地位；废水排放冗余率 5.61%，减排成绩居大别山地区前列；二氧化硫（SO_2）排放冗余率 8.56%，工业烟（粉）尘排放量冗余率 11.78%，两者减排成绩均居"8 市"之首。

从绿色 GDP 增长率看，2011 ~ 2018 年，黄冈绿色 GDP 年均增长 8.61%，仅次于"8 市"中的随州市，居大别山地区第二位。经过因素分析，黄冈绿色 GDP 的主要影响因素为服务业产值占传统 GDP 比重，其增长 1 个百分点，绿色 GDP 增长 1.23 个百分点。

从农业绿色发展水平分析，黄冈农业对化肥农药依赖十分突出，地膜覆盖率高出同期全省平均水平近一倍。但是，黄冈财政对农业的投入十分有限，农业服务支出水平在全省居于落后位置。

黄冈拥有丰富的绿色资源，红色文化、绿色生态、名人文化富集，但是黄冈经济基础薄弱、思想观念保守、经济活力不足、创新驱动不够，生态转化滞后，导致绿色资源没有产业化，绿色发展不可持续。为此，本书提出借鉴循环再生、立体共生、复合开发等绿色发展模式，实施全域旅游、循环融合、森林康养、生态补偿和数字乡村等绿色发展战略，辅之以组织机构创新、考核机制创新、政府采购创新和生态补偿创新等绿色发展政策建议。

全书共分 12 章，按照提出问题、理论准备、现状及其测度、因素分析、回归分析、演绎分析、案例研究及政策建议的逻辑顺序展开研究，试图通过抽丝剥茧的方式，为学界和政府部门"全景式"呈现大别山地区绿色发展的现状和瓶颈，揭示大别山地区特别是黄冈市绿色发展的主要影响因素和关键切入点。

全书由笔者独撰，书中有部分内容参考了有关单位和学者的研究成果，均已在参考文献和脚注中注明。写作过程中得到本校同事罗芳博士、姜维军博士的很多帮助，借鉴有些算法时也专门通过电子邮件多次请教原文作者，均得到及时回复，在此特别致谢！另外，笔者指导的研究生梁兴群同学和三位科研助手先后协助做了大量数据搜集和整理工作，在此一并感谢！

本书得到湖北省软科学基金和湖北省高校人文社科重点研究基地——大别山旅游经济与文化研究中心的资助；黄冈师范学院商学院领导以及邓高燕老师对本书出版给予了很多支持，在此诚挚谢忱！

由于研究大别山地区绿色发展的资料十分有限，在研究中笔者又希望使用最新研究工具，比如利用含非期望产出的超效率 SBM 模型测算绿色 GDP，是一个大胆的尝试。但是，限于笔者水平，全书虽几经修改，书中错误和缺点仍在所难免，欢迎广大读者不吝赐教！更欢迎有志研究大别山地区绿色发展的同仁，在本书"抛砖"的基础上，进行更精准、深入的研究，如此善莫大焉！

夏庆利

于 2021 年 7 月 17 日

目　录

第1章 引言

1.1 选题意义

大别山地区是全国重要的革命老区、国家重要的水土保持生态功能区、中国连片特困地区。大别山地区绿色发展研究对于探索新时代山区、老区跨越式发展，缩小区域发展差距，实现生态保护与经济发展相协调具有重要的理论价值和现实意义。

1.2 研究目标与主要内容

本书主要研究大别山地区产业绿色化和绿色资源产业化的机制体制创新。首先分析黄冈经济基础、产业结构、产业层次、绿色资源和生态文明指数，梳理黄冈绿色发展现状。其次通过实证分析，揭示黄冈绿色发展的影响因素。再次对湖北省和黄冈市农业绿色发展进行定量分析，指出农业绿色化的主要障碍和对策措施。又次分析黄冈绿色资源产业化战略、现状和创新举措。最后借鉴国内外绿色发展模式，提出大别山地区绿色发展的政策建议。

1.2.1 大别山地区绿色发展的内涵及其测度

通过研究文献，对大别山地区绿色发展的内涵进行界定，借鉴"中国生态文明指数"选取黄冈市 2007~2018 年的统计数据，对黄冈市绿色发展水平进行测度，评价大别山地区绿色发展存在的薄弱环节。

1.2.2 大别山地区绿色发展的制约因素实证分析

大别山地区是国家重要的粮油生产基地和特色农产品产区，但整体工业化水平不高，产业层次较低、链条短。通过构建实证模型，利用黄冈市统计数据，定量分析大别山地区绿色发展的制约因素。

1.2.3 大别山地区农业绿色发展的制约因素实证分析

大别山是长江、淮河两大水系的分水岭和南北气候的交汇点，是中华农耕文化发祥地之一，是典型的农业地区，农业的绿色化水平代表了整个地区产业绿色发展水平，通过湖北省及黄冈市农业绿色化水平的实证分析，揭示大别山地区产业绿色化发展的制约因素。

1.2.4 黄冈绿色资源产业化分析

大别山地区历史古迹和文化名人众多，楚文化、医道文化、禅宗文化交汇。但整体产业化水平不高，绿色资源优势尚未转化为产业优势。通过与绿色发展成功案例的比较分析，揭示大别山地区绿色资源产业化方面存在的机制体制障碍。重点分析当前大别山地区森林生态效益补偿标准、湿地保护补助标准、珍稀种植资源培育补助标准、人口易地安置补助标准等因素，探讨与区域经济实力相适应的生态补偿标准；构建基于碳权、水权、排放配额、再生能源配额等方面的生态补偿制度；探索建立行业性、区域性生态补偿制度以及社会资本参与的生态补偿机制。

1.2.5 大别山地区绿色发展模式借鉴

重点介绍废弃物质资源化再利用模式、小流域综合治理农业模式、"果林＋粮经"立体共生模式、"生产＋加工＋综合服务"经营模式、"茶＋林＋粮"式复合开发模式、小农"循环经济"发展模式。

1.2.6 大别山地区绿色发展的政策建议

组织机构创新，明确全社会绿色发展责任；考核机制创新，激活全社会绿色发展潜力；政府采购创新，引领全社会绿色发展方向；生态补偿创新，拓宽绿色发展的资金渠道；生态教育创新，培养全社会绿色发展意识；发展现代农业，带动三次产业绿色化发展；发展全域旅游，促进绿色资源产业化发展。

1.3　研究方法

本书采用文献研究与实地调查相结合、规范分析与实证分析相结合、定性分析与定量分析相结合的研究方法。具体而言，通过文献研究界定绿色发展的内涵和意义，规范分析主要是基于定量和实证分析的结论提出有针对性的政策建议，定性分析主要是对黄冈绿色资源产业化进行战略分析和理论创新研究。定量分析主要通过借鉴"中国生态文明指数"构建大别山地区绿色发展指数，借鉴蒋云云（2018）农业绿色发展水平测度模型，对湖北省和黄冈市农业绿色发展水平进行分析和评价。实证分析是通过构建绿色发展与相关影响因素的多元线性回归模型，进行大别山绿色发展影响因素的回归分析和实证检验。

1.4　主要创新点

（1）构建绿色发展测度模型，借鉴"中国生态文明指数"构建大别山地区绿色发展指数，借鉴蒋云云（2018）农业绿色发展水平测度模型，构建农业绿色发展指数。

（2）实证分析大别山地区绿色发展的制约因素，具体分析第三产业产值占GDP比重、人均用水量、建成面积、生活垃圾处理化率、单位工业增加值水耗、森林覆盖率、工业废水达标率等因素对大别山地区绿色发展指数的影响程度。

（3）提出了大别山地区绿色发展的政策建议，包括组织机构创新、考核机制创新、生态补偿创新、商业业态创新、政府采购创新、绿色意识教育创新、生态教育创新、发展现代农业和全域旅游等，全方位推进大别山地区绿色发展。

第 2 章　文献综述

2.1　绿色发展

2.1.1　绿色发展的提出

Pearce 等（1989）首次提出绿色经济的概念，并指出绿色经济才能可持续发展。2011 年，联合国环境规划署（UNEP）将绿色经济定义为，可促成提高人类福祉和社会公平水平，同时，显著降低环境风险与生态稀缺的经济。冯之浚等（2010）认为，绿色发展的关键环节在于发展包括低碳经济在内的循环经济和节能经济、清洁生产、生态经济以及绿色消费。张正斌等（2011）提出绿色工业革命、绿色能源革命、绿色农业革命等绿色发展路径。

2.1.2　绿色发展评价指标体系构建

全球第二次生态峰会提出建立一个环境影响因素与经济活动之间联系的信息系统，联合国统计局（UNSD）通过扩展国民账户（SNA），使其包含环境信息，得到经过环境调整的国内净产出——生态国内产出（EDP）。张小刚（2011）提出绿色 GDP 的扩展模型，即在绿色 GDP 基础上追加人工培育自然资源的经济增加值和生态增加值以及减少天然资源消耗折合的经济增加值。连玉明（2015）构建了"生态文明指数"对绿色发展进行评估。

2.1.3　贫困与绿色发展的关系研究

Grossman 和 Krueger（1991）研究发现，污染在低收入水平上随人均 GDP 增加而上升，高收入水平上随人均 GDP 增长而下降。贫困有可能导致环境破坏的不可逆,是各类环境损失中最为严重的(李寿德等,2000)。中国经济新常态最突出的一个特征就是老百姓已开始从"盼温饱"发展到"盼环保"(连玉明,2015)。随着居民收入逐渐提高,绿色食品的消费需求急剧增加(刘濛,2013)。绿色产品市场价格相对高于一般商品,这正是企业开展绿色营销的动力(张小刚,2011)。

2.1.4 绿色消费与绿色发展的关系研究

Bienabe 和 Hearne(2006)对哥斯达黎加的居民和国外游客进行意愿调查和 CE 分析的结果表明,不同人群都愿意增加环境服务的付费水平。厉以宁(2014)指出每个家庭在资源节约方面都大有潜力,对废品的回收可以做很多工作。解决资源环境制约,必须推行绿色消费模式,以绿色消费倒逼绿色经济转型(曹东等,2012)。但是,目前我国区域性和全国性的绿色食品批发市场尚未形成,大多数产品只能通过普通流通渠道进入市场,绿色食品标志使用不规范,有的甚至故意误导消费者,市场效应不显著(张小刚,2011)。胡鞍钢等(2014)提出,由政府购买绿色产品与服务、绿色投资,不断创造绿色就业岗位。张越等(2015)提出,我国应针对前端废物产生、末端废物处理开发再生资源产业。市场出售可能引起污染的产品时应向消费者收取押金,当消费者把废弃部分送回指定系统时将押金退还;如果没送回,押金可视为对可能造成污染产品的销售征收附加费。

2.1.5 大别山地区绿色发展现状研究

宁方馨(2014)研究发现,大别山地区大部分县域综合资源承载力处于不同程度的超载状态。刘刚(2010)认为,顺坡耕作农田和经济林地的植被退化较严重,水文功能退化和植物群落数量减少。李晗(2012)提出以水电、风电和生物质能产业为支柱型,以太阳能、地热能和氢能产业为成长型的大别山地区绿色能源产业发展的策略。

2.1.6 绿色发展政策措施

1987 年,美国联邦政府倡导为农场主提供技术和财政支持,加强面源污染监测管理(丁恩俊等,2008)。德国提供的农业补贴不与产量挂钩,而是与农场经营状况、动物保护、自然保护、环境保护和消费者保护标准的遵守情况挂钩(Koenig 和 Simianer,2006)。美国一系列保护土地和环境资源的生态补偿政策,使农业生态环境质量大幅提高(Wallander 和 Hand,2011)。严立冬等(2010)认为,农业生态资本投资为绿色农业和农业循环经济提供了可供选择的现实路径。邓远建等（2015）通过对武汉东西湖区的研究认为，加大绿色农业生态补偿，提升了绿色农业产地环境质量水平。魏后凯（2015）认为，对重要生态功能区和粮食主产区，要加大生态和耕地补偿力度，实现"不开发的富裕"和"不开发的繁荣"。连玉明（2015）认为，以绿色减贫为战略导向，以绿色就业保护和改善生态环境，实现资本与高新产业的绿色融合，是欠发达地区实现后发赶超、洼地崛起的重要途径。

现有研究成果对绿色发展的内涵、意义、制约因素、政策都进行了比较深入的理论分析，有些单项政策措施实证成效明显。但是系统讨论区域绿色发展的案例成果比较少见，本书基于现有理论的应用和政策集成创新的思路，利用大别山地区绿色生态优势，以黄冈市为例，系统探讨大别山地区绿色发展的机制体制创新。

2.2 环境库兹涅茨曲线（EKC）

库兹涅茨曲线又称倒 U 形曲线（Inverted U Curve），由美国经济学家西蒙·史密斯·库兹涅茨（Simon Smith Kuznets）于 1955 年提出。20 世纪 90 年代初，美国经济学家格鲁斯曼等发现部分环境污染物（如颗粒物、二氧化硫等）排放总量与经济增长的长期关系也呈现倒 U 形曲线。即一个国家经济发展水平较低的时候，环境恶化程度随经济的增长而加剧；当经济发展达到一定水平时，会到达临界点或称"拐点"，之后，随着人均收入的进一步增加，环境污染又由高趋低，其环境污染的程度逐渐减缓，环境质量逐渐得到改善，环境质量与收入间关系轨迹被称为环境库兹涅茨曲线（李慧明和欣欣，2013）。

2.2.1 经济增长对环境质量的影响

Grossman 和 Krueger（1991）提出经济增长通过规模效应、技术效应与结构效应三种途径影响环境质量：

2.2.1.1 规模效应

经济增长从两方面对环境质量产生负面影响：一方面，经济增长要增加投入，进而增加资源的使用；另一方面，更多产出也带来污染排放的增加。

2.2.1.2 技术效应

高收入水平与更好的环保技术、高效率技术紧密相连。在一国经济增长过程中，研发支出上升，推动技术进步，产生两方面的影响：一是其他要素不变时，技术进步提高生产率，改善资源的使用效率，降低单位产出的要素投入，削弱生产对自然与环境的影响；二是清洁技术不断进步并取代肮脏技术，并有效地循环利用资源，降低了单位产出的污染排放。

2.2.1.3 结构效应

产业结构从农业向能源密集型重工业转变，增加了污染排放，随后经济转向低污染的服务业和知识密集型产业，投入结构变化，单位产出的排放水平下降，环境质量得到改善。

规模效应恶化环境，而技术效应和结构效应改善环境。在经济起飞阶段，资源的使用超过了资源的再生，有害废弃物大量产生，规模效应超过了技术效应和结构效应，导致了环境恶化；当经济发展到新阶段，技术效应和结构效应胜出，环境恶化减缓。

2.2.2 收入水平对环境质量的影响

收入水平低的社会群体很少产生对环境质量的需求，贫穷会加剧环境恶化；收入水平提高后，人们开始关注现实和未来的生活环境，产生了对高环境质量的需求，不仅愿意购买环境友好产品，而且不断加大环境保护的压力，愿意接受严格的环境规制，并带动经济发生结构性变化，减缓环境恶化。

2.2.3 环境规制对环境质量的影响

伴随收入上升的环境质量得以改善，大多来自环境规制的变革。没有环境规制的强化，环境污染的程度不会下降。随着经济增长，环境规制在加强，有关污染者、污染损害、地方环境质量等信息不断健全，促成政府加强地方与社区的环保能力和提升一国的环境质量管理能力。严格的环境规制进一步引导经济结构向低污染转变。

2.2.4 市场机制对环境质量的影响

随着市场机制的不断完善，自然资源在市场中交易，自我调节的市场机制会减缓环境的恶化。在早期发展阶段，自然资源投入较多，并且逐步降低了自然资源的存量；当经济发展到一定阶段后，自然资源的价格开始反映出其稀缺性而上升，社会降低了对自然资源的需求，并不断提高自然资源的使用效率，同时促进经济向低资源密集的技术发展，环境质量改善。同时，经济发展到一定阶段后，市场参与者日益重视环境质量，对施加环保压力起到了重要作用，如银行对环保不力的企业拒绝贷款等。

2.2.5　环保投资对环境质量的影响

环境质量的变化也与环保投资密切相关，不同经济发展阶段的资本充裕度不同，环保投资的规模因而不同。将资本分为两部分：一部分用于商品生产，产生了污染；另一部分用于减污，充足的减污投资改善环境质量。低收入阶段所有的资本用于商品生产，污染重并影响环境质量；收入提高后充裕的减污投资防止了环境进一步恶化。环境质量提高需要充足的减污投资，而这以经济发展过程中积累了充足的资本为前提。减污投资从不足到充足的变动构成了环境质量与收入间形成倒 U 形曲线的基础。

但是 EKC 存在一些局限性。EKC 更多的是反映地区性和短期性的环境影响，而非全球性的长期影响。EKC 的概念不能适用于所有的环境指标，特别不适用于自然资源（土地、森林、草地及矿产资源等）减少导致的环境恶化，即使收入提高环境恶化并不一定会改善。经济增长与环境改善可以并行，其前提条件是在收入水平提高的同时，实施有效的环境政策。收入水平提高只是为环境政策的出台和有效实施提供了条件。

对于中国的情况，赵细康等（2005）认为，仅烟尘具有弱 EKC 特征，中国多数污染物的排放与人均 GDP 变化间的关系还不具有典型的 EKC 变化特征。从烟尘排放看，中国人均 GDP 尚未达到转折点。张晓（1999）用计量回归的方法对我国环境库兹涅茨曲线的存在性进行了检验，得出我国经济与环境之间的环境库兹涅茨曲线呈现出较弱的倒 U 形关系，但转折拐点较发达国家低。林伯强和蒋竺均（2009）研究认为，中国二氧化碳库兹涅茨曲线的理论拐点对应的人均收入是 37170 元，即 2020 年左右，但实证预测表明，拐点到 2040 年还没有出现。杨万平和袁晓玲（2009）研究认为，中国综合环境污染模型呈正 U 形，以 21 世纪初为分界点，之前环境污染水平不断下降，之后环境污染又开始有所恶化；利用脉冲响应函数来考察环境污染和经济增长的互动关系，发现经济增长在追溯期内对环境污染均为正向影响，而环境污染仅在短期对经济增长有促进作用。

2.3　中国生态文明指数

借鉴国内外研究成果，结合地区发展实际，本书设计一套全面反映生态文明发展情况的指标体系——中国生态文明指数，该体系包括生态经济建设、生态环境建设、生态文化建设、生态社会建设、生态制度建设 5 个二级指标以及 22 个三级指标，如表 2 - 1 所示。

表 2 - 1 中国生态文明指数评价指标体系

总体层	系统层	指标层	指标属性	权重
中国生态文明指数	生态经济建设	人均 GDP	正指标	5
		服务业增加值占 GDP 比重	正指标	5
		万元产值建设用地	逆指标	4
		人均建设用地面积	正指标	6
		万元产值用电量	逆指标	3
		万元产值用水量	逆指标	2
	生态环境建设	污染物排放强度	逆指标	5
		生活垃圾无害化处理率	正指标	6
		建成区绿化覆盖率	正指标	6
		人均公共绿地面积	正指标	4
	生态文化建设	教育经费支出占 GDP 比重	正指标	6
		万人拥有中等学校教师数	正指标	2
		人均教育经费	正指标	4
		R&D 经费占 GDP 比例	正指标	5
		居民文化娱乐消费支出占消费总支出的比重	正指标	4
	生态社会建设	城乡居民收入比	逆指标	4
		万人拥有医生数	正指标	3
		养老保险覆盖面	正指标	5
		人均用水量	逆指标	3
	生态制度建设	财政收入占 GDP 比重	正指标	6
		生态文明试点创建情况	正指标	7
		生态文明规划完备情况	正指标	5

资料来源：连玉明．中国生态文明发展报告［M］．北京：当代中国出版社，2014.

2.3.1 生态经济类指标

（1）人均 GDP = GDP 总额/年末人口总数。

（2）服务业产值占 GDP 比例 = 第三产业总产值/GDP 总量×100% 。

（3）万元产值建设用地 = 建设用地面积总和/GDP 总额。

（4）人均建设用地面积 = 建设用地面积总和/年末人口总数。

（5）万元产值用电量 = 全社会用电量/地区生产总值。

（6）万元产值用水量＝耗水总量/地区生产总值。

2.3.2 生态环境类指标

（1）污染物排放强度＝工业废气排放中主要污染物总量/地区行政面积。

（2）生活垃圾无害化处理率＝经过无害化处理的生活垃圾数量/产生的生活垃圾总量×100%。

（3）建成区绿化覆盖率：指建成区内一切用于绿化的乔、灌木和多年生草本植物的垂直投影面积与建成区总面积的百分比，即建成区的绿化覆盖面积/行政区划内建成区总面积×100%。

（4）人均公共绿地面积＝公共绿地面积/年末总人口数。

2.3.3 生态文化类指标

（1）教育经费支出占GDP比重＝财政支出中教育经费支出/地区生产总值×100%。

（2）万人拥有中等学校教师数＝普通中学专职教师数/年末总人口×10000。

（3）人均教育经费＝财政支出中教育经费支出/年末总人口数。

（4）R&D经费占GDP比例＝财政支出中科学技术支出/地区生产总值×100%。

（5）居民文化娱乐消费支出占消费支出的比重＝城市居民文化娱乐消费支出总额/居民消费总支出×100%。

2.3.4 生态社会类指标

（1）城乡居民收入比＝城镇居民人均可支配收入/农村居民人均纯收入。

（2）万人拥有医生数＝专职医生数/年末总人口数×10000。

（3）养老保险覆盖面＝城镇基本养老保险参保人数/年末总人口数×100%。

（4）人均用水量＝全社会用水总量/用水总人口。

2.3.5 生态制度类指标

（1）财政收入占GDP比重＝一般预算财政收入/地区生产总值×100%。

（2）生态文明试点创建情况：在国家环保部近年开展的生态文明试点（国家生态文明建设示范区、生态文明建设试点地区、国家级生态示范区、全国生态示范区建设试点、生态文明先行示范区、生态文明示范工程试点）创建中的进展情况。计算公式为各类生态文明创建试点数量（所有下一级行政单位数据均向上汇总统计）×试点项目权重。

（3）生态文明规划完备情况：各地区颁布实施的各类生态文明规划文件汇

总情况，根据是否公布生态文明专项规划文本分别赋值。

2.3.6 评估过程与方法

（1）指标标准化处理。采用极值标准化法来对指标进行无量纲化处理，每个指标的数值都在 0~1 并且极性一致。

（2）指标权重的确定。德尔菲——层次分析法，也就是先通过专家调查打分，然后利用层次分析法原理进行相关计算。

（3）计算生态文明发展指数。将无量纲化的三级指标按专家赋予的指标权重进行加权求和，可计算出各二级指标得分。对二级指标得分求和，即得到生态文明发展指数。

为了克服中国生态文明发展指数评价方法的不足，本书构建生态文明建设进步指数，该指数分析依据各级指标的权重进行。具体是根据三级指标进步率，加权求和得出二级指标进步指数，二级指标进步指数加权求和计算出总体生态文明建设进步指数。进步指数要选取对比基准，正指标用计算期的数据除以基准年份的数据减去1；逆指标反过来，即用基期的数据除以计算期的数据减去1，再乘以 100%，计算出每项三级指标的年度进步率。进步指数为正，表示生态文明建设整体情况有进步，负值则表示生态文明建设状况有退步。与生态文明建设评价的相对算法不同，进步指数是基于三级指标原始数据及相应权重计算得出，因此能更客观、准确地反映各地区生态文明建设成效及变化，而不仅仅是反映它在全国相对排名情况。

2012 年湖北省生态文明发展指数为 0.485，如表 2-2 所示。

表 2-2 2012 年湖北省生态文明发展水平指数各级指标得分和排名

指标	得分	排名
生态文明发展指数	0.485	14
1. 生态经济建设	0.099	17
人均 GDP	0.013	13
服务业增加值占 GDP 的比重	0.007	20
万元产值建设用地	0.024	23
人均建设用地面积	0.012	12
万元产值用电量	0.027	10
万元产值用水量	0.017	18
2. 生态环境建设	0.111	22
污染物排放强度	0.046	14
生活垃圾无害化处理率	0.031	26

续表

指标	得分	排名
建成区绿化覆盖率	0.033	14
人均公共绿地面积	0.002	22
3. 生态文化建设	0.064	25
教育经费支出占 GDP 比重	0.002	29
万人拥有中等学校教师数	0.010	19
人均教育经费	0.000	30
R&D 经费占 GDP 比例	0.029	9
居民文化娱乐消费支出占消费总支出的比重	0.023	12
4. 生态社会建设	0.097	12
城乡居民收入比	0.027	11
万人拥有医生数	0.011	21
养老保险覆盖面	0.033	13
人均用水量	0.026	22
5. 生态制度建设	0.114	8
财政收入占 GDP 比重	0.007	27
生态文明试点创建情况	0.057	5
生态文明建设规划完备情况	0.050	3

资料来源：连玉明. 中国生态文明发展报告 ［M］. 北京：当代中国出版社，2014.

2012 年，湖北省在 31 个省份中排名第 14 位。湖北省生态文明建设的基本特点是：生态制度建设居于全国领先水平，生态经济建设、社会建设居于全国的中上游水平。

具体来看，在生态经济建设方面，湖北省的人均 GDP 相对较高，人均达38572 元，居全国第 13 位；服务业增加值占 GDP 的比重为 36.9%，居于全国第20 位；万元产值用水量、用电量和建设用地分别是 134.5 立方米、677.7 千瓦时、9.56 平方米，分别居全国的第 18 位、第 10 位和第 23 位；人均建设用地面积 132.4 平方米，居于全国第 12 位。

在生态环境建设方面，湖北省污染物排放强度 10.6 吨/平方千米，居全国第14 位；生活垃圾无害化处理率达到 71.5%，居第 26 位；建成区绿化覆盖率38.9%，居第 14 位；人均公共绿地面积 42.8 平方米，居第 22 位。

在生态文化建设方面，湖北省教育经费占 GDP 比重的 3.07%，居全国第 29位；万人拥有中等学校教师数 36.7 人，居全国第 19 位，人均教育经费 1184.3元，居全国第 30 位；R&D 经费占 GDP 的 1.18%，居全国第 9 位；居民文化娱乐消费支出占消费总支出的比重为 11.4%，居全国第 12 位。

在生态社会建设方面，湖北省城乡居民收入比为 2.65，居全国第 11 位；万人拥有医生数 17.2 人，居全国第 21 位；养老保险覆盖面达 59.5%，居全国第 13 位。

在生态制度建设方面，财政收入占 GDP 比重的 8.2%，居全国第 27 位。近年来，湖北省较为重视生态文明建设，先后获得"生态文明建设试点地区""国家级生态示范区""全国生态示范区建设试点地区""生态文明先行示范区""生态文明示范工程试点"称号，居全国第 5 位。

与 2007 年相比，2012 年湖北省的生态文明建设情况有一些进步（见表 2 - 3），湖北省生态文明进步指数得分为 0.950，在全国 31 个省份中排第 12 位。总体来说，湖北省在 5 个方面均具有不同程度的提升，最为突出的是生态经济建设方面，进步速度居全国第 2 位。

表 2 - 3　2012 年湖北省生态文明进步指数分布

类别	得分	排名
生态文明进步指数	0.950	12
生态经济建设	0.284	2
生态环境建设	0.169	15
生态文化建设	0.377	4
生态社会建设	0.105	18
生态制度建设	0.017	13

资料来源：连玉明. 中国生态文明发展报告 ［M］. 北京：当代中国出版社，2014.

将全国 31 个省份和 35 个大中城市生态文明发展指数的二级指标平均贡献率做比较发现，生态环境建设和生态经济建设仍然是当前加强生态文明建设的核心环节。对于传统工业文明的经济增长模式造成的资源环境问题，可以有两种不同的调整方式。一种是在不改变工业文明经济发展模式的情况下进行修补式、应对式的反思和调整，例如在污染造成以后进行治理。它们在本质上是以服从和支持经济增长范式为前提的。另一种则是要求对传统工业文明的经济发展模式进行革命的变革式、预防式的反思和调整，例如通过变革生产模式和生活方式，使污染较少产生甚至不再产生。中国未来的发展，既不应该沿袭传统的工业文明，也不会提前进入后工业化的生态文明，而是要走出有中国特色的生态工业文明道路来。中国的生态文明需要落实到工业化、城市化以及现代化三个方面。中国虽然经历了40多年的改革开放，但是与庞大的人口和空间分布相比，中国总体上的物质基础建设仍然不够，因此物质层面的发展状态为发展生态文明提供了机会和空间。

2.4　绿色 GDP

劳动价值论假设：人类活动即劳动创造价值，价值是凝结在产品和服务中的社会平均劳动时间。劳动价值论可以拓展到生态系统，生态系统通过其功能同样为人类提供生态产品和服务，即生态系统的功能（类似于人类的劳动）创造生态系统服务价值，生态系统服务价值是凝结在生态系统产品和服务中的生态系统平均作用时间。这样就可以将生态系统服务价值定义为一个国家或地区的生态系统通过其功能为全社会提供的产品和服务的价值，用以度量生态系统的生态服务产出（即绿色GDP）。生态系统服务价值至少可以通过替代成本法或支付意愿法来进行计量，结果也可以与GDP进行对比（谢高地等，2015）。

20世纪60年代，随着全球性的资源短缺、生态环境恶化，特别是1992年里约会议之后，可持续发展观被世界各国政府广泛认同，人们已经普遍意识到需要对传统的国民经济核算体系进行修正。这是因为传统GDP仅衡量经济过程中通过交易的产品与服务总和，它不考虑自然资源的逐渐稀缺性，也不考虑资源的质量下降和耗竭性资源的枯竭等问题。所以，通常是一个国家和地区的自然资源消耗得越多，其GDP增长也就越快；同时，它不能反映环境的缓冲能力下降、自净能力下降、抗逆能力下降，反而将产生环境污染的经济活动的收益也计入GDP之中，甚至将环境污染算成对经济的贡献。这使世界的发展与生态环境之间存在着越来越紧张的关系，迫切需要重构"绿色GDP"来衡量一个国家和地区的真实发展和进步。联合国、世界各国政府、著名国际研究机构和科学家从20世纪70年代开始，一直进行着艰辛的理论探索。1971年，美国麻省理工学院首先提出了"生态需求指标"（ERI），试图利用该指标定量测算与反映经济增长对于资源环境的压力之间的对应关系。托宾（James Tobin）和诺德豪斯（William Nordhaus）于1972年提出净经济福利指标（Net Economic Welfare），他们主张应该把都市中的污染等经济行为所产生的社会成本从GDP中扣除；同时，加入家政活动、社会义务等经济活动。1973年日本政府提出净国民福利指标（Net National Welfare），主要是将环境污染列入考虑之中。国家制定出每一项污染的允许标准，超过污染标准的，列出改善所需经费，这些改善经费必须从GDP中扣除。

1995 年，世界银行首次向全球公布了用"扩展的财富"指标作为衡量全球或区域发展的新指标，"扩展的财富"由"自然资本""生产资本""人力资本"和"社会资本"四大组要素构成。1997 年，Constanza 和 Lubchenco 等首次系统地设计了测算全球自然环境为人类所提供服务的价值与全球国内生产总值（GDP）之间的比例关系（1∶1.18）。

绿色 GDP 核算主要有两种方法：第一种方法是联合国统计局（1993）提出了"综合环境与经济账户系统"（SEEA）作为 SNA 的附属核算体系，即在国内生产总值中扣除自然资本的消耗，得到经过环境调整的 GDP，也就是绿色 GDP（GGDP）。第二种方法是利用投入产出技术描述和计算绿色 GDP，即 GGDP ＝ GDP － 资源环境损害 ＋ 环保部门新创造价值。无论是第一种方法还是第二种方法都存在着一个难题，这就是资源的消耗和环境损失的货币化问题，因为资源耗减和环境污染很难找到一个合适的价格。目前，我国对资源环境损失进行货币化估价还没有一个共同的、可理解的度量标准，一个总的原则是，能够市场交易的资源用市场交易价格来估价，不能交易的按净现值方法，通过未来收益来估价，污染按治污成本来估价。

尹向飞（2021）借鉴 Solow 全要素生产率测算的思想，定义绿色 GDP 增长率（GGDPG）等于综合生产要素增长率（$inputG_{0t}$）加上绿色 TFP 增长率（$TFPG_{0t}$），计算公式如下：

$$GGDPG_{0t} = inputG_{0t} + TFPG_{0t} \tag{2-1}$$

TFP 即全要素生产率（技术生产率），其估算方法可归结为两大类：一类是增长会计法，另一类是经济计量法。增长会计法（Growth Accounting Approach）将经济增长中传统生产要素投入贡献剔除掉，从而得到技术生产率增长的估算值，其本质是一种指数方法。按照指数的不同构建方式，可分为代数指数法和几何指数法（也称索洛残差法）。

代数指数法假设商品价格为 P_t，数量为 Q_t，则总产出为 P_tQ_t。生产中资本投入为 K_t，劳动投入为 L_t，资本价格即利率为 r_t，工资率为 w_t，基年利率为 r_0，工资为 w_0，价格为 P_0。

$$TFP_t = \frac{P_0Q_t}{r_0K_t + w_0L_t} \tag{2-2}$$

即按基期的"价格"计算的产出与按基期的工资率、资本利率计算的投入之比。其隐含的意思就是剔除价格因素，产出量与投入量之比，高于基期水平的原因就是技术进步、效率改善或规模效应。

索洛残差法采用产出增长率扣除各投入要素增长率后的残差来测算全要素生产率增长。即产出增长率超过投入增长率的幅度，在规模报酬不变的假定条件下，这种增长幅度就认定为技术进步带来的更高效率。

$$\text{TFP} = \frac{\text{TFP}_t}{\text{TFP}_{t-1}} - 1 = \frac{\dfrac{Y_t}{K_t^\alpha L_t^\beta}}{\dfrac{Y_{t-1}}{K_{t-1}^\alpha L_{t-1}^\beta}} - 1$$

$$= \frac{\dfrac{Y_t}{Y_{t-1}}}{\dfrac{K_t^\alpha L_t^\beta}{K_{t-1}^\alpha L_{t-1}^\beta}} - 1 = \frac{\dfrac{Y_t}{Y_{t-1}} - \dfrac{K_t^\alpha L_t^\beta}{K_{t-1}^\alpha L_{t-1}^\beta}}{\dfrac{K_t^\alpha L_t^\beta}{K_{t-1}^\alpha L_{t-1}^\beta}} \qquad (2-3)$$

其中，Y_t 为 t 期产出，K_t 为 t 期资本投入，L_t 为 t 期劳动投入，α 为平均资本产出份额，β 为平均劳动力产出份额，后两者一般通过回归的办法估算。比如，投入增长 3%，产出增长 5%，此时，产出多增长的 2% 占投入增长 3% 的比例是 67%，这就是全要素增长率或技术进步增长率。如果考虑规模递增（或递减），那 TFP 应该调减（或调增）。

尹向飞（2021）基于规模报酬不变的 CCR 模型测算绿色全要素生产率，公式如下：

$$\max h_0 = \frac{\sum\limits_{r=1}^{s} u_r y_{r0}}{\sum\limits_{i=1}^{m} v_i x_{i0}} \qquad (2-4)$$

$$\text{s. t.}\begin{cases} \dfrac{\sum\limits_{r=1}^{s} u_r y_{rj}}{\sum\limits_{i=1}^{m} v_i x_{ij}} \leqslant 1, \ j=1, 2, \cdots, n \\[4pt] u_r \geqslant 0, \ r=1, 2, \cdots, s_1; \ u_r \leqslant 0, \ r=s_1+1, \ s_1+2, \cdots, s_1+s \\[4pt] v_i \geqslant 0, \ i=1, 2, \cdots, m \end{cases}$$

其中，n 代表决策单元个数，m 代表生产要素种类数，x_{ij} 表示第 j 个决策单元第 i 种生产要素的投入。s_1 表示期望产出的种类数，$s-s_1$ 表示非期望产出的种类数，前面 s_1 类产出为期望产出，第 s_1+1，s_1+2，$\cdots$，s_1+s 类产出为坏产出，y_{rj} 表示第 j 个决策单元第 r 种产出。由于第 s_1+1，s_1+2，$\cdots$，s_1+s 类产出为非期望产出，对应的 u_r 小于 0，体现利用期望产出对非期望产出进行调整来构建绿色 GDP 指数。式中，目标函数的分子实际上是不同种类产出的加权和；目标函数的分母是生产要素的加权和。公式计算出来的决策单元效率值为不同产出的加权和除以投入的不同生产要素的加权和，其本质是单位综合生产要素所带来的综合产出指标。

综合生产要素增长率（记为 inputG），计算公式如下：

$$inputG_{0t} = \ln\left(\frac{\sum\limits_{i=1}^{m} w_{it}^{t} x_{i0}^{t+1}}{\sum\limits_{i=1}^{m} w_{it+1}^{t} x_{i0}^{t}} \cdot \frac{\sum\limits_{i=1}^{m} w_{it}^{t+1} x_{i0}^{t+1}}{\sum\limits_{i=1}^{m} w_{it+1}^{t+1} x_{i0}^{t}}\right)^{1/4} \qquad (2-5)$$

其中，$w = tv$，v 为由 v_1，v_2，$\cdots$，v_m 组成的列向量。

尹向飞（2021）测算国家绿色 GDP 增长率时，生产要素用就业和资本存量两个变量，其中就业数据来自《中国统计年鉴》，但是各地区的就业数据仅提供 2010 年之前的，2011 年以后的数据不再提供。考虑到就业数据变化相对平稳，因此，2010 年以后各省份的就业数据用如下公式推算（尹向飞、欧阳峣，2019）：

$$L_k^t = \frac{ZL_k^{2010}}{SL_k^{2010}} SL_k^t \qquad (2-6)$$

其中，t = 2011，2012，$\cdots$，2016，ZL_k^{2010} 表示《中国统计年鉴》所提供的 2010 年第 k 个省份的就业数据、SL_k^t 表示各省份统计年鉴所提供的第 t 年第 k 个省份的就业数据。资本存量折旧率取 9.6%，资本存量用 1995 年价格表示，采用永续盘存法估算。即：

$$P_k^t = P_k^{t-1}(1-\delta) + PI_k^t \qquad (2-7)$$

其中，P_k^{t-1} 为第 t－1 年第 k 个省份的资本存量数据，δ 取 9.6%，PI_k^t 为第 t 年第 k 个省份按不变价格计算的固定资产投资。

期望产出有以 1995 年价格表示的 GDP，非期望产出有工业固体废弃物产生量、工业二氧化硫排放量、工业废水排放量。以历年各省份 GDP 占该年国家 GDP 比重为权重，对各省份绿色 GDP 增长率、绿色 TFP 增长率、综合生产要素增长率进行加权平均，得到全国绿色 GDP 增长率、绿色 TFP 增长率、综合生产要素增长率，具体结果如表 2－4 所示。

表 2－4　1996～2018 年中国绿色 GDP 增长率、TFPG 和综合生产要素增长率

单位:%

年份	GDP 增长率	TFPG	inputG	绿色 GDP 增长率	TFPG 贡献	inputG 贡献
1996	11.04	12.77	1.27	14.03	90.98	9.02
1997	10.44	10.80	2.16	12.95	83.36	16.64
1998	9.31	7.55	1.30	8.85	85.28	14.72
1999	8.68	9.47	3.19	12.66	74.79	25.21
2000	9.34	7.47	3.79	11.26	66.35	33.65
2001	9.19	7.20	4.86	12.05	59.72	40.28

续表

年份	GDP 增长率	TFPG	inputG	绿色 GDP 增长率	TFPG 贡献	inputG 贡献
2002	10.32	7.98	6.26	14.24	56.02	43.98
2003	11.60	4.76	8.66	13.43	35.46	64.54
2004	12.81	5.44	10.07	15.51	35.08	64.92
2005	12.34	0.99	11.49	12.48	7.95	92.05
2006	12.89	2.34	13.93	16.27	14.41	85.59
2007	13.45	4.36	10.84	15.20	28.70	71.30
2008	11.09	0.54	12.60	13.15	4.12	95.88
2009	11.03	-1.90	15.32	13.42	-14.16	114.16
2010	12.32	-1.68	14.51	12.83	-13.10	113.10
2011	11.11	0.82	12.63	13.45	6.10	93.90
2012	9.75	0.02	13.83	13.85	0.13	99.87
2013	9.02	-2.16	15.16	12.99	-16.64	116.64
2014	7.91	-3.19	13.75	10.56	-30.17	130.17
2015	7.50	-2.95	12.36	9.41	-31.33	131.33
2016	7.02	-0.58	10.84	10.26	-5.61	105.61
2017	6.97	1.17	8.04	9.21	12.73	87.27
2018	6.63	2.84	5.25	8.09	35.10	64.90
"九五"	9.76	9.61	2.34	11.95	80.41	19.59
"十五"	11.25	5.27	8.27	13.54	38.94	61.06
"十一五"	12.16	0.73	13.44	14.17	5.18	94.82
"十二五"	9.06	-1.49	13.54	12.05	-12.38	112.38
2016~2018	6.87	1.15	8.04	9.19	12.47	87.53
平均	10.08	3.22	9.22	12.44	25.45	74.55

绿色 GDP 增长最快的 5 个省份全部属于东部地区，分别为上海、天津、海南、北京、广东，其增长率分别为 21.39%、20.65%、18.54%、17.78%、15.44%，同时，这 5 个省份是绿色 TFP 增长最快的 5 个省份；从这 5 个省份的传统 GDP 增长率排名来看，天津属于传统 GDP 增长最快的省份，而北京属于增长最慢的省份，这说明在绿色 GDP 增长最快的 5 个省份中，只有天津做到了经济总量在数量上和质量上都位居全国前列，而北京在质量上位居全国前列，在数量上位居全国后列。绿色 GDP 增长最慢的 5 个省份全部属于中西部地区，分别为新疆、广西、宁夏、甘肃、山西，其绿色 GDP 增长率分别为 9.91%、9.86%、

9.74%、9.71%、9.67%，同时，这 5 个省份是绿色 TFP 增长速度排名靠后的 5 个省份；从这 5 个省份的传统 GDP 增长率排名来看，新疆、山西属于传统 GDP 增长最慢，说明这 2 个省份经济总量在数量上和质量上排名都是靠后的。从综合生产要素增长率来看，inputG 最高的 5 个省份全部为中西部省份，分别为重庆、贵州、河南、安徽和江西；最低的 5 个省份全部为东部省份，分别为天津、北京、辽宁、上海和广东；其中，天津属于绿色 GDP 和传统 GDP 增长最快的省份，综合生产要素增长最慢的省份，说明天津实现了"低投入、低排放、高产出"的高质量增长方式。

对中国省级数据进行实证研究，结果表明，相比传统 GDP，中国绿色 GDP 以更高的速度增长；自"十五"计划以来，中国和各地区绿色 GDP 增长的主要驱动力为综合生产要素的增长。东中部、东西部传统 GDP 差距呈缩小变化趋势，但绿色 GDP 差距呈扩大变化趋势，而绿色 TFP 差距扩大是主要原因；尽管上海、天津等省份 GDP 增长率排名靠后，但其绿色 GDP 增长位于全国前列。

2.5　生态补偿

生态补偿，国外称之为环境/生态系统服务付费（Payment for Environmental/Ecosystem Services，PES），最初是指将自然生态系统服务商品化，即通过构建一个体系较为完备的自然资源交易市场确定自然资源的价格，鼓励土地所有者以可持续的方式在市场上对闲置资源进行交易，从而有效减少人们的负外部性活动（Neera 等，2015）。在实践中，发达国家 PES 项目的实施主体主要是政府相关部门，在发展中国家则主要是国际援助组织，在项目开展初期需要提供大量的外部资金予以支持，一旦资金链断裂很难确定资源买卖双方是否能够继续进行有序交易，这就使 PES 项目在实施过程中很难构建体制机制较为完备的自然资源交易市场（丁杨，2017）。而且，PES 项目在较为复杂的环境中运行仍会产生诸如效果评估与信息不对称、市场交易成本较高、产权界定不明确、环境服务量化较为困难等一系列亟待解决的难题（苏芳等，2020）。

中国语境下的"生态补偿"概念主要包括四种观点。一是基于生态修复角度，张诚谦（1987）研究认为，生态补偿就是人们从自然资源获取自身利益的同时拿出一定比例的资金进行环境修复，从而维护整个自然界生态系统的动态平衡。二是基于经济手段角度，毛显强等（2002）研究指出，生态补偿在狭义上可以理解为环境受益者对服务提供者支付一定费用的行为手段，在广义上可以理解为政府对破坏自然环境的主体收取一定的恢复费用达到保护环境的一种经济手段；赵雪雁等（2012）分析指出，生态补偿是为生态环境投资和保护者争取一定的经济回报，有效减少人们在对自然环境这一社会公共产品消费时产生的"搭便车"等不良现象，激励民众积极保护自然生态环境的一种经济制度。三是基于补偿机制角度，王前进等（2019）分析认为，生态补偿是指在经济学和生态学理论基础上，环境受益者向服务提供者支付一定的费用来提升民众保护环境积极性的一种补偿机制，其应该由惩治负外部性的特征逐渐向激励正外部性特征转变；李国志（2019）指出生态补偿是为了有效应对生态环境的外部性特征，协调相关主体之间的利益冲突，从而加快生态文明建设的一种补偿机制。四是基于法律公平角度，徐素波等（2020）认为，相关团体或个人在合法前提下因过度开发利用使生态环境受到了一定的损害，在利用市场、行政等方式合理确定生态损害的基础上，向利益受损方或所有者支付一定的补偿金来弥补其损失的行为。

关于生态补偿对象，国内外专家学者主要对森林生态补偿和流域生态补偿相关问题展开研究。我国政府相关部门在 1981 年提出构建森林生态补偿制度，并陆续开展退耕还林还草、天然林地保护、森林资源生态补偿试点等工作，使我国在森林生态补偿领域取得了较为丰富的研究成果（刘璨等，2019）。森林生态补偿标准主要包括生态效益补偿标准和生态价值补偿标准两种，吴强等（2017）基于生态效益补偿标准，利用国内 31 个省份的森林生态效益长期观测数据，分析测算得出我国森林资源生态补偿标准的平均数值为 783.60 元/公顷·年。森林生态补偿方式主要有政府生态补偿、市场生态补偿和混合生态补偿三种，Salzman等（2018）研究指出，应该采取政府补助、税费减免、技术指导、教育服务、价格奖励等多种混合型政策工具，从而在提高当地居民收入水平的同时有效增加森林所有者对林地资源的利用程度。杨小军等（2016）对四川省农户调研数据进行分析测算得出，森林生态补偿最低受偿意愿为 4500 元/公顷·年。蒋毓琪等（2020）测算浑河下游民众对上游森林生态补偿的支付意愿和支付额度，结果显示 74.6% 的下游民众愿意对上游森林实施生态补偿，人均生态补偿支付金额为 23.77 元/年。

流域生态补偿是指在利用市场、行政等方式合理确定生态损害价值基础上，过度利用生态环境者向政府相关部门支付一定比例的补偿资金，最后由政府部门向流域生态效益损害方或保护方支付一定的费用来弥补其损失的行为（郑云辰等，2019）。流域生态补偿标准主要有生态保护成本补偿标准和生态外溢效益补偿标准，伍国勇等（2019）对贵州省安顺市西秀区长田流域生态补偿标准进行测算，该流域的生态补偿总额应为 1162.45 万元；田义超等（2019）对赤水河流域的生态补偿标准进行测算，结果显示该流域的生态补偿均值为 4626.29 元/公顷·年。流域生态补偿方式主要有政府生态补偿、市场生态补偿和混合生态补偿三种。浙江省政府为了有效解决钱塘江流域较为突出的水污染问题，积极向世界银行申请贷款资金支持用以开展给排水工程、污水处理和固体垃圾处理等多项环境综合治理工程，该项目的成功实施有效遏制了河流水质不断恶化的趋势，并促进了当地可持续发展与居民生活改善（王国灿，2017）；赤水河流域通过构建流域信托基金改变现有土地利用方式，进一步加强对流域附近土地的监管力度，从而保障流域附近的生态健康（郝春旭，2019）。但是，我国在流域生态补偿领域依旧停留在政府"独自搭台唱戏"的发展阶段，这将会使生态补偿的效果大打折扣（王彬彬和李晓燕，2015）。张化楠等（2019）对黄河支流大汶河流域内禁止开发与限制开发意愿调查发现，民众的生态补偿意愿分别为 1511.18 元/年与 961.71 元/年。

2.6　生态价值

　　生态价值即生态系统服务价值，其核算可以大致分为两类，即基于单位服务功能价格的方法和基于单位面积价值当量因子的方法（以下简称当量因子法）。当量因子法是在区分不同种类生态系统服务功能的基础上，基于可量化的标准构建不同类型生态系统各种服务功能的价值当量，然后结合生态系统的分布面积进行评估。谢高地等（2015）将 1 个标准生态系统生态服务价值当量因子定义为 1 公顷全国平均产量的农田每年自然粮食产量的净利润，并计算得到 2010 年的值为 3406.50 元/公顷。同时，将生态系统服务分为供给服务、调节服务、支持服务和文化服务四大类，并进一步细分为食物生产、原料生产、水资源供给、气体调节、气候调节、净化环境、水文调节、土壤保持、维持养分循环、生物多样性和美学景观 11 种服务功能，进而构建不同类型生态系统和不同种类生态系统服务功能价值的基础当量，即不同类型生态系统单位面积上各类服务功能年均价值当量，如表 2-5 所示。

　　基于上述当量表，谢高地等（2015）初步评估了我国生态系统服务功能的时空动态变化特征。2010 年，我国不同类型生态系统服务的总价值量为 38.10×10^{12} 元。对不同类型生态系统而言，森林的服务价值量最高，为 17.53×10^{12} 元，占总价值的 46.0%；水域和草地的服务价值量分别占总价值的 21.2% 和 19.7%；湿地和农田的较少，分别占总价值的 6.4% 和 6.2%；荒漠的服务价值量最低，仅占总价值量的 0.6%。在不同类别的生态系统服务功能中，调节功能的价值量最高，其中，水文调节和气候调节服务的价值量分别为 14.96×10^{12} 元和 6.85×10^{12} 元，分别占总价值的 39.3% 和 18.0%；其次是土壤保持、维持生物多样性、气体调节和净化环境，约占总服务价值的 32.3%；其他各项生态服务价值较低，仅占总服务价值的 10.5%。生态服务价值量占全国总价值量最高的是四川（8.7%）和云南（8.8%），其次是西藏（7.0%）、广东（6.1%）、广西（5.5%）、湖南（5.5%）、江西（5.3%）、黑龙江（5.0%）、湖北（4.9%）和内蒙古（4.8%）等地，上海（0.1%）、北京（0.2%）、宁夏（0.2%）和天津（0.2%）最低。

表 2-5　单位面积生态系统服务价值当量

生态系统分类		供给服务			调节服务				支持服务			文化服务
一级分类	二级分类	食物生产	原料生产	水资源供给	气体调节	气候调节	净化环境	水文调节	土壤保持	维持养分循环	生物多样性	美学景观
农田	旱地	0.85	0.40	0.02	0.67	0.36	0.10	0.27	1.03	0.12	0.13	0.06
	水田	1.36	0.09	-2.63	1.11	0.57	0.17	2.72	0.01	0.19	0.21	0.09
森林	针叶	0.22	0.52	0.27	1.70	5.07	1.49	3.34	2.06	0.16	1.88	0.82
	针阔混交	0.31	0.71	0.37	2.35	7.03	1.99	3.51	2.86	0.22	2.60	1.14
	阔叶	0.29	0.66	0.34	2.17	6.50	1.93	4.74	2.65	0.20	2.41	1.06
	灌木	0.19	0.43	0.22	1.41	4.23	1.28	3.35	1.72	0.13	1.57	0.69
草地	草原	0.10	0.14	0.08	0.51	1.34	0.44	0.98	0.62	0.05	0.56	0.25
	灌草丛	0.38	0.56	0.31	1.97	5.21	1.72	3.82	2.40	0.18	2.18	0.96
	草甸	0.22	0.33	0.18	1.14	3.02	1.00	2.21	1.39	0.11	1.27	0.56
湿地	湿地	0.51	0.50	2.59	1.90	3.60	3.60	24.23	2.31	0.18	7.87	4.73
荒漠	荒漠	0.01	0.03	0.02	0.11	0.10	0.31	0.21	0.13	0.01	0.12	0.05
	裸地	0.00	0.00	0.00	0.00	0.00	0.00	0.03	0.02	0.00	0.02	0.01
水域	水系	0.80	0.23	8.29	0.77	2.29	5.55	102.24	0.93	0.07	2.55	1.89
	冰川积雪	0.00	0.00	2.16	0.18	0.54	0.16	7.13	0.00	0.00	0.01	0.09

谢高地等（2015）测算，2010 年中国生态系统服务总价值为 38.10 万亿元，GDP 为 40.12 万亿元，总人口为 13.41 亿，由此计算可得中国人均生态服务价值量为 2.84 万元，人均 GDP 为 2.99 万元。总体而言，人均 GDP 和人均生态服务价值接近 1:1，这表明中国生态系统服务价值相对社会经济价值是非常稀缺的。各地区的人均生态系统服务价值和 GDP 情况如表 2-6 所示。

表 2 - 6　2010 年各地区人均生态系统服务价值与 GDP 的比较

省份	生态服务价值（ESV）/亿元	GDP/亿元	人口/万人	人均ESV/万元	人均GDP/万元
北京	692.42	14113.58	1961.90	0.35	7.19
天津	837.32	9224.46	1299.29	0.64	7.10
河北	4539.29	20394.26	7193.60	0.63	2.83
山西	5722.64	9200.86	3574.11	1.60	2.57
内蒙古	18390.47	11672.00	2472.18	7.44	4.72
辽宁	7086.22	18457.27	4374.90	1.62	4.22
吉林	7652.70	8667.58	2746.60	2.79	3.16
黑龙江	18967.70	10368.60	3833.40	4.95	2.71
上海	455.84	17165.98	2302.66	0.20	7.45
江苏	9597.29	41425.48	7869.34	1.22	5.26
浙江	11832.57	27722.31	5446.51	2.17	5.09
安徽	9963.32	12359.33	5956.71	1.67	2.07
福建	14298.27	14737.12	3693.00	3.87	3.99
江西	20115.41	9451.26	4462.25	4.51	2.12
山东	5063.13	39169.92	9587.86	0.53	4.09
河南	5295.76	23092.36	9405.47	0.56	2.46
湖北	18785.33	15967.61	5727.91	3.28	2.79
湖南	21036.59	16037.96	6570.10	3.20	2.44
广东	23099.88	46013.06	10440.96	2.21	4.41
广西	20822.27	9569.85	4610.00	4.52	2.08
海南	4488.25	2064.50	868.55	5.16	2.38
重庆	5188.95	7925.58	2884.62	1.80	2.75
四川	33337.32	17185.48	8044.92	4.14	2.14
贵州	10558.02	4602.16	3478.94	3.03	1.32
云南	33544.03	7224.18	4601.60	7.29	1.57
西藏	26499.23	507.46	300.72	88.04	1.69
陕西	8007.39	10123.48	3735.23	2.14	2.71

续表

省份	生态服务价值 (ESV) /亿元	GDP/ 亿元	人口/ 万人	人均 ESV/ 万元	人均 GDP/ 万元
甘肃	7777. 30	4120. 75	2559. 98	3. 04	1. 61
青海	13706. 83	1350. 43	563. 47	24. 35	2. 40
宁夏	760. 24	1689. 65	632. 96	1. 20	2. 67
新疆	12912. 25	5437. 47	2185. 11	5. 91	2. 49
全国	381034. 22	401202. 03	134091. 00	2. 84	2. 99

资料来源：谢高地，张彩霞，张昌顺，肖玉，鲁春霞. 中国生态系统服务的价值［J］. 资源科学，2015，37（09）：1740 - 1746.

可以看出不同的区域提供的生态系统服务价值有巨大差异，尤其在经济发达、人口密集聚集的区域，当地为每人提供的生态系统服务价值极低，北京的年人均生态系统服务价值为 0. 35 万元，上海的年人均系统生态系统服务价值为 0. 20 万元，天津的年人均生态系统服务价值为 0. 64 万元。当然，在大型城市地区能够从当地获取的生态系统服务价值很低是在预料之中的。但需要注意的是，在经济中等发达的河北、山东、河南三省，人均生态系统服务价值还不足 1 万元，不到全国平均的 1/3。这说明经济中等发达地区的生态系统服务稀缺性也正在变得更为突出，需要引起人们的关注。

生态补偿有利于促使自然生态系统实现良性运转并促进代际公平。2000 年，国务院正式颁布《全国生态环境保护纲要》；2005 年，中共十六届五中全会明确指出应该按照"谁开发谁保护、谁受益谁补偿"的原则构建生态补偿体制机制；中共十八届五中全会上提出"创新、协调、绿色、开放、共享"五大发展理念；习近平总书记在党的十九大报告中又将生态环境保护和生态文明建设提升到十分重要的战略高度，为我国新时代经济社会持续健康发展指明了方向（王树华，2014）。

第 3 章　黄冈市经济基础及其绿化度

大别山坐落于中国安徽省、湖北省、河南省交界处，西接桐柏山，东延为霍山和张八岭，东西绵延约 380 千米，南北宽约 175 千米，主要部分海拔 1500 米左右，是长江与淮河的分水岭。大别山地区是著名的革命老区、重要的生态功能区，也是生态保护的关键地、"思源回报"的重点地区之一。

3.1　地区特质

在土地革命战争时期，大别山地区是全国第二大革命根据地——鄂豫皖革命根据地的中心区域；在解放战争时期，大别山地区对民国首都南京和中心城市武汉具有重要的军事价值，刘邓大军千里挺进大别山，揭开全国性大进攻的序幕。

2011 年，中共中央、国务院印发《中国农村扶贫开发纲要（2011—2020年)》，明确大别山区为全国连片特困地区，要加强生态建设和环境保护，着力解决制约发展的"瓶颈"问题，促进基本公共服务均等化，从根本上改变连片特困地区面貌。

2013 年，国家林业局印发《大别山水土保持生态功能区生态保护与建设规划（2013—2020 年)》，规划范围涉鄂、豫、皖 3 省 15 县，覆盖黄冈的 5 县（市)，即麻城市、红安县、罗田县、英山县和浠水县。大别山与桐柏山、秦巴山相连形成我国中部生态屏障带，保护江汉平原、江淮平原、长江中下游生态安全，是淮河中游、长江下游重要水源涵养区和补给区。大别山区生物多样性富集，是连接华东、华北、华中植物区系的纽带，对华中地区生物多样性保护具有十分重要的意义。

2015 年，经李克强总理签批，国务院批复同意《大别山革命老区振兴发展规划》（以下简称《规划》)，《规划》以大别山革命老区为中心，规划范围包括黄冈市在内的 3 省 6 市 11 县（市），区域总面积 10.86 万平方千米。《规划》明确指出，大别山革命老区振兴发展的战略定位是建成欠发达地区科学发展示范区、全国重要的粮食和特色农产品生产加工基地、长江和淮河中下游地区重要的生态安全屏障、全国重要的旅游目的地。《规划》明确了七个方面的重点任务：一是发展现代农业，二是促进产业结构优化升级，三是优化城乡建设布局，四是推进基础设施建设，五是加强生态建设和环境保护，六是完善基本公共服务，七是加快重点领域改革。

本书主要以黄冈市为研究对象，通过解剖"麻雀"，探索大别山地区绿色发展现状、存在的问题、影响因素，进而提出相关政策建议。

3.2　经济基础

大别山地区是我国重要的粮油生产基地和特色农产品产区：食品、建材、化工、医药、机械产业已形成一定规模，但是特色农业产业附加值不高，农业生产经营组织化程度较低；工业基础薄弱，产业集中度偏低；旅游业基础设施不完善，旅游开发程度较低。另外，大别山地区土地资源短缺，建设用地指标不足；资金实力薄弱，金融服务支持力度不足；人力资源严重流失，人才储备不足。2017 年，黄冈市 10 县（市）在湖北省 105 个县（市、区）县域经济综合排名如表 3 - 1 所示。

表 3 - 1　黄冈 10 县（市）在湖北省 105 个县（市、区）县域经济综合排名

县（市）	麻城	武穴	蕲春	浠水	黄梅	黄州	红安	罗田	团风	英山
综合排名	40	42	54	57	63	71	75	76	88	89

资料来源：根据《湖北统计年鉴》计算整理。

由表 3 - 1 可知，相对于湖北省其他地区，大别山地区内黄冈 10 县（市）县域经济发展总体水平较低，全部在全省平均水平以下。

据 2016 年湖北发布的《关于完善县域经济工作考核的意见》规定，2017 年对县域经济发展进行分类考核，其中，第一类县（市、区）21 个，即国家和省重点开发区域所在市（区）20 个以及宜昌市夷陵区。黄州区在第一类县中排名最后，主要原因是地区生产总值太低，仅 223.5 亿元，人均地方一般公共预算收入也只有 1757 元，均排一类县倒数第二，分别只有排名第一的 28.99% 和

21.80%。第二类县（市、区）27 个，包括限制开发区域的国家农产品主产区所在县（市）。武穴排第 10 位，蕲春排第 17 位，黄梅排第 25 位，团风排最后。其中武穴经济总量排二类县第 6 位，但是人均指标排第 13 位，说明其劳动生产率不高，蕲春和黄梅都存在这个问题，团风经济总量和人均指标都排倒数第二。第三类县（市、区）31 个，包括限制开发区域的国家和省重点生态功能区所在的 28 个县（市、区）以及恩施市、远安县和鄂州市梁子湖区。麻城市在三类县中排名第 3 位，主要得益于经济总量指标，人均指标仅排第 5 位。红安县、浠水县、罗田县、英山县分别排在三类县中第 10、12、21 和 28 位。除英山县外，其他三县都是人均指标排名低于总量指标。英山县总量指标排 24 位，人均指标排 21 位，属于"双低"。

无论从综合排名还是分类考核结果看，黄冈作为大别山老区的核心地区，虽然受益于国家政策扶持，但是县域经济实力仍然落后于湖北省平均水平，其中劳动生产率低下是主要影响因素，这与地区产业结构有很大关系。

3.3 产业结构

黄冈是传统的农业大市，有 4 个县（市）是国家农产品主产区，农业在地区生产总值中占较大比重。2007 ~ 2018 年，黄冈市三大产业结构比重由 30.4：33.9：35.7 调整为 18.5：40.9：40.6，其中，工业产值比重从 25.34% 提高到 31.23%，年均增长 15.92%，高于地区生产总值年均 13.74% 的增速，如表 3 - 2 所示。

表 3 - 2 2007 ~ 2018 年黄冈市产业结构及工业产值比重 单位：%

年份	产业结构比例	工业产值比重
2007	30.4：33.9：35.7	25.34
2008	30.8：34.7：34.5	27.21
2009	29.5：37.4：33.1	29.69
2010	28.6：38.1：33.3	30.44
2011	27.7：38.9：33.3	31.00
2012	27.9：39.0：33.1	30.70
2013	26.8：39.1：34.1	30.83

年份	产业结构比例	工业产值比重
2014	25.4 : 39.7 : 34.9	30.74
2015	23.9 : 38.9 : 37.2	30.01
2016	22.9 : 37.9 : 39.2	29.53
2017	21.7 : 38.9 : 39.3	29.54
2018	18.5 : 40.9 : 40.6	31.23

资料来源：根据历年《黄冈统计年鉴》整理。

与湖北省、全国比较，黄冈还存在较大差距。2018年，全国三次产业增加值占国内生产总值的比重为7.2 : 40.7 : 52.2，湖北省三次产业结构比为9.0 : 43.4 : 47.6。黄冈的第一产业比重偏高，第三产业比重偏低。黄冈第一产业的比重比湖北湖北省平均水平高9.5个百分点，比全国高11.3个百分点；第二产业的比重高于全国0.2个百分点，低于湖北省3.7个百分点；第三产业比全国低11.6个百分点，比湖北省低7个百分点。这说明黄冈经济发展水平和结构转型升级均滞后于湖北省和全国平均水平。

从工业化程度来看，2018年全国工业增加值占GDP的比重为39.69%，湖北省为33.18%，黄冈为31.23%，分别低于全国和湖北省平均水平8.46个和1.95个百分点。从城镇化率来看，2018年全国、湖北省常住人口城镇化率分别为59.58%、60.3%，而黄冈仅为47.22%，分别低于全国、湖北省12.36个百分点和13.08个百分点。由于黄冈工业化程度滞后，导致黄冈第一产业比重过大，全市平均劳动生产效率不高，经济发展滞后；同时，黄冈农业社会特征也导致城镇化滞后，三次产业发展很不充分，集群经济和集群创新均未形成，这可能是黄冈县域经济在全省排名靠后的根本原因。

从县域情况看，麻城2018年三次产业结构比为18.3 : 38.9 : 42.8，与黄冈市平均水平相当，工业产值占比36.05%，高于全市平均4.82个百分点，年均增长22.16%，也高于全市年均增速6.24个百分点。这可能是麻城综合经济实力在全市居于最高地位，在湖北省居于较高地位的重要原因。也必须看到，麻城的第三产业比重亦较低，经济发展后劲还有很大的提升空间。

英山2018年三次产业结构比为32.3 : 32.6 : 35.1，不仅与全国、湖北省的差距很大，与全市平均水平相比也存在很大差距，特别是第一产业比重过高，高于全市平均水平13.8个百分点。工业产值占地区生产总值比仅为15.33%，不仅低于全市平均水平15.9个百分点，也低于其自身10年前的水平，正是由于工业化率的徘徊不前，导致该县经济实力摆在全市、湖北省末位水平，劳动生产率水平和创新驱动能力均处于低位。

如图 3-1 所示，黄冈 10 县（市、区）第一产业比重整体呈现不断下降的趋势，这反映出黄冈二三产业的发展速度高于第一产业水平，整体生产率水平呈现不断提升的态势。但是县（市、区）发展是不平衡的，英山县的第一产业比重一直处于全市的最高水平，而且在 2010 年有一个比较大的反弹，直到 2013 年开始缓慢下降，直到 2018 年第一产业比重仍然处于 30% 以上，是全市唯一的第一产业占比仍然处于 30% 以上的县。

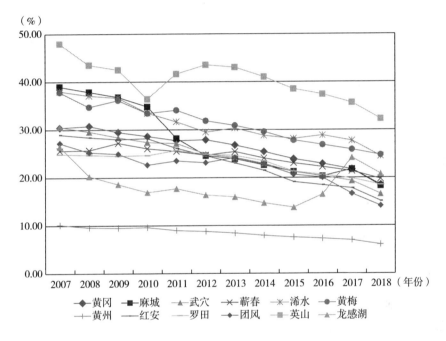

图 3-1　2007~2018 年黄冈市第一产业占地区总产值比重

资料来源：《黄冈统计年鉴 2019》整理计算。

黄州是黄冈市政府所在区，呈现出比较典型的非农化特征，第一产业的比重一直居全市最低水平，而且持续缓慢下降，2018 年是全市唯一的第一产业比重低于 10% 的区。

龙感湖原系省属国有农场，1956 年经国务院批准围湖垦建，1996 年经批准设立黄冈市龙感湖管理区，2005 年黄冈市将龙感湖管理区视同县（市）级单位管理。该区具有较好的农业产业化基础，呈现出较鲜明的农业工业化特征，第一产业的比重一直比较低。但是从 2016 年开始，该区出现返农的特征，第一产业比重较快反弹，这应该不是农业发展的结果，而是其经济发展整体衰退的原因，可能是该区农产品加工业转型升级缓慢，面对市场竞争加剧，出现衰退，呈现出逆工业化趋势，到2018年该区第一产业比重已经超过黄冈市平均水平，居于第4位。

麻城市2007～2010年一直是农业大县，第一产业比重居于黄冈市第2位，仅次于英山县，但是从2011年开始，第一产业比重快速收缩，接近黄冈市平均水平，之后二三产业进一步快速发展，到2018年，第一产业比重居黄冈市第8位，略低于黄冈市平均水平。麻城市是全黄冈第一产业降幅最大的市，这正是其经济实力快速提升的根本原因。

其他7县（市）第一产业比重基本与全市平均水平保持同向同步趋势，团风县是"最年轻"的县，原来归属黄冈市黄州区，受市区辐射，第一产业比重降速较快，2018年仅次于黄州，成为黄冈市第一产业比重最低的三个县之一。

如图3-2所示，黄冈市第二产业比重整体平稳，2007～2011年缓慢上升，2014～2016年略有下降，2016年后又开始快速上升，2018年黄冈市第二产业比重越过40%的历史最高水平，进入工业化最好时期。这说明黄冈市工业化进程仍然在进行中，经济结构转型还没有真正开始。

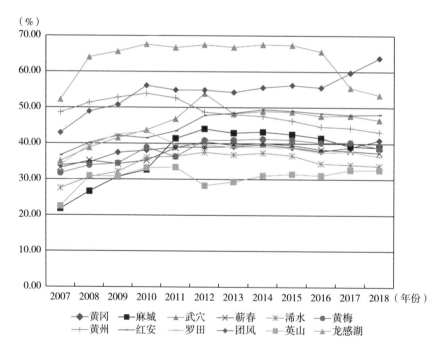

图3-2 2007～2018年黄冈市第二产业占地区总产值比重

资料来源：《黄冈统计年鉴2019》整理计算。

龙感湖第二产业比重的发展趋势较好解释了第一产业的发展趋势，2007～2016 年，第二产业比重始终居全市最高水平，超过 60%，这说明其主导产业为农产品加工业，这与其历史上以农场为基础，发展农业机械化有关。2017 年，第二产业比重出现"断崖"式下跌，并且 2018 年仍然处于下跌中，由于经济整体下滑，而农业保持相对稳定，所以第二产业比重快速下滑，但是其主导产业应该仍然是农产品加工业，因为其第二产业占比仍然居全市第二，超过了 50%。

　　英山是大别山深处的山区县，工业基础十分薄弱，仅在 2007～2010 年有一段时间，第二产业比重有较明显增长，之后基本处于停滞状态。2012 年，第二产业比重还出现了明显下滑，之后第二产业的比重一直居黄冈市的最低水平，导致其整体经济实力排在湖北省、黄冈市末尾。

　　麻城市第二产业比重变化分两个阶段，2012 年前有较快提升，之后缓慢回落，但是与龙感湖不同的是，这并不说明麻城第二产业倒退，这个从第三产业的发展趋势可以判断，2012 年后麻城第三产业比重开始较快提升，而且幅度比第二产业更快，这是麻城经济结构不断优化的表现。类似的情况也发生在黄州，而且黄州的转型更早，从 2010 年就开始了。

　　团风的第二产业比重比较特别，2010 年前有较快提升，2010～2016 年基本保持不变，2016 年后又开始较快提升。这与大部分县（市、区）的情况不一致，对比三次产业比重可以判断，团风仍然处在工业化过程中，经济结构转型还没有开始。

　　如图 3－3 所示，黄冈市第三产业比重在 2009 年前有两年缓慢下降，对照黄冈第二产业比重发展趋势可知，这是由于当时黄冈处于工业化快速推进过程中，第二产业增长速度高于第三产业增长速度，导致第三产业比重相对下降。2009 年后黄冈第三产业比重稳步上升，体现出明显的调结构特征。

　　黄州区在 10 个县（市、区）调结构、促转型过程中始终处于领跑地位，2011～2012 年第三产业比重提升快于其他地区，之后第三产业比重始终高于全市平均水平 10 个百分点左右。罗田县第三产业比重与黄州十分相似，该县第三产业比重迅速提升的主要原因可能是得益于其旅游业的快速发展，促进了第三产业比重的大幅提升。

　　龙感湖第三产业的比重始终处于全市最低水平，在前面的分析中已经知道，龙感湖是以农场为基础建设的管理区，具有良好的农业产业化基础，农产品加工优势十分明显，属于加工业主导的经济模式，所以第三产业比重比较低。团风的情况与龙感湖相似，新建县的工业基础比较薄弱，一直处于工业化阶段，第三产业比重始终排全市倒数第二的位置。2018 年更是降低到龙感湖之下，排在全市最末尾的位置。

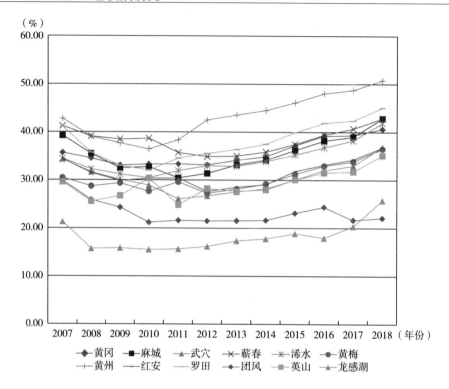

图 3 - 3　2007～2018 年黄冈市第三产业占地区总产值比重

资料来源：《黄冈统计年鉴 2019》整理计算。

其他 7 县、市的情况基本与全市第三产业比重的平均水平走势相同，2011 年是拐点，之前第三产业比重逐步下降，之后稳步上升。

如图 3 - 4 所示，黄冈市的工业增加值比重 2012 年前稳步提升，之后处于平稳发展趋势，2017 年后有下降的趋势，初步看有倒 U 形曲线的形态，但是从黄冈二三产业比重的发展趋势看，工业化过程还不充分，第三产业发展的基础十分脆弱，只有少数县、市（区），比如黄州、罗田，前者依靠市政府所在地和高等教育拉动服务业快速发展，经济结构调整较快；后者主要借助地理优势，大力发展旅游业，逐步形成县域经济的主体，带动第三产业比重有较大的提升。其他县、市（区）第三产业缺乏明显的优势和特色，更缺乏创新内核和技术集群带动。

综上所述，大别山试验区整体仍然处于"后农业"阶段，经济实力和消费能力较低，工业基础和服务业平台均较落后，旅游资源的开发也不充分，第三产业的发展还没有出现占比持续上升的势头，部分年份甚至出现占比下降的逆势。为了从根本上促进大别山地区绿色发展，必须转变经济发展方式，调整优化产业结构，坚持重点抓工业突破性发展，促旅游、文化、金融、物流等现代服务业快速发展，推进新能源新材料、智能制造、新能源汽车、节能环保等新兴产业快速落地发展。

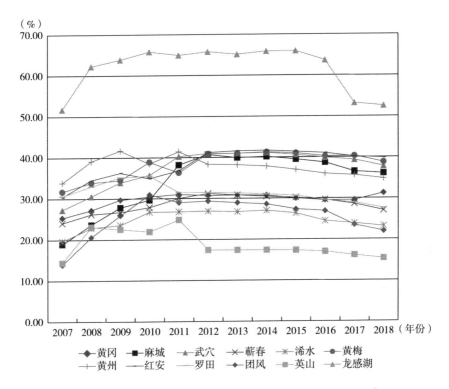

图3-4　2007~2018年黄冈市工业增加值占地区总产值比重

资料来源：《黄冈统计年鉴2019》整理计算。

3.4　绿化测度

本书采用韩晶、蓝庆新（2012）的测算方法，首先采用层次分析法测度黄冈环境污染综合指数；其次应用DEA方法，在综合考虑环境污染和能源消耗问题的基础上测度黄冈经济绿化度；最后应用TOBIT回归分析法对经济绿化度的影响因素进行分析。

3.4.1 指标选取

本书采用工业废水排放量（万吨）、工业二氧化硫排放量（吨）、工业烟（粉）尘排放量作为环境污染指数评估的原始数据，为了横向可比，对各地区上述三项排放按亿元产值进行折算，即将各年三项排放的实物量除以地区当年 GDP（按 2010 年不变价格计算）。选取大别山地区 3 省 8 市，2010～2018 年统计数据测度大别山地区环境污染指数。其中，各种污染物排放总量数据均来自对应年份的《中国城市统计年鉴》。最终的面板数据集包含 8 个市截面单位在 9 年内的时间序列资料，样本观察值共计 216 个。

3.4.2 环境污染指数的测算

由于评价指标计量单位不相同，不能直接进行合成，需要消除指标量纲影响。本书采用最大最小值标准化法。

首先，采用式（3-1）对各种污染物排放总量的原始数据进行无量纲化处理：

$$Y'_{i,t,j} = \frac{Y_{i,t,j} - Y_{j\min}}{Y_{j\max} - Y_{j\min}} (i = 1, 2, 3; t = 1, 2, 3, \cdots, 13; j = 1, 2, 3, \cdots, 8)$$

$$(3-1)$$

其中，i 为污染物来源（工业废水排放总量、工业废气排放量及工业固体废弃物排放量），t 为时间，j 为地区。$Y'_{i,t,j}$ 为第 j 个地区第 t 年第 i 个污染物标准化后的赋值，$Y_{i,t,j}$ 为各地区各污染物当年的排放量，$Y_{j\max}$ 为各地区污染物排放的最大值，$Y_{j\min}$ 为各地区污染物排放的最小值。

其次，采用韩晶、蓝庆新（2012）的测算方法确定各种污染物在计算环境污染指数过程中的权重，即废水、废气与固体废弃物的权重分别为 0.42、0.35 与 0.23。

最后，根据式（3-2）对历年的环境污染综合指数进行计算：

$$\psi_{jt} = \sum_{i=1}^{3} \omega_i y'_{i,t,j} \qquad (3-2)$$

其中，ψ_{jt} 为第 t 年第 j 个地区的环境污染综合指数，ω_i 为第 i 种污染物（工业废水排放总量、工业废气排放量及工业固体废弃物排放量）的权重值。结果如表 3-3 所示。

从表 3-3 可以发现，2010～2018 年大别山地区环境污染指数都有不同程度的下降。从 2010～2018 年的环境污染地区平均值来看，孝感平均环境污染指数最高为 0.544，随州最低为 0.260，黄冈仅次于随州，居于第二位，属于大别山地区环境污染指数较轻的市。

表3-3 2010~2018年大别山地区环境污染综合指数

年份	安庆	六安	南阳	信阳	驻马店	孝感	黄冈	随州	按年平均
2010	0.504	0.501	0.555	0.651	0.561	0.853	0.404	0.469	0.562
2011	0.438	0.464	0.552	0.457	0.643	0.856	0.467	0.465	0.543
2012	0.357	0.409	0.463	0.331	0.577	0.715	0.442	0.384	0.460
2013	0.349	0.342	0.402	0.291	0.529	0.687	0.375	0.383	0.420
2014	0.394	0.488	0.419	0.292	0.493	0.588	0.325	0.313	0.414
2015	0.408	0.497	0.330	0.233	0.417	0.486	0.280	0.251	0.363
2016	0.260	0.102	0.109	0.105	0.172	0.313	0.123	0.047	0.154
2017	0.156	0.070	0.081	0.095	0.068	0.207	0.087	0.016	0.098
2018	0.114	0.030	0.074	0.047	0.061	0.193	0.042	0.016	0.072
地区平均	0.331	0.322	0.332	0.278	0.391	0.544	0.283	0.260	—

资料来源：根据2011~2019年《中国城市统计年鉴》统计数据整理。

为了更加直观地对大别山地区环境污染程度进行比较，根据表3-3数据绘制环境污染指数的折线图，如图3-5所示。

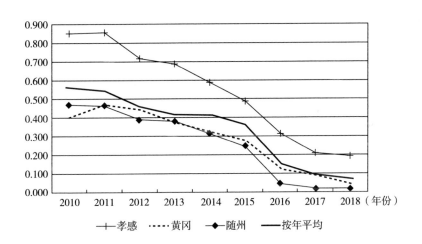

图3-5 2010~2018年大别山地区环境污染指数

从图3-5可以看到，2010~2018年大别山地区平均环境污染指数都呈现下降状态，年平均折线图走势非常明显，从2010年接近0.6下降到2018年0.1以下，特别是2011~2013年、2015~2017年两个时间段，污染指数下降幅度较大，主要是因为自党的十八大召开以后，中央加强了新发展理念的宣传和督查，强化了有令必行、有禁必止的政治建设，各级政府均加大了生态保护的力度，污染程度显著减轻。

黄冈市污染排放一直处于 8 市的平均水平以下，说明黄冈的污染排放水平一直都优于大别山地区其他市，紧贴着 8 市排放最低的随州，甚至在 2010 年比随州的排放水平还低。除了在 2011 年有逆向增长外，黄冈市 2010～2018 年排放水平持续降低，与排放最高的孝感始终保持 0.1 以上的差距。黄冈市的排放水平较低说明黄冈在生态保护方面的工作比较扎实有效。

3.4.3 大别山地区绿化度测算

本书采用韩晶、蓝庆新（2012）的测算方法，引入数据包络分析法研究大别山地区经济增长绿化度，建立可变规模报酬 BCC 模型。

$$\min_{\theta_h, \lambda_j} h_k = \theta_k - \varepsilon \left[\sum_{i=1}^{m} s_{ik}^- + \sum_{r=1}^{s} s_{rk}^+ \right] \tag{3-3}$$

$$\sum_{j=1}^{n} \lambda_j X_{ij} - \theta_k X_{ik} + s_{ik}^- = 0$$

$$\sum_{j=1}^{n} \lambda_j Y_{rj} - s_{rk}^+ = Y_{rk}$$

$$\sum_{j=1}^{n} \lambda_j = 1$$

$$\lambda_j, \ s_{ik}^-, \ s_{ik}^+ \geq 0; \ j = 1, \ 2, \ \cdots, \ n; \ i = 1, \ 2, \ \cdots, \ m; \ r = 1, \ 2, \ \cdots, \ s$$

其中，h_k 代表工业绿化度，当 $h_k = 1$ 时，意味着该地区的工业绿化度相对最好，说明该地区在原投入的基础上所获得的产出已经达到最优，当 $h_k < 1$ 时，表示该地区工业绿化度还有一定的改进空间。θ_k 则代表评估各地区所有投入等比例减少的潜在程度。s_{ik}^- 为代表工业生产过程中投入项的差额变量，s_{rk}^+ 为代表工业生产产出项的超额变量，λ_j 为赋予各地区的乘数。对于工业绿化度无效率的地区，需做以下调整：

$$\Delta X_{ik} = X_{ik} - (\theta_k X_{ik} - s_{ik}^-), \ i = 1, \ 2, \ \cdots, \ m \tag{3-4}$$

$$\Delta Y_{rk} = (Y_{rk} + s_{rk}^+) - Y_{rk}, \ r = 1, \ 2, \ \cdots, \ s \tag{3-5}$$

式（3-4）和式（3-5）说明，对于无效率的地区需要减少投入 ΔX_{ik} 及增加产出 ΔY_{rk} 可以达到有效率，此即 BCC 模式为导向差额度量分析。

本书研究大别山地区经济绿化度，产出指标是地区生产总值（地区 GDP），以各年份分地区居民消费价格指数折算为 2010 年价格的 GDP 表示；投入指标包括从业人数、资本存量、工业烟（粉）尘排放量、工业二氧化硫排放量、工业废水排放量。从业人数以各市城镇单位从业人员期末人数加上城镇私营个体从业人数之和表示。资本存量取各年的规模以上企业流动资产合计和固定资产合计之和，用分地区固定资产投资价格指数折算为 2010 年价格的资本存量。黄冈、安庆、六安三地 2018 年"三废"数据以及其他少数缺失，用滚动平均的办法补齐。

选择大别山地区 3 个省 8 个地级市作为研究对象，数据来源于相应年份的《中国城市统计年鉴》。基于 BCC 模型，应用 Maxdea 软件我们测度了 2010 ~ 2018 年大别山地区经济增长的绿化度，如表 3 - 4 所示。

表 3 - 4　2010 ~ 2018 年大别山地区经济增长的绿化度指数

年份	安庆	六安	南阳	信阳	驻马店	孝感	黄冈	随州
2010	0.867	0.969	0.844	1.000	0.831	0.766	0.904	0.846
2011	0.914	0.791	0.815	0.979	0.815	0.762	1.000	0.791
2012	1.000	0.787	0.817	1.000	0.824	0.770	1.000	0.795
2013	0.897	0.793	0.823	0.846	0.781	0.764	0.914	0.792
2014	0.882	0.906	0.812	0.842	0.802	0.771	0.812	0.797
2015	0.884	0.770	0.817	0.854	0.796	0.775	0.887	0.809
2016	0.903	0.832	0.854	1.000	0.875	0.795	0.953	1.000
2017	0.958	0.852	0.870	0.895	0.885	0.815	0.977	1.000
2018	0.894	1.000	0.903	1.000	0.905	0.815	1.000	1.000
平均	0.911	0.856	0.840	0.935	0.835	0.781	0.939	0.870

资料来源：根据相应年份的《中国城市统计年鉴》统计数据整理。

为了更直观地反映大别山地区工业绿色增长状况，我们用柱状图标示 2010 ~ 2018 年大别山地区 8 市经济增长平均绿化度的情况，如图 3 - 6 所示。

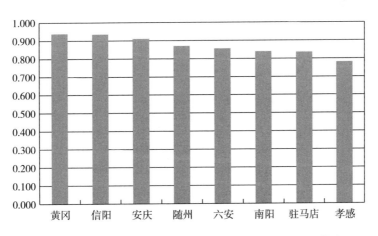

图 3 - 6　2010 ~ 2018 年大别山地区 8 市经济增长平均绿化度

从图 3-6 可知，大别山 8 市经济绿化度差异不大，均在 0.7 以上。绿化度最高的地区是湖北黄冈，最低的是湖北孝感。这与前面环境污染综合指数略有差别，随州是排放最低的市，但是其经济绿化程度仅居中游。这是因为随州是 8 市中人口最少的市，所以其排放低是总量低，但是相较于其经济规模，随州的排放强度并不低。孝感的情况跟前面污染排放的强度相吻合，既是污染排放大市，也是经济绿化度最低的市。黄冈是人口大市，经济规模也靠前，排放总量仅次于随州，所以经济整体绿化度居最高水平。这是因为，2013 年中共黄冈市委四届七次全体（扩大）会议提出"双强双兴"战略以来，加快了工业化进程，收获了城镇化红利；提出了"两转四用"① 的现代农业发展路径和"一线串珠、多点支撑"的"兴文"策略②；推动"双百"项目行动、招商引资行动、服务企业行动，成功实现经济绿色发展。

---

① "两转"，就是从农业大市向农业强市转变，从传统农业向现代农业转变。"四用"，用工业理念谋划农业，把规模化、集约化、机械化、标准化的工业理念引进到农业上来；用现代管理理念经营农业，把现代企业管理模式和办法运用于农业，积极推动农业产业化、农村土地流转和农民专业合作社建设；用农产品加工引领农业，就是主抓加工、抓龙头企业；用品牌战略打造农业，品牌就是实力，品牌就是价值，要创品牌，争中国驰名商标，申报地理标志保护产品。摘自《刘雪荣同志在市委四届七次全体（扩大）会议上的讲话》。

② 所谓"一线串珠"，就是以大别山旅游公路为轴线，科学布局、有效整合沿线景区景点，建设大别山旅游经济带。所谓"多点支撑"，就是大力推进重大文化、旅游产业园区和项目建设。比如红安军事文化产业园、麻城移民文化公园、黄梅鄂东禅文化旅游区、蕲春健康文化产业园、罗田大别山百里生态画廊、市区文化创意产业城，等等。摘自《刘雪荣同志在市委四届七次全体（扩大）会议上的讲话》。

第4章 黄冈市生态文明指数分析

中国生态文明指标评价体系能够全面反映一个地区生态文明发展状况，包括生态经济、生态环境、生态文化、生态社会、生态制度5个二级指标以及22个三级指标，从不同侧面反映各地区生态文明建设的具体情况。计算黄冈市生态文明指数可以与全省、全国水平进行比较分析，确定黄冈经济社会发展的绿化度。2012年，湖北省生态文明发展指数在31个省份中排名第14位，居于中等水平。将黄冈2007~2018年生态文明发展指数平均数与湖北2012年的生态文明发展指数比较可以发现黄冈在全省的生态文明水平，同时与全国各省水平比较，可以较好地判断黄冈生态文明发展水平在全国的位置。

4.1 黄冈市生态经济建设分析

根据生态文明指标评价体系，分别从2007~2018年的《中国城市统计年鉴》《黄冈统计年鉴》等相关统计年鉴中搜集黄冈市生态经济建设各项指标数据并进行统计分析，如表4-1所示。

在生态经济建设方面，湖北省的人均GDP为38572元，居于全国第13位，黄冈为16839.86元，约为全省的43.66%，差距非常明显，比居全国末位贵州省的19710元还低；服务业增加值占GDP的比重全省为36.9%，居于全国第20位，黄冈35.71%，略低于全省水平，略高于贵州水平，贵州居全国第27位；万元产值用水量、万元产值用电量和万元产值建设用地面积全省分别是134.5立方米、677.7千瓦时和9.56平方米，分别居于全国的第18位、第10位和第23位，黄冈分别是3.68立方米、586.08千瓦时和3.41平方米，三项指标都显著优于全省水平，万元产值用水量优于居全国第一位的呼和浩特市5.54立方米，万元产值用电量与居全国第3位的吉林省583.5千瓦时持平，万元产值建设用地居全国第1位是陕西省5.4平方米，黄冈比陕西省更优。这一方面说明黄冈生态经济状况优于全省，另一方面也说明黄冈主导经济还比较原生态，经济开发水平不高；湖北人均建设用地面积为132.4平方米，居于全国第12位，黄冈为5.33平方米，再次印证黄冈地区整体开发水平不高。

表4-1 2007~2018年黄冈生态经济建设指标统计分析

指标	均值	最大值	最小值	标准差	离差率（%）
人均GDP（元）	16839.86	27478.94	6758.73	6860.62	40.74
服务业产值占GDP比例（%）	35.71	40.64	33.10	2.72	7.62
万元产值建设用地面积（平方米）	3.41	5.58	2.48	0.92	27.02
人均建设用地面积面积（公顷）	5.33	7.43	3.77	1.57	29.49
万元产值用电量（千瓦时）	586.08	774.20	486.91	81.05	13.83
万元产值用水量（立方米）	3.68	7.73	1.62	1.93	52.45

资料来源：根据历年《中国城市统计年鉴》《黄冈统计年鉴》等整理。

用Min-Max标准化方法对黄冈2007~2018年生态经济建设指标进行标准化处理，然后按照"生态文明指数"的权重，计算黄冈2007~2018年生态经济建设指数发展趋势，如图4-1所示。

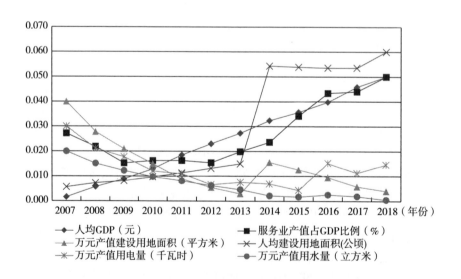

图4-1 2007~2018年黄冈生态经济建设指数发展趋势

资料来源：根据历年《中国城市统计年鉴》《黄冈统计年鉴》等整理。

图 4-1 表明，万元产值建议用地、用电量、用水量总体趋势下降，其中万元产值占地在 2014 年有较大反弹，之后持续降低，2018 年接近历史上最低占用。结合人均建设用地面积不难发现，2014 年黄冈非农产业发展比较快，占用耕地面积迅速扩大。2016 年黄冈万元产值耗电出现较大幅度反弹，之后一直在较高位置震荡，这再一次印证了黄冈自 2016 年开始，经济进入快速工业化时期。人均建设用地面积在 2014 年大幅攀升，2018 年又有明显提升，这标志着黄冈 2014年进入工业化、城镇化快速发展时期，而在此之前，人均建设用地面积增长比较缓慢，体现出经济的原生态特征比较明显，开发明显滞后。2007~2018 年黄冈人均 GDP 一直处于比较稳定的增长趋势，服务业产值占 GDP 的比重在 2012 年之后稳定增长，体现出经济量与质同步提升。

如图 4-2 所示，2007~2018 年黄冈生态经济建设指数位于全国 2012 年的最高水平和最低水平之间。2008~2013 年，黄冈生态经济建设指数低于湖北 2012年水平，高于全国 2012 年最低水平的宁夏；2014 年开始高于湖北 2012 年水平，2018 年超过了全国 2012 年最高水平的北京。可见黄冈生态经济建设整体情况是好的。

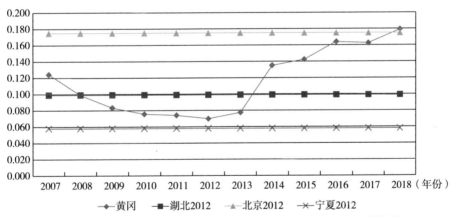

图 4-2　2007~2018 年黄冈生态经济建设指数在全省、全国的位置
资料来源：根据《中国生态文明发展报告》及历年《中国城市统计年鉴》等整理。

4.2　黄冈市生态环境建设分析

根据生态文明指数指标体系，分别从 2007~2018 年的《中国城市统计年鉴》

《黄冈统计年鉴》等相关统计年鉴中搜集黄冈市生态经济建设各项指标并进行统计分析，如表4-2所示。

表4-2　2007~2018年黄冈生态环境建设指标统计分析

指标	均值	最大值	最小值	标准差	离差率（%）
污染物排放强度（吨/平方千米）	0.72	1.43	0.24	0.52	72.88
生活垃圾无害化处理率（%）	78.18	97.10	56.00	16.90	21.61
建成区绿化覆盖率（%）	20.34	40.50	5.90	12.81	62.96
人均公共绿地面积（平方米）	33.52	48.77	23.68	8.05	24.01

资料来源：根据历年《中国城市统计年鉴》《黄冈统计年鉴》等整理。

在生态环境建设方面，湖北省污染物排放强度10.6吨/平方千米，居于全国第14位，黄冈根据SO_2排放水平推算污染物排放强度为1.5吨/平方千米，明显低于全省水平，略低于西藏1.86吨/平方千米，高于海南0.75吨/平方千米，黄冈介于两者之间，相当于居全国第2位和第1位之间；生活垃圾无害化处理率全省71.5%，居于全国第26位，黄冈78.18%，略高于全省水平，相当于新疆的78.7%，新疆居全国第25位；建成区绿化覆盖率全省38.9%，居于全国第14位，黄冈20.34%，显著低于全省水平，比全国最后的甘肃30%还低；人均公共绿地面积全省42.8平方米，居于全国第22位，黄冈33.52平方米，明显低于全省水平，仅略高于全国最低水平的青海32.5平方米。可见，黄冈整个社会污染排放不高，环境保护工作抓得较好，但是环境建设滞后，经济发展水平制约环境建设的特征明显。

用Min-Max标准化方法对2007~2018年黄冈生态环境建设指标进行标准化处理，然后按照"生态文明指数"的权重，计算2007~2018年黄冈生态环境建设指数发展趋势，如图4-3所示。

图4-3表明，2007~2018年黄冈生态环境建设呈大幅震荡发展态势，其中建成区绿化覆盖率除2013~2015年走低外，其他年份稳步提升，这是黄冈生态环境建设最主要的成绩。生活垃圾无害化处理率2011~2012年出现断崖式下跌，估计是统计口径调整所致，2016年后生活垃圾无害化处理率大幅提升，这与国家加大生态环境建设的宏观背景直接相关，是黄冈文明城市建设的直接成果。污染物排放呈现出明显的倒U形曲线特征，2012年迅猛增长，之后两年基本稳定在2012年水平，2015年开始大幅下降，2018年污染物排放水平达到历史上最低点。人均公共绿地面积2010~2011年出现一个增长小高潮，2012~2015年小幅回落，2016~2017年大幅增长，2018年又回落，这说明黄冈经济发展不能支持城市绿化稳定发展。

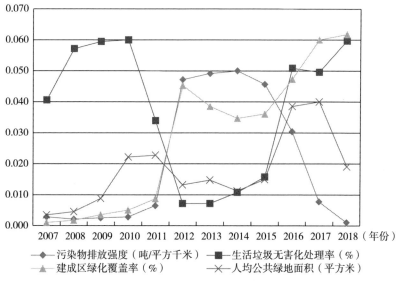

图 4－3　2007～2018 年黄冈生态环境建设指数发展趋势

资料来源：根据历年《中国城市统计年鉴》《黄冈统计年鉴》等整理。

如图 4－4 所示，黄冈 2007～2018 年生态环境建设整体处于平稳上升的趋势，但是在 2015 年前一直居全省 2012 年水平之下，2016 年大幅跃升到全省 2012 年水平之上，这说明黄冈生态环境建设在 2016 年有较大的投入，发展迅速。但是与全国 2012 年最好水平海南比，一直处于其下方。当然与全国最低水平甘肃相比，除了 2007 年略低外，其余时段均处于甘肃 2012 年水平上方。

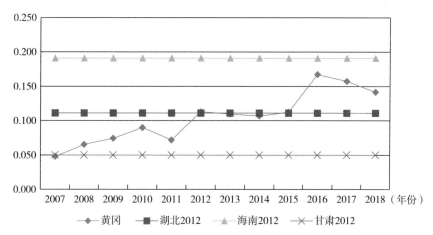

图 4－4　2007～2018 年黄冈生态环境建设指数在全省、全国的位置

资料来源：根据《中国生态文明发展报告》及历年《中国城市统计年鉴》等整理。

4.3 黄冈市生态文化建设分析

根据生态文明指数指标体系，分别从 2007 ~ 2018 年的《中国城市统计年鉴》《黄冈统计年鉴》等相关统计年鉴中搜集黄冈市生态文化建设各项指标并进行统计分析，如表 4 - 3 所示。

表 4 - 3   2007 ~ 2018 年黄冈生态文化建设指标统计分析

指标	均值	最大值	最小值	标准差	离差率（%）
教育经费支出占 GDP 比重（%）	3.87	4.83	2.48	0.81	20.91
万人拥有中等学校教师数（人）	36.33	41.19	29.80	4.52	12.44
人均教育经费（元）	699.01	1273.26	167.31	386.86	55.34
R&D 经费占 GDP 比重（%）	0.25	0.41	0.03	0.13	52.04
居民文化娱乐消费支出占消费支出的比重（%）	5.32	6.39	4.48	0.69	13.05

资料来源：根据历年《中国城市统计年鉴》《黄冈统计年鉴》等整理。

在生态文化建设方面，湖北教育经费占 GDP 比重的 3.07%，在全国居于第 29 位，黄冈 3.87%，高于全省水平，略低于北京 4.12%，北京居全国第 16 位；万人拥有中等学校教师数全省 36.7 人，在全国居于第 19 位，黄冈 36.33 人，与全省持平，略低于全国第 18 位的黑龙江 37.2 人；人均教育经费全省 1184.3 元，居于第 30 位，黄冈 699.01 元，比银川 918.64 元低 24%，银川在全国 35 个大中城市中垫底；R&D 经费占 GDP 的比重全省为 1.18%，居于第 9 位，黄冈 0.25%，比居于全国第 30 位的海南 0.27% 还低，仅高于全国最低的西藏 0.08%；居民文化娱乐消费支出占消费总支出的比重全省为 11.4%，居于第 12 位，黄冈 5.32%，不到全省一半，略高于全国垫底的西藏 4.9%。黄冈教育的财力、人力投入力度很大，属于典型的"勒紧裤腰带投资教育"，这与黄冈崇文重教的优秀传统相契合，但是受制于经济发展水平，人均教育经费非常低，科技投入也十分拮据，居民文化娱乐消费囊中羞涩，生态文化建设"跛腿"严重。

用 Min - Max 标准化方法对 2007 ~ 2019 年黄冈生态文化建设指标进行标准化处理，然后按照"生态文明指数"的权重计算 2007 ~ 2018 年黄冈生态文化建设指数发展趋势，如图 4 - 5 所示。

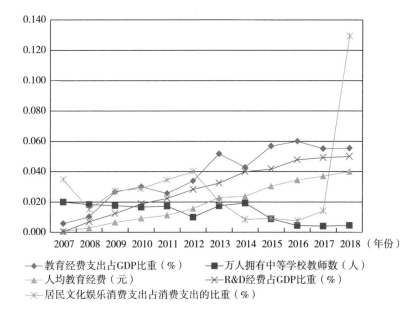

图4-5 2007~2018年黄冈生态文化建设指数发展趋势

资料来源：根据历年《中国城市统计年鉴》《黄冈统计年鉴》等整理。

图4-5表明，2007~2018年黄冈生态文化建设整体呈上升态势，其中居民文化娱乐消费支出占消费支出的比重除2018年外，有逐步走低的趋势，这个指标与恩格尔系数具有此消彼长的关系，其走低的趋势说明黄冈城乡居民恩格尔系数在走高，即城乡居民的收入水平处于相对下降的趋势。万人拥有中等学校教师数类似于居民文化娱乐消费支出占消费支出的比重，整体处于不断下降的趋势，原因可能包括两个方面：一方面是地方经济发展水平与基础教育地位不相称，导致基础教育优质师资流失；另一方面是限于地方财政的压力，基础教育的师资长期没有补充，始终处于自然减员状态。人均教育经费和R&D经费占GDP的比重在2007~2018年一直居于稳定增长的趋势，这反映出地方政府主观上是能够认识到教育和科技创新的重要意义的，坚持在十分困难的财力水平中尽力挤出部分财力增加教育科技投入，确保教育科技投入水平稳步上升。但是，教育经费占GDP的比重呈现震荡上升的趋势，其中2011年、2014年、2017年都出现回落的现象，这说明黄冈教育投入没有随经济增长保持同步增长，体现出一定的被迫性和阶段性。

将2007~2018年黄冈生态文化建设二级指标得分与全国2012年最高、最低水平和湖北2012年水平比较，结果如图4-6所示。

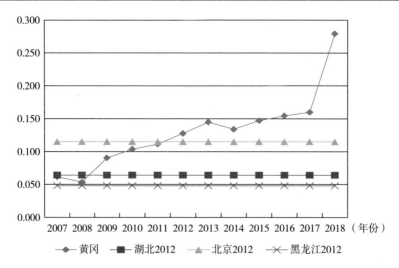

图4-6 2007~2018年黄冈生态文化建设指数在全省、全国的位置

资料来源：根据《中国生态文明发展报告》及历年《中国城市统计年鉴》等整理。

图4-6表明，黄冈2007~2018年生态文化建设整体处于较高水平，仅在2007年和2008年处于湖北2012年水平之下，其余年份均在湖北2012年水平之上，特别是2012年高于全国2012年最好水平的北京，这也是生态文明指数中黄冈仅有一个超过2012年全国、全省水平的指标。之所以出现这种"反常"现象，在前面的分析中已经十分清楚，黄冈对生态文化建设十分重视，典型的穷财政背景下竭力投资教育科技，这种反差拉高了生态文化建设的分值。相比较而言，湖北这项指标比较薄弱，略高于全国最低水平黑龙江，离全国最好水平北京的差距很大。当然，这也从另外一个侧面反映出黄冈经济发展很不充分，尽管把科教文化摆在优先发展位置，但是羸弱的财务状况，很难稳定支持教育和科技创新。

4.4 黄冈市生态社会建设分析

根据生态文明指数指标体系，分别从2007~2018年的《中国城市统计年鉴》《黄冈统计年鉴》等相关统计年鉴中搜集黄冈市生态社会建设各项指标并进行统计分析，如表4-4所示。

表4－4 2007～2018年黄冈生态社会建设指标统计分析

指标	均值	最大值	最小值	标准差	离差率（％）
城乡居民收入比	2.57	3.17	2.19	0.34	13.39
万人拥有医生数（人）	17.59	38.77	9.31	10.05	57.12
养老保险覆盖面（％）	7.81	12.27	4.57	2.34	29.96
人均用水量（立方米）	125.82	145.10	94.46	17.68	14.05

资料来源：根据历年《中国城市统计年鉴》《黄冈统计年鉴》等整理。

　　在生态社会建设方面，湖北城乡居民收入比为2.65，居于全国第11位，黄冈为2.57，优于全省水平，比居于全国第10位的河北2.54略高；万人拥有医生数17.2人，居于全国第21位，黄冈为17.59人，优于全省水平，比居于全国第17位的四川18.4略低；养老保险覆盖面达到59.5％，居于全国第13位，黄冈7.81％，比兰州10.21％还低2.4个百分点，兰州在全国垫底。这说明，黄冈医疗卫生事业人力投入较多，但是在缺乏明显的增长极拉动的情况下，城乡保障能力均较弱。

　　用Min－Max标准化方法对2007～2018年黄冈生态社会建设指标进行标准化处理，然后按照"生态文明指数"的权重计算2007～2018年黄冈生态社会建设指数发展趋势，如图4－7所示。

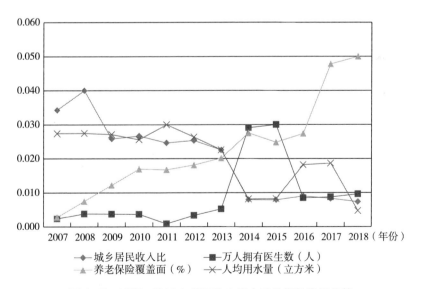

图4－7 2007～2018年黄冈生态社会建设指数发展趋势

资料来源：根据历年《中国城市统计年鉴》《黄冈统计年鉴》等整理。

图4-7表明，2007～2018年黄冈生态社会建设整体处于震荡发展态势，其中养老保险覆盖面保持较稳定的上行趋势，这表明黄冈城乡居民养老保险覆盖面持续扩大，养老保障这一民生工程建设卓有成效。人均用水量和城乡居民收入比呈下行走势，但是这两项指标是逆方向指标，即：越是走低，表明生态社会建设表现越好。具体来说，就是黄冈居民节约用水意识明显增强，全社会节约用水效果已经显现。同时城乡居民收入差距逐步缩小，社会均衡发展趋势明显。万人拥有医生数除少数年份外，呈持续增长态势，尽管升幅比较微弱，但是方向是利好的。

将2007～2018年黄冈生态社会建设二级指标得分与全国2012年生态社会建设最高、最低水平和湖北2012年水平比较，如图4-8所示。

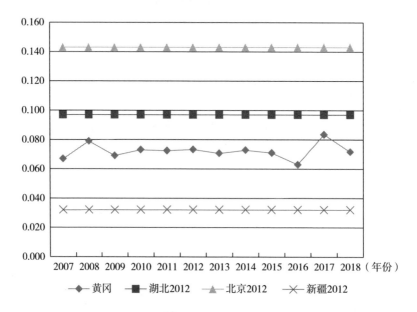

图4-8 2007～2018年黄冈生态社会建设指数在全省、全国的位置

资料来源：根据《中国生态文明发展报告》及历年《中国城市统计年鉴》等整理。

图4-8表明，黄冈2007～2018年生态社会建设整体处于平稳发展的趋势，而且一直居湖北2012年平均水平之下，湖北2012年生态社会建设居全国中等偏上的位置，而黄冈居全国2012年生态社会建设中等偏下的位置，比全国最低水平新疆2012年生态社会建设水平高。

4.5　黄冈市生态制度建设分析

　　根据生态文明指数指标体系，分别从2007～2018年的《中国城市统计年鉴》《黄冈统计年鉴》等相关统计年鉴中搜集黄冈市生态制度建设各项指标并进行统计分析，如表4-5所示。

表4-5　2007～2018年黄冈生态制度建设指标统计分析

指标	均值	最大值	最小值	标准差	离差率（%）
财政收入占GDP比重（%）	4.76	6.55	3.11	1.33	27.94
生态文明试点创建情况	1.87	4.00	0.50	1.20	64.38
生态文明规划完备情况	2.45	5.00	1.00	1.29	52.59

资料来源：根据历年《中国城市统计年鉴》《黄冈统计年鉴》等整理。

　　在生态制度建设方面，湖北财政收入占GDP比重的8.2%，居于全国第27位，黄冈为4.76%，比全国最低水平河南省6.89%还低2个多百分点，这与黄冈产业结构有关，黄冈是农业大市，第一产业占GDP的比重偏高（上文已有分析），导致二三产业占比特别是第三产业占比偏低。产业经济的规律是"无工不富，无农不稳"，黄冈第一产业占比较高的现实决定了其财政收入占GDP的比重升不上来，在经济总量不高的背景下，黄冈财政捉襟见肘可见一斑。湖北较为重视生态制度建设，截止到2012年，先后获得"生态文明建设试点地区""国家级生态示范区""全国生态示范区建设试点地区""生态文明先行示范区""生态文明示范工程试点"称号，居于全国第5位。黄冈在生态制度建设方面起步较早，2011年就出台了2个生态方面的制度，即《黄冈市市级生态乡镇申报及管理规定（试行）》和《黄冈市市级生态村申报及管理规定（试行）》，黄冈市罗田县九资河镇2011年获批国家级生态乡镇。之后进展不大，直到2018年生态制度建设和生态功能区建设才快速推进。

　　用Min-Max标准化方法对2007～2018年黄冈生态制度建设指标进行标准化处理，然后按照"生态文明指数"的权重，计算2007～2018年黄冈生态制度建设指数发展趋势，如图4-9所示。

　　图4-9表明，2007～2018年黄冈生态制度建设各项指标均呈现稳定增长态势，其中财政收入占GDP比重持续稳定增长，表明黄冈经济结构逐步优化，第

二产业特别是第三产业比重稳步提升，工业化和创新发展为财政积累打下了坚实基础。其他两项指标二级指标生态文明试点创建情况和生态文明规划完备情况都是定性统计，也呈现出稳步增长的趋势。这说明黄冈生态制度建设生态顶层设计比较实，为生态文明建设夯实了制度基础。

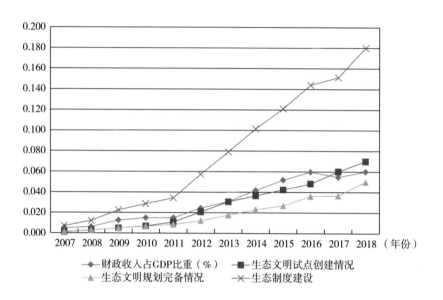

图4-9 2007~2018年黄冈生态制度建设指数发展趋势

资料来源：根据历年《中国城市统计年鉴》《黄冈统计年鉴》等整理。

将2007~2018年黄冈生态制度建设二级指标得分与全国2012年生态制度建设指标得分最高、最低水平和湖北2012年水平比较，如图4-10所示。

图4-10表明，2007~2018年黄冈生态环境建设整体处于快速上升的趋势，但是在2015年前一直居全省2012年水平之下，2016年跃升到全省2012年水平之上，这说明黄冈生态制度建设在2016年后有较快的增长，到2017年超越了全国2012年最好水平的贵州，体现了黄冈生态法制建设抓得紧、做得实，充分地发挥了生态建设的后发优势，成功实现"弯道超车"。

综上所述，黄冈生态文明发展受经济发展水平制约，城乡基本处于原生状态，没有大开发，也没有大破坏；没有大排放，也没有大的生态建设。教育、卫生事业一直受到政府和社会的高度重视，从教、从医受人尊敬，教师、医务人员队伍建设成绩突出，但是，凡涉及投入的项目比如人均教育经费、人均公共绿地面积、居民文化娱乐消费支出占消费支出的比重等均居全国最低水平，这说明黄冈经济发展水平较落后，对于绿色消费意识的形成十分不利。

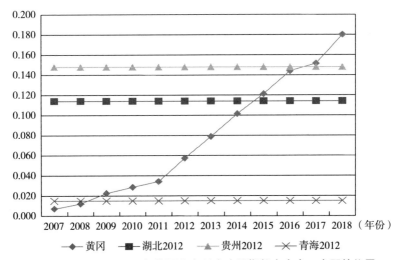

图 4 – 10　2007 ~ 2018 年黄冈生态制度建设指数在全省、全国的位置

资料来源：根据《中国生态文明发展报告》及历年《中国城市统计年鉴》等整理。

为了比较黄冈生态文明建设的 5 项二级指标的发展变化趋势，同时分析黄冈生态文明指数的主要贡献和结构变化，根据 2007 ~ 2019 年黄冈生态文明建设 5 项二级指标的发展变化，绘制 2007 ~ 2018 年黄冈生态文明指数发展趋势，如图 4 – 11 所示。

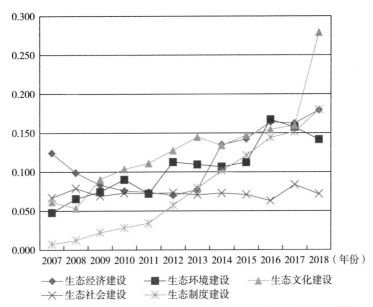

图 4 – 11　2007 ~ 2018 年黄冈生态文明指数二级指标及其发展趋势

资料来源：根据历年《中国城市统计年鉴》等整理。

图 4 - 11 表明，黄冈生态文明指数整体呈现震荡上升的趋势，其中贡献最大的是生态文化建设，大部分年份居 5 个二级指标的顶端。生态制度建设发展最快，从 2007 年的最小贡献发展到 2018 年贡献第二。生态社会建设由于存在逆方向指标，是唯一处于平衡状态的指标，这说明黄冈生态社会建设正反向指标处于平衡状态，是生态社会建设卓有成效的标志。生态经济建设和生态环境建设2007 ~ 2018 年处于上行的趋势。整体来看，2007 ~ 2012 年黄冈生态文明指数呈现震荡上升的趋势。

4.6　黄冈市生态文明指数波动分析

对 2007 ~ 2018 年黄冈生态文明指数各项二级指标分别计算其均值、标准差和离差率，离差率超过 50% 的指标属于波动大的指标，如表 4 - 6 所示，这些指标是黄冈生态文明建设过程中非均衡发展指标，反映出黄冈生态文明建设独有的特征。

表 4 - 6　2007 ~ 2018 年黄冈生态文明指数大波动指标

指标	均值	最大值	最小值	标准差	离差率（%）
污染物排放强度（吨/平方千米）	0.72	1.43	0.24	0.52	72.88
生态文明试点创建情况	1.87	4.00	0.50	1.20	64.38
建成区绿化覆盖率（%）	20.34	40.50	5.90	12.81	62.96
万人拥有医生数（人）	17.59	38.77	9.31	10.05	57.12
人均教育经费（元）	699.01	1273.26	167.31	386.86	55.34
生态文明规划完备情况	2.45	5.00	1.00	1.29	52.59
万元产值用水量（立方米）	3.68	7.73	1.62	1.93	52.45
R&D 经费占 GDP 比例（%）	0.00	0.00	0.00	0.00	52.04

资料来源：根据历年《中国城市统计年鉴》等整理。

表 4 - 6 显示，2007 ~ 2018 年黄冈生态文明指数中波动最大指标是污染物排放强度，最大年份约是最小年份的 6 倍。从图 4 - 3 的"污染物排放强度"的发展趋势看，呈现明显的倒 U 形，最高年份出现在 2014 年，达到 1.43 吨/平方千米，最低年份出现在 2018 年，为 0.24 吨/平方千米。与湖北 2012 年排放水平比较发现，黄冈排放强度最高年份的排放水平仍然远低于湖北省 2012 年污染

物排放强度 10.6 吨/平方千米很多。在经济发展水平低于全省平均水平较多的情况下，污染物排放出现"拐点"，这是否意味着黄冈在污染物排放方面实现了"弯道超车"是值得研究的课题，毕竟黄冈经济发展水平仍然十分落后，现在做出环境库兹涅茨曲线出现拐点的结论似乎过早。比较大的可能是在环境规制日益强劲的背景下，黄冈不得不牺牲经济发展，强制排放降低，但是这种没有经济基础的强制是不可持续的，迫切需要调结构、转方式，积极挖掘创新发展新动能，真正跨过"先污染，后治理"的经济增长落后模式，实现生态建设的"弯道超越"。

黄冈建成区绿化覆盖率最低年份 2007 年只有 5.9%，最高年份 2018 年为41.54%，呈现跨越式发展的态势。第一波跨越出现在 2007～2012 年，从 5.9%快速上升到 31.86%。第二波跨越出现在 2015～2018 年，从 26.49% 快速上升到41.54%。这与黄冈大力推进湿地公园建设的政策保持一致，也与城镇居民的生态感受相一致。黄冈建成区绿化覆盖率的大幅度提升，显著改善了城镇居民的生活环境，增强了居民的幸福感，显著提升了黄冈建成区人气指数，拉动了房地产业的快速发展，形成了生态拉动经济、经济反哺生态的良性循环的局面。这从另外一个侧面反映出黄冈建成区生态改善与经济增长之间突破了环境库兹涅茨曲线的规律，成功实践了"绿水青山就是金山银山"的发展逻辑。这种发展模式是非常值得探讨的，如果有更多的领域能够成功复制这种模式，就可以较好地克服"先污染，后治理"的生态发展"顽疾"，打破经济发展会自然改善环境的固有思维定式，在生态文明建设上更主动作为；也要破除简单的环境规制，对经济发展不管不顾的官僚思维。

黄冈人均教育经费最高年份是 2018 年，达 1273.26 元，最低的年份是 2007年，只有 167.31 元，年均增长 20.26%。同期黄冈经济年均增长 13.74%，这说明黄冈对教育的投入力度是较大的，高于经济增长速度。但是由于起点太低，这笔历史的欠账到 2018 年仍然没有还完，黄冈人均教育经费 2018 年的水平大约相当于全省 2012 年的水平，滞后 6 年。

黄冈万元产值用水量变化也比较大，最高年份出现在 2007 年，为 7.73 立方米，最低年份 2018 年为 1.62 立方米。万元产值用水量持续下降，2018 年黄冈比全国表现最好的省份的排放水平还低，这是黄冈落实节能减排战略的工作成效。但是这也说明，黄冈工业化程度还比较低，规模以上工业企业总量不足，还没有形成明显的产业集群，因此产业集聚程度较低，层级不高，可持续发展能力和技术研发能力都不足，高附加值、深加工产品开发不多，经济处于"望天收"的自然状态。

R&D 经费占 GDP 比重持续增长，2007 年财政支出中科学技术支出 1567 万元，占当年 GDP 比重的 0.03%。2018 年财政支出中科学技术支出 83742 万元，占当年 GDP 比重 0.41%，投入总量是 2007 年的 53 倍，占当年 GDP 的比重是 2007 年的 14 倍，纵向比，增长十分明显，但是在全国范围内横向比较仍然比较低。这说明黄冈各级政府充分认识到创新驱动的至关重要性，在研发方面的投入增长很快，但是由于起点低，财政收入仍处于"吃饭财政"状态，研发投入总量不足，制约了高层次人才引进，阻碍了重大技术攻关，最终影响地区产业结构提档升级。

万人拥有医生数为平均 17.59 人，整体处于上升的趋势，2007 年为 11 人，2018 年为 18 人。其中，2014 年和 2015 年分别达到 38 人和 39 人，2011 年仅有 9 人，估计是统计口径原因，导致数据波动。剔除这些偶然因素影响，黄冈公共卫生事业发展比较平稳，在全国、全省都居于中游水平，相较于其他指数，更显得突出。

生态文明试点创建情况和生态文明规划完备情况变化也比较大，体现了地方政府在全方位加强生态文明建设方面意识稳步增强，政策措施推进有力。但是这两个指标属于定性统计指标，在全国范围内受人为因素影响比较大，可比性没有传统统计数据客观。

4.7 黄冈市生态建设进步指数分析

根据 2007～2018 年黄冈生态文明发展指数 5 个二级指标值，按照生态文明进步指数的计算规则，整理计算 2007～2018 年黄冈生态文明进步指数，如图 4-12 所示。

图 4-12 表明，2007～2018 年黄冈生态经济、生态环境、生态文化、生态社会、生态制度均呈现稳步增长的态势，而且增长幅度整体呈现逐步提升的趋势，只有生态环境建设和生态社会建设出现部分年份增长小幅回落的现象。生态文化建设和生态制度建设一直呈现强劲增长的趋势。这说明黄冈地方政府高度重视绿色发展，加强了绿色发展顶层设计，加大了教育科技投入，积极推进经济社会新旧动能转换，努力提高创新发展的财政保障。

将黄冈 2012 年生态文明发展指数 5 项二级指标的进步指数与全省和全国的最高、最低水平进行比较，如图 4-13 所示。

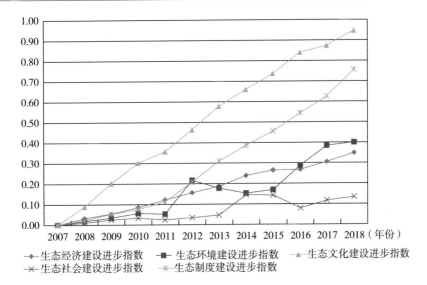

图4-12 2007~2018年黄冈生态文明进步指数发展趋势

资料来源：根据历年《中国城市统计年鉴》等整理。

生态经济建设进步指数

生态制度建设进步指数

生态环境建设进步指数

生态社会建设进步指数

生态文化建设进步指数

◆ 黄冈　■ 湖北　▲ 全国最高　✕ 全国最低

图4-13 黄冈2012年生态文明建设比2007年进步指数与全省、全国比较

资料来源：根据《中国生态文明发展报告》及历年《中国城市统计年鉴》等计算整理。

图4-13表明，黄冈2012年生态制度建设比2007年的进步指数高于全省和全国高水平，这说明黄冈生态制度建设在2007年基本没有起步，到2012年制度建设实现跨越式发展，这体现了基层政府生态建设的规律。即在2007年以前，

GDP 是对基层政府考核的主要指标。在这样的指挥棒作用下，越到基层，生态建设越难以顾及。从全国范围来看，生态建设是一个从上往下的过程，国家层面规制先行，然后逐步向地方延伸，越到基层，生态建设的内动力越弱。2012 年随着国家对生态考核的加强，基层地方政府出现了一波生态制度建设高潮，黄冈也不例外。

黄冈 2012 年生态环境建设和生态文化建设比 2007 年的进步指数高于湖北水平，低于全国最高水平。这并不是 2012 年的黄冈生态环境建设和生态文化建设优于全省水平，而是 2007 年湖北的生态环境和生态文化的基础比黄冈好，2012 年黄冈在这两方面有了较大进步，所以进步指数优于湖北平均水平。从全国范围看，黄冈 2007 年的生态环境和生态文化建设水平要高于部分省份，2012 年这些省份的进步超过了黄冈。

黄冈 2012 年生态经济建设和生态社会建设进步指数低于全省和全国最高水平，这说明黄冈在这两个方面有提升的空间。2007 年黄冈的经济基础本来就不好，到 2012 年进步指数又不高，这说明黄冈经济发展仍然有些滞后，落后的经济基础决定了黄冈生态文明建设难有根本性的改善，这恰恰是黄冈在绿色发展过程中必须十分注意的问题。

为了进一步深入分析黄冈生态文明建设的发展轨迹，下文分别从 5 个二级指标的角度，分析其三级指标 2007～2018 年的进步趋势，揭示黄冈生态文明建设的发展优势和短板。

4.7.1 生态经济建设进步指数分析

根据 2007～2018 年黄冈生态文明发展指数中生态经济建设 6 个三级指标值，按照生态进步指数的计算规则，整理计算 2007～2018 年黄冈生态经济建设进步指数，如图 4-14 所示。

图 4-14 黑色粗折线为黄冈经济建设进步指数平均水平，很明显 2007～2018年黄冈生态经济建设整体趋势保持持续较快增长，除了 2016 年增幅有一个小幅回落外，其他年份都保持环比增长较快势头。从三级指标来看，万元产值用水量的表现最抢眼，几乎一直居生态经济进步的最顶层，2014 年和 2018 年两度出现节水率飙升走势。人均 GDP 基本处于匀加速增长态势，它与万元产值用水量共同拉动生态经济进步指数平稳上升。服务业产值占 GDP 比重是黄冈生态经济进步指数的短板，2007～2014 年，呈现负增长趋势，2015 年后尽管转为正增长，但是增长幅度很小，一直居生态经济的底端，拖了生态经济进步的后腿。万元产值用电量指标表现平平，2015 年后进步幅度不断下降，连累了生态经济进步指数，致使其进步幅度回落。人均建设用地面积在 2014 年出现了较大幅度提高，

这说明当年黄冈有重大项目启动，是工业化和城镇化快速发展的表现。

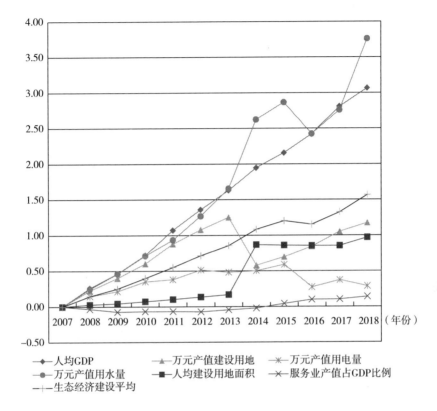

图4-14 2007～2018年黄冈生态经济建设进步指数分解分析

资料来源：根据历年《中国城市统计年鉴》计算整理。

4.7.2 生态环境建设进步指数分析

根据2007～2018年黄冈生态文明发展指数中生态环境建设4个三级指标值，按照生态进步指数的计算规则，整理计算2007～2018年黄冈生态环境建设进步指数，如图4-15所示。

图4-15黑色粗折线为黄冈生态环境建设进步指数平均水平，很明显2007～2018年黄冈生态环境建设整体趋势保持平稳发展略有增长。其中贡献最大的是建成区绿化覆盖率，2012年该指标大幅跳高，尽管之后三年有小幅回落，但是较2007年仍然有较大幅度的提升。污染物排放强度是黄冈生态环境建设的短板和弱项，其进步率一直居生态环境建设的底部，2011～2017年，黄冈污染物排放强度较2007年有增无减，呈现出逆绿色发展的反常倾向。生活垃圾无害化处

理率与污染物排放强度相似，2012~2015 年出现了负增长，呈现出逆绿色发展的趋势。人均公共绿地面积一直保持正增长，2016~2017 年有较大幅度增长，支持了生态环境建设的较大幅度进步。

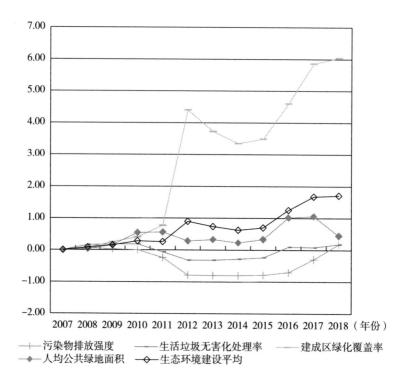

图 4 - 15　2007~2018 年黄冈生态环境建设进步指数分解分析

资料来源：根据历年《中国城市统计年鉴》计算整理。

4.7.3　生态社会建设进步指数分析

根据 2007~2018 年黄冈生态文明发展指数中生态社会建设 4 个三级指标值，按照生态进步指数的计算规则，整理计算 2007~2018 年黄冈生态社会建设进步指数，如图 4 - 16 所示。

图 4 - 16 黑色粗折线为黄冈生态社会建设进步指数平均水平，很明显 2007~2018 年黄冈生态环境建设整体保持增长趋势，其中 2014~2015 年大幅增长主因是万人拥有医生数的反常增长，估计是统计口径误差所致，排除这一干扰因素，黄冈生态社会建设进步仍然是平衡增长。三级指标中对生态社会建设贡献最大的是养老保险覆盖面，一直居生态社会建设进步指数的顶部，具有明显的拉高作

用。2017～2018年，黄冈养老保险覆盖面较2007年大幅增长，超过1.5倍，体现出黄冈地方政府对养老这一重要民生福祉的高度重视和担当作为。人均用水量一直在黄冈生态社会建设的底部，除了2014年、2015年和2018年有较大改善，其余年份都没有明显进步，2011年甚至出现退步，呈现逆绿色化方向。这说明黄冈社会对节水的认识还没有提高到应有的高度，主要原因可能是地处长江中下游，坐拥长江滔滔不绝的水资源，从没有经历过缺水之痛，用水成本相对较低，缺乏节水的内生动力。城乡居民收入比呈现明显的阶段性，2013年前城乡收入差距基本保持一个水平，2014年开始城乡收入差距有一定的缩小，然后一直到2018年保持这样一个差距，这说明黄冈乡村振兴发展还没有找到明显的突破口，农村居民收入水平增长缺乏新动能，城乡居民收入水平仍然处于自然增长的状态，迫切需要结构调整，产业升级，增强经济发展的后劲。

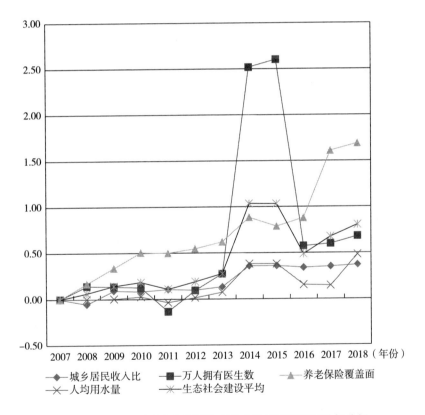

图4-16 2007～2018年黄冈生态社会建设进步指数分解分析

资料来源：根据历年《中国城市统计年鉴》计算整理。

4.7.4 生态文化建设进步指数分析

根据 2007～2018 年黄冈生态文明发展指数中生态文化建设 5 个三级指标值，按照生态进步指数的计算规则，整理计算 2007～2018 年黄冈生态文化建设进步指数，如图 4-17 所示。

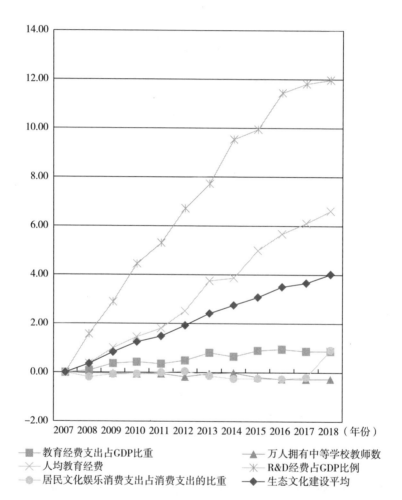

图 4-17 2007～2018 年黄冈生态文化建设进步指数分解分析
资料来源：根据历年《中国城市统计年鉴》计算整理。

图 4-17 黑色粗折线为黄冈生态文化建设进步指数平均水平，很明显 2007～2018 年黄冈生态文化建设整体趋势保持较快增长势头，其中对生态文化建设进步贡献最大的是科技投入占 GDP 的比重，一直居生态文化建设进步指数的顶部，

而且增长幅度始终保持较高的水平，到 2018 年科技投入占 GDP 的比重接近 2007 年的 12 倍，对黄冈生态文化建设进步具有强劲的拉高作用。

人均教育经费投入亦呈现较大幅度的持续增长，到 2018 年人均教育经费超过 2007 年 6 倍。这表明，黄冈地方政府高度重视科教投入，积极落实新发展理念，努力夯实创新发展的基础，为未来高质量发展打下基础。这也是黄冈建设中部地区教育名城的具体体现，对于充分发挥教育品牌优势具有很好的支撑作用。

但是，居民文化娱乐消费支出占消费支出的比重始终处于低水平，2013 ～ 2017 年甚至低于 2007 年水平，这说明，黄冈城乡居民收入水平整体偏低，在过去教育、医疗的传统心理压力下，现在又多了供房的压力，文化娱乐消费受到了挤压，这又反过来影响了第三产业的发展，这是黄冈生态文明建设的一个陷阱，急需采取有针对性的策略，摆脱这种恶性循环。

万人拥有中等学校教师人数与居民文化娱乐消费支出占比指标一样，始终处于较低水平，而且 2014 年至今，这种状况不仅没有好转，而且有恶化的趋势。在前文有分析到这种状况的原因仍然是经济发展与教育品牌不相适应导致的优秀师资流失现象，现在从发展趋势看这种状况有恶化的趋势，那就说明政府还没有采取切实有效的措施，或者还没有找到切实有效的措施。"人才流动"本是正常现象，但是不能长时间净流失，可以采取"稳 + 引"相结合的办法，其中"稳"的根本举措就是保证中等学校教师的收入水平不低于当地公务员水平，"引"主要是利用国家加强县域中学建设的契机，利用多元化招聘教师机制，加大中等学校教师的补充和更新。

另外，教育经费支出占 GDP 比重始终保持小幅度的增长，对照中等学校教师人数不断下降可知，黄冈财政收入占 GDP 的比例偏低，产业结构和层级不高，导致经济虽有增长，但是对教育的投入增长不多，教师收入水平不高。

4.7.5 生态制度建设进步指数分析

根据 2007 ～ 2018 年黄冈生态文明发展指数中生态制度建设 3 个三级指标值，按照生态进步指数的计算规则，整理计算 2007 ～ 2018 年黄冈生态制度建设进步指数，如图 4 - 18 所示。

图 4 - 18 黑色粗折线为黄冈生态制度建设进步指数平均水平，很明显 2007 ～ 2018 年黄冈生态制度建设整体趋势保持较大幅度增长，其中对生态制度建设进步贡献最大的是生态文明试点创建情况，2018 年达 2007 的 7 倍。但是财政收入占 GDP 的比重进步不大，12 年内翻了一番，年均增长 5.95%，明显低于 GDP 增长水平，这是黄冈生态制度建设最大的短板。生态文明规划完备情况一直保持持续增长，与黄冈生态制度进步保持同步。综上所述，黄冈生态制度建设中非经

济因素都有较好的表现，但是经济基础薄弱，财政收入进步困难，这是目前制约黄冈绿色发展的最根本原因。

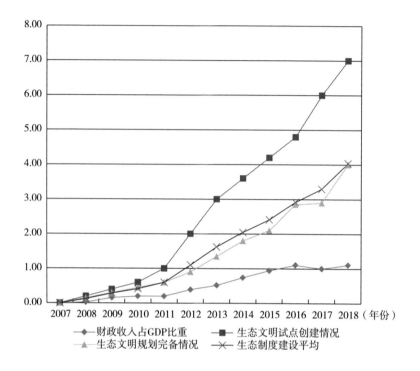

图 4 – 18　2007~2018 年黄冈生态制度建设进步指数分解分析

资料来源：根据历年《中国城市统计年鉴》计算整理。

第5章 大别山地区各市绿色发展投入产出分析

本章使用 Lingo 软件和 SBM 模型计算大别山地区投入、产出和非期望产出的冗余量。在 SBM 模型中冗余量的意思是指需减小投入、减小非期望产出与增大期望产出。Lingo 软件运算结果框中，Sx 表示各投入指标的冗余量，Sy 表示各期望产出指标的冗余量，Su 表示对应各非期望指标的冗余量。通过计算发现，各地区产出冗余量均为 0，因为模型假定产出是不可控的，所以设置为投入导向，即争取尽可能减少投入和非期望产出冗余量。为了便于比较，本章分别计算大别山地区各市 2010～2018 年各投入要素和各种非期望产出的冗余率。

5.1 2010～2018 年大别山地区各市人力投入冗余率

根据 Lingo 软件和 SBM 模型计算大别山地区投入的冗余率，将各市 2010～2018 年的 Sx 的第一项投入冗余进行整理，如表 5-1 所示。

表 5-1 2010～2018 年大别山地区各市人力投入冗余率　　　　单位:%

年份	安庆	六安	南阳	信阳	驻马店	孝感	黄冈	随州
2010	—	—	—	—	—	2.82	1.51	3.92
2011	—	2.22	—	0.22	—	2.68	—	1.90
2012	—	1.36	—	—	—	2.35	—	1.41
2013	—	1.17	—	—	—	2.49	—	1.18
2014	—	—	—	—	—	2.14	—	0.68
2015	—	3.49	—	—	—	2.10	—	0.21
2016	—	3.08	—	—	—	1.90	—	—

续表

年份	安庆	六安	南阳	信阳	驻马店	孝感	黄冈	随州
2017	—	2.92	—	—	—	4.52	0.01	—
2018	—	—	—	—	—	—	—	—
年平均	—	1.58	—	0.02	—	2.33	0.17	1.03

资料来源：笔者计算整理。

　　从表5-1可以看出，安庆、南阳和驻马店3市2010～2018年人力投入是最有效率的，3市在9年里人力投入冗余率全部为0，是大别山地区其他5市人力投入的重要参考标杆。信阳有一年出现人力投入冗余，但是冗余率为0.22%，基本可以忽略不计，黄冈市有两年出现投入冗余，但是2017年的冗余率接近于零，所以可以将信阳和黄冈与前面3个市一起归入大别山地区投入效率的第一方阵。六安、孝感和随州都有6年以上出现人力投入冗余，孝感人力投入的冗余率最高，9年平均达到2.33%，其次是六安1.58%，随州人力投入冗余率1.03%，这3个市是大别山地区人力投入效率第二方阵，在产出不变的情况下，可以减少人力投入，提升人力资源效率。

　　为了进一步分析第二方阵3个市人力投入效率的发展趋势，根据表5-1绘制3市人力投入冗余率折线图，如图5-1所示：

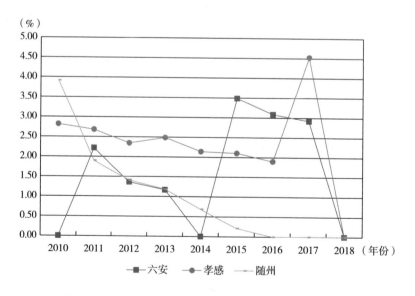

图5-1　2010～2018年大别山地区3市人力投入冗余率

图 5 - 1 表明，随州人力投入的冗余率整体呈现下降的态势，2018 年冗余率降低为 0，即已经到达大别山地区人力投入有效状态。但是，另外 2 市人力投入冗余率呈现震荡走低的趋势：六安在 2015～2016 年连续出现 3% 左右的人力投入冗余率，直到 2018 年才扭转，实现人力投入有效；孝感市人力投入效率除 2017 年大幅冗余外，整体呈现持续向好的态势，2018 年实现有效。

5.2　2010～2018 年大别山地区各市资本投入冗余率

根据 Lingo 软件和 SBM 模型计算大别山地区投入的冗余量，将各市 2010～2018 年的 S_x 的第二项投入冗余进行整理，如表 5 - 2 所示。

表 5 - 2　2010～2018 年大别山地区各市资本投入冗余率　　　　单位:%

年份	安庆	六安	南阳	信阳	驻马店	孝感	黄冈	随州
2010	—	—	—	—	—	0.34	—	—
2011	—	—	0.42	—	0.86	0.18	—	0.71
2012	—	0.56	1.72	—	0.33	0.45	—	1.49
2013	—	0.68	2.15	0.61	3.93	0.90	0.86	1.60
2014	2.91	0.49	3.84	—	2.37	0.40	5.70	2.33
2015	0.39	1.34	4.02	—	2.56	0.62	—	2.87
2016	—	0.75	0.95	—	—	0.38	—	—
2017	—	—	—	0.50	0.52	—	—	—
2018	—	—	—	—	—	4.79	—	—
年平均	0.37	0.42	1.45	0.12	1.17	0.90	0.73	1.00

资料来源：笔者计算整理。

由表 5 - 2 可知，大别山地区 8 市在 2010～2018 年均存在资本投入无效率情况，从 9 年平均看，南阳市资本投入冗余率最高，达 1.45%，其次分别是驻马店、随州和孝感。从出现冗余的频次看，孝感 9 年中有 8 年出现资本投入冗余，南阳和驻马店两市均有 6 年出现资本投入冗余。六安和随州有 5 年出现资本投入冗余，其他 3 个市均有 2 年出现资本投入冗余。综合冗余频次和程度，大别山地区 8 个市资本利用效率也可以分为三个方阵：第一方阵为安庆和信阳，这两个市基本可以认定为资本投入有效的市；第二方阵为黄冈和六安，资本投入效率有提升空间，属于比较有效率的市；第三方阵是南阳、驻马店、随州和孝感，这 4 个市不仅资本投入无效率的频次高，而且资本投入冗余率基本在 1% 以上，需要加大力度提高资本利用效率。

第三方阵的 4 个市的发展趋势不一样，为了更直观地比较这 4 个市的资本利用效率的发展趋势，根据表 5 - 2 的数据绘制其 2010 ~ 2018 年资本冗余率折线图，如图 5 - 2 所示。

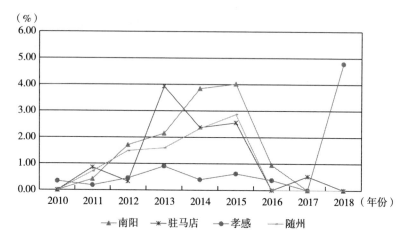

图 5 - 2　2010 ~ 2018 年大别山地区 4 市资本冗余率

很明显，大别山地区资本投入效率经历了一个倒 U 形曲线过程，2014 年前，整体处于资本冗余率不断攀升的态势，2015 年后整体处于下降的趋势。除孝感外，其他 3 市到 2018 年资本冗余率基本为 0，这说明大别山地区资本利用效率整体趋于有效。2018 年孝感资本投入冗余率反常地反弹，达到 4.79% 的历史最高水平，如果不是统计数据误差，有可能是存在重大项目投资，据统计该市 2018 年亿元以上新开工完成投资增长 17.1%。

5.3　2010 ~ 2018 年大别山地区各市工业废水排放量冗余率

根据 Lingo 软件和 SBM 模型计算大别山地区非期望产出的冗余量，将各市 2010 ~ 2018 年 Su 的第一项非期望产出冗余进行整理，如表 5 - 3 所示。

表 5 - 3　2010～2018 年大别山地区各市工业废水排放量冗余率　单位:%

年份	安庆	六安	南阳	信阳	驻马店	孝感	黄冈	随州
2010	18.73	4.96	21.25	—	21.46	33.55	10.35	13.87
2011	12.40	26.31	20.27	—	20.61	32.74	—	25.93
2012	—	27.01	19.20	—	21.96	31.89	—	24.87
2013	17.54	26.29	16.87	9.56	27.37	31.02	9.87	24.29
2014	16.00	10.10	16.99	11.57	22.64	30.38	21.60	23.53
2015	17.51	25.49	16.45	10.13	25.08	29.50	8.67	22.62
2016	17.81	12.84	19.32	—	18.69	29.00	—	—
2017	8.93	9.75	17.77	6.17	19.36	25.09	—	—
2018	13.52	—	11.91	—	16.47	24.47	—	—
年平均	13.60	15.86	17.78	4.16	21.52	29.74	5.61	15.01

资料来源：笔者计算整理。

由表 5 - 3 不难看出，2010～2018 年大别山地区 8 市工业废水排放均超量，排放强度最高的是孝感市，超排 29.74%，也就是说孝感市在 9 年里差不多有 1/3 的工业废水排放是在大别山地区现有条件下可以控制的。工业废水排放强度最低的是信阳，超排 4.16%，不及孝感的 1/7，是大别山地区工业废水排放的标杆市。按工业废水排放程度不同，可以将大别山地区 8 市工业废水排放分为三个方阵，第一方阵有 2 个市，即信阳和黄冈，超排程度在 6% 以下，9 年里有 5 年排放是在地区内相对合理区间，超排频次比其他市低。第二方阵有 3 个市，即安庆、六安和随州，这 3 个市的超排强度均在 16% 以下，在观察的 9 年里至少有 1 年工业废水排放强度居地区合理区间，但是相较第一方阵，这 3 个市工业废水排放存在较大的压缩空间。第三方阵有 3 个市，即南阳、驻马店和孝感，这 3 个市的超排强度均在 17% 以上，而且在观察的 9 年里工业废水排放全部处于区域内相对不合理区间，必须采取强有力的措施，扭转超排局面。

为了进一步分析第二方阵、第三方阵的 6 个市工业废水排放的发展趋势，根据表 5 - 3 的数据绘制其 2010～2018 年工业废水排放量冗余率折线图，如图 5 - 3 所示。

由图 5 - 3 可知，6 市工业废水排放整体呈现震荡走低的态势，六安和随州 2 个市在 2018 年已经进入工业废水排放相对合理区间，南阳、驻马店和孝感亦呈现走低的趋势，只有安庆略有走强，但是整体冗余率均处于 25% 以下。这是大别山 8 市政府共同努力的结果，大别山地区是国家重要的水土保持功能区，事关长三角地区水源质量，必须采取更加强有力的措施将工业废水排放降下来，才能实现大别山地区绿色发展，真正把新发展理念在大别山地区落地落实。

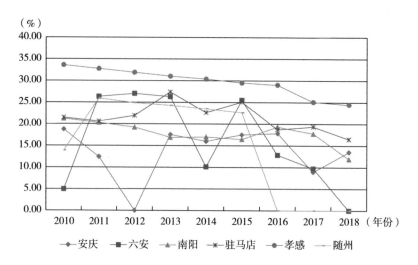

图 5 - 3　2010 ~ 2018 年大别山地区 6 市工业废水排放量冗余率

5.4　2010 ~ 2018 年大别山地区各市工业 SO_2 排放量冗余率

根据 Lingo 软件和 SBM 模型计算大别山地区非期望产出的冗余量，将各市 2010 ~ 2018 年 Su 的第二项非期望产出冗余进行整理，如表 5 -4 所示。

表 5 - 4　2010 ~ 2018 年大别山地区各市工业 SO_2 排放量冗余率　　　单位:%

年份	安庆	六安	南阳	信阳	驻马店	孝感	黄冈	随州
2010	20. 68	7. 88	26. 45	—	25. 36	49. 08	11. 24	22. 16
2011	12. 20	41. 66	33. 80	2. 71	29. 61	49. 43	—	38. 10
2012	—	43. 82	31. 45	—	28. 93	49. 40	—	37. 71
2013	18. 44	43. 38	29. 92	30. 76	39. 66	48. 87	13. 48	41. 58
2014	15. 36	13. 19	29. 73	31. 67	32. 68	48. 27	30. 81	41. 40
2015	17. 21	43. 74	27. 88	27. 62	36. 05	47. 32	16. 74	33. 28

续表

年份	安庆	六安	南阳	信阳	驻马店	孝感	黄冈	随州
2016	13.88	35.56	26.26	—	20.66	43.72	4.79	—
2017	5.67	30.33	22.98	23.84	24.90	35.24	—	—
2018	16.49	—	10.50	—	17.11	34.52		
年平均	13.33	28.84	26.55	12.96	28.33	45.09	8.56	23.80

资料来源：笔者计算整理。

由表 5 - 4 可知，大别山地区工业 SO_2 排放强度整体较高，其中孝感最高，9年平均排放超出合理区间的 45.09%，也就是说 9 年里孝感工业 SO_2 排放差不多有一半是应该控制的，有些年份，比如 2010 ~ 2015 年接近一半的排放超过区域相对合理水平。然后是六安、驻马店、南阳和随州，9 年平均都有超过 20% 的排放应该被控制。排放最低的是黄冈，9 年平均强度只有 8.56%，而且 9 年里有 4年处于相对合理排放区间，是大别山地区 SO_2 排放的标杆市。信阳和安庆也控制得比较好，信阳有 3 年排放属于区域内相对合理区间，9 年里平均排放 12.96%。

为了进一步分析 5 个工业 SO_2 重排放市的发展趋势，根据表 5 - 4 的数据绘制其 2010 ~ 2018 年工业 SO_2 排放量冗余率折线图，如图 5 - 4 所示。

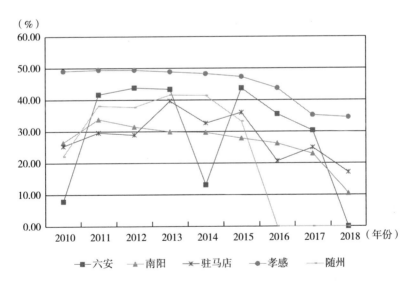

图 5 - 4　2010 ~ 2018 年大别山地区 5 市工业 SO_2 排放量冗余率

由图 5 - 4 可知，大别山地区 5 个工业 SO_2 重排放市排放强度整体仍然呈现倒 U 形趋势，2010～2013 年整体呈现增长的态势，2015 年以后整体呈现下降的趋势。特别是 2018 年，除了孝感仍然处于排放冗余率较高的位置外，其他 5 个市排放都明显下降，有 4 个市处于工业 SO_2 排放相对合理区间。南阳和驻马店市排放冗余率也都降至 20% 以下。图 5-4 中有一个十分明显的特征，孝感市始终处于工业 SO_2 重排放市的顶部，成为大别山地区工业 SO_2 排放的"外包络"，是一个"负"的前沿面，而且其 2018 年的排放冗余率仍然高高地悬在 34% 以上，这说明孝感市工业 SO_2 减排任务十分繁重，必须引起当地政府的高度重视。

5.5 2010～2018 年大别山地区各市工业烟（粉）尘排放量冗余率

根据 Lingo 软件和 SBM 模型计算大别山地区非期望产出的冗余量，将各市 2010～2018 年 Su 的第三项非期望产出冗余进行整理，如表 5-5 所示。

表 5-5 2010～2018 年大别山地区各市工业烟（粉）尘排放量冗余率

年份	安庆	六安	南阳	信阳	驻马店	孝感	黄冈	随州
2010	21.71	—	26.26	—	34.55	31.61	17.36	27.41
2011	13.19	32.38	35.61	5.31	38.52	35.06	—	34.86
2012	—	32.48	34.51	—	33.61	31.04	—	33.42
2013	10.11	29.84	33.74	30.87	34.80	35.06	12.63	32.43
2014	15.44	17.03	36.65	31.93	37.56	33.61	26.40	29.09
2015	16.87	37.65	35.39	30.58	35.05	32.11	25.30	31.09
2016	11.47	23.37	20.32	—	17.58	24.79	14.88	—
2017	3.14	22.40	19.28	16.03	6.66	19.11	9.49	—
2018	17.66	—	20.45	—	8.26	20.27	—	—
年平均	12.18	21.68	29.13	12.75	27.40	29.19	11.78	20.92

资料来源：笔者计算整理。

表 5-5 可以看出，大别山 8 个市 2010～2018 年工业烟（粉）尘排放量冗余率整体较高，最低的黄冈工业烟（粉）尘排放量冗余率 11.78%；最高的为孝感 29.19%，接近 30%。从频次看，在 9 年里，8 个市大部分时间均处于工业烟（粉）尘排放量过高的区间。其中平均排放程度最轻的黄冈市有 6 年工业烟

（粉）尘排放量过高，孝感、驻马店和南阳 3 个市 9 年全部排放过高，9 年平均都接近 30%，属于大别山地区工业烟（粉）尘排放重污染区。安庆和信阳 2 个市排放强度略高于黄冈，信阳超排的频次最低，共有 5 年排放有冗余。安庆超排频次高于黄冈，9 年里有 8 年排放有冗余，但是平均强度不太高，这 3 个市可以归为一层次，属于大别山地区工业烟（粉）尘排放较轻的地区。六安和随州 2 个市介于上述两个方阵之间，排放冗余率为 20% ~ 22%，超排频次为 6 ~ 7 年。

为了重点分析 3 个工业烟（粉）尘排放重污染市的发展趋势，根据表 5 - 5 的数据绘制 3 个市 2010 ~ 2018 年工业烟（粉）尘排放冗余率折线图，如图 5 - 5 所示。

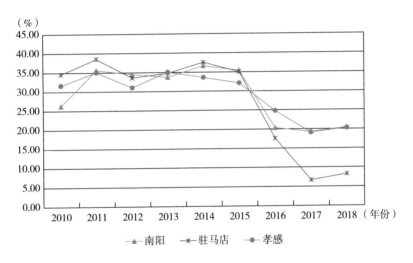

图 5 - 5　2010 ~ 2018 年大别山地区 3 个工业烟（粉）尘排放重污染市排放冗余率

图 5 - 5 表明，大别山地区 3 个工业烟（粉）尘排放重污染市排放冗余率整体仍然呈下降的趋势，2016 ~ 2017 年出现较大幅度的下降，2018 年粉尘排放又有所抬头，但是排放冗余率基本处于 21% 以下，南阳市最高接近 20.45%。这说明驻马店、孝感和南阳 3 个市还需要下大力气解决工业烟（粉）尘排放问题，需要在"转方式、调结构、换动能"方面做更多工作。

第6章 大别山地区绿色 GDP 增长率及其影响因素分析

本书借鉴尹向飞（2021）构造绿色 GDP 的方法，定义绿色 GDP 增长率（GGD-PG）等于综合生产要素增长率（inputG$_{0t}$）加上绿色 TFP 增长率（TFPG$_{0t}$）。其中，绿色 TFP 增长率（TFPG$_{0t}$）用 Malmquist 指数法测算，与尹向飞（2021）方法相同。不同之处在于，综合生产要素增长率（inputG$_{0t}$）通过扩展的柯布—道格拉斯生产函数计算求得，即利用含非期望产出的超效率 SBM 模型，计算生产函数中的投入要素冗余，通过剔除生产要素冗余的办法将传统 GDP 增长率调整为绿色 GDP 增长率。

6.1 模型构建

6.1.1 测算绿色 TFP 增长率模型

基于 Solow 的思想，利用 Malmquist 指数法测算 TFP 增长指标，然后取对数，就可以得到绿色全要素生产率增长率。

为此先构建如下投入产出分析模型：

$$\max h_0 = \frac{\sum\limits_{r=1}^{s} u_r y_{r0}}{\sum\limits_{i=1}^{m} v_i x_{i0}} \tag{6-1}$$

$$\text{s. t.} \begin{cases} \dfrac{\sum\limits_{r=1}^{s} u_r y_{rj}}{\sum\limits_{i=1}^{m} v_i x_{ij}} \leq 1, \ j=1,\ 2,\ \cdots,\ n \\ u_r \geq 0,\ r=1,\ 2,\ \cdots,\ s_1;\ u_r \leq 0,\ r=s_{1+1},\ s_{1+2},\ \cdots,\ s_{1+s} \\ v_i \geq 0,\ i=1,\ 2,\ \cdots,\ m \end{cases}$$

其中，n 表示决策单元个数，m 表示生产要素种类数，x_{ij} 表示第 j 个决策单元第 i 种生产要素的投入。s_1 表示期望产出的种类数，$s - s_1$ 表示非期望产出的种类数，前面 s_1 类产出为期望产出，第 s_{1+1}，s_{1+2}，$\cdots$，s 类产出为坏产出，y_{rj} 表示第 j 个决策单元第 r 种产出。由于第 s_{1+1}，s_{1+2}，$\cdots$，s_{1+s} 类产出为非期望产出，令模型中对应的 u_r 小于 0，体现利用期望产出对非期望产出进行调整来构建绿色 GDP 指数。模型计算出来的决策单元效率值为不同产出的加权和除以投入的不同生产要素的加权和。v_i 和 u_r 是投入要素和产出要素的权，可以通过线性规划求解。显然，模型有无穷多最优解，因为对于任何一组最优解（v_{i0} 和 u_{r0}），其 k 倍也是模型的最优解。为此，再增加一个约束条件，将第 0 个决策单元的综合生产要素指标压缩为 1，即令

$$\sum_{i=1}^{m} v_i x_{i0} = 1$$

模型变换为：

$$\max h_0 = \sum_{r=1}^{s} u_r y_{r0} \tag{6-2}$$

约束条件 s. t. 如下：

$$\sum_{i=1}^{m} v_i x_{ij} - \sum_{r=1}^{s} u_r y_{rj} \geqslant 0 ，j = 1，2，\cdots，n$$

$$\sum_{i=1}^{m} v_i x_{i0} = 1$$

$u_r \geqslant 0$，$r = 1$，2，$\cdots$，s_1；$u_r \leqslant 0$，$r = s_{1+1}$，s_{1+2}，$\cdots$，s_{1+s}；$v_i \geqslant 0$，$i = 1$，2，$\cdots$，m

很显然，这是一个含有非期望产出的模型，可以用 MAXDEA 软件中含非期望产出的超效率 SBM 模型，设置规模报酬不变（CCR）进行测算，或者使用 Lingo 软件编程测算其效率值，再整理计算 TFP，取其对数即可测算绿色全要素生产率 $TFPG_{0t}$。

6.1.2　测算综合生产要素增长率模型

借鉴柯布 - 道格拉斯生产函数，将"三废"污染当作投入要素纳入柯布 - 道格拉斯生产函数，构建如下模型：

$$y = \alpha_0 L^\alpha K^\beta W^\gamma G^\delta S^\theta \tag{6-3}$$

其中，y 表示地区生产总值（GDP），L 表示投入的劳动要素，K 表示投入的资本要素，W 表示工业废水排放量，G 表示工业 SO_2 排放量，S 表示工业烟（粉）尘排放量。α_0 表示常数项，α、β、γ、δ、θ 表示各投入要素对地区生产总值的产出弹性。

为了消除异方差的影响，对函数取对数：

$$\ln Y = \alpha_0 + \alpha \ln L + \beta \ln K + \gamma \ln W + \delta \ln G + \theta \ln S + \varepsilon_{it} \qquad (6-4)$$

其中，ε_{it} 表示白噪声。通过回归的办法，可以估计 α_0、α、β、γ、δ、θ，即各生产要素对产出的弹性。然后通过 Malmquist 指数法，利用含非期望产出的超效率 SBM 模型，测算各投入要素的冗余率，将生产函数模型各投入要素的冗余剔除，对传统 GDP 增长率进行调整，即可计算各生产要素调整后的 GDP 增长率，作为绿色 GDP 的一个组成部分。

6.2　大别山地区绿色 TFP 增长率

6.2.1　变量说明及数据来源

本章选取大别山地区 3 省 8 市作为决策单元集（DMU_j，$j = 1$，2，$\cdots$，8），研究时间段为 2010～2018 年。数据主要来自相应年份的《中国城市统计年鉴》，考虑到数据的可获得性，生产要素为就业和资本存量，期望产出为 8 市 GDP。为剔除物价因素影响，以各年份各地区居民消费价格指数为折算系数，将各年 GDP 折算为 2010 年不变价格的 GDP；非期望产出有工业烟（粉）尘排放量、工业二氧化硫排放量、工业废水排放量。资本存量取各年的规模以上企业流动资产合计和固定资产合计之和，用各地区固定资产投资价格指数折算为 2010 年不变价格的资本存量。就业以各市城镇单位从业人员期末人数加上城镇私营个体从业人数之和表示。黄冈、安庆、六安 3 市 2018 年"三废"数据以及其他少数缺失，用滚动平均的办法补齐。

6.2.2　大别山地区绿色 TFP 增长率计算

通过上面构建的非期望产出 SBM 模型（CRS），使用 Lingo 软件编程测算大别山地区 3 省 8 市 2010～2018 年考虑非期望产出后各年的投入产出效率值，如表 6－1 所示。

表 6－1　2010～2018 年大别山地区 3 省 8 市投入产出效率值

年份	黄冈	信阳	安庆	随州	六安	南阳	驻马店	孝感
2010	0.9044	1.001	0.867	0.846	0.969	0.844	0.831	0.766
2011	1.0014	0.979	0.914	0.791	0.791	0.815	0.815	0.762

续表

年份	黄冈	信阳	安庆	随州	六安	南阳	驻马店	孝感
2012	1.0010	1.001	1.001	0.795	0.787	0.817	0.824	0.770
2013	0.9135	0.846	0.897	0.792	0.793	0.823	0.781	0.764
2014	0.8116	0.842	0.882	0.797	0.906	0.812	0.802	0.771
2015	0.8875	0.854	0.884	0.809	0.770	0.817	0.796	0.775
2016	0.9531	1.001	0.903	1.003	0.832	0.854	0.875	0.795
2017	0.9768	0.895	0.958	1.001	0.852	0.870	0.885	0.815
2018	1.0166	1.001	0.894	1.014	1.027	0.903	0.905	0.815
平均	0.9410	0.936	0.911	0.872	0.859	0.840	0.835	0.781

表 6-1 数据显示，2010～2018 年，大别山地区 8 市投入产出效率平均最高的是黄冈市，效率值为 0.9410，最低的是孝感，效率值只有 0.781，是大别山地区 8 市中唯一效率值低于 0.8 的市，黄冈投入产出效率 9 年平均高出孝感 20% 以上。另外，效率值在 0.9 以上的市还有 2 个，即信阳和安庆，0.8～0.9 的有 4 个，即随州、六安、南阳、驻马店。如图 6-1 所示。

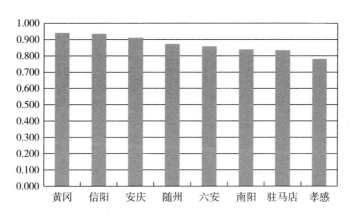

图 6-1　2010～2018 年大别山地区 3 省 8 市投入产出效率值排序

图 6-1 表明，2010～2018 年黄冈投入产出平均效率居大别山地区 8 市之首，是大别山地区绿色发展的标杆，而孝感则是 8 市中投入产出平均效率最低的地区，可能的原因包括两个方面：一方面是投入要素的效率较低，另一方面是非期望产出超过同地区其他市。从前文的分析基本可以判断，孝感投入产出效率低的原因主要是后者，即"三废"排放超标较严重。

为了更直观地分析大别山地区 8 市 2010～2018 年投入产出效率的发展趋势，根据表 6-1 的数据绘制折线图如图 6-2 所示。

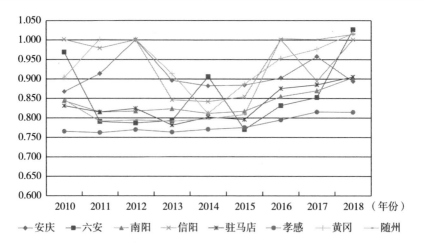

图 6 - 2　2010～2018 年大别山地区 3 省 8 市投入产出效率值发展趋势

从图 6 - 2 可以看出，大别山地区投入产出效率呈震荡上行态势，这说明大别山地区绿色发展的趋势是好的，但是不平稳，2013 年和 2015 年全地区整体出现逆绿色发展势头，仅六安市在 2014 年出现短暂投入产出效率反弹。从宏观形势分析，2013 年国家提出"转方式、调结构、促增长"的发展战略，中央要求各地开始探索绿色发展的路径，加强了环境规制，整个经济增长出现回调的趋势，绿色生产效率也受到抑制。2016 年是国家"十三五"开局之年，节能减排，推动绿色发展已成为常态，大别山地区开始步入绿色发展的轨道。

黄冈在大别山地区基本处于引领绿色发展的地位，仅在 2014 年下滑非常明显，跌到大别山地区中游。之后，黄冈一直保持投入产出效率较快发展。2016年随州投入产出效率迅速拉升，居于首位，信阳也越过黄冈，2017 年黄冈投入产出效率仅次于随州，2018 年再次冲顶，到达大别山地区绿色发展最高水平。

为了观察大别山 8 市 2010～2018 年投入产出效率的变化趋势，计算其效率增长率（即绿色 TFP 增长率），如表 6 - 2 所示。

表 6 - 2　2010～2018 年大别山地区 3 省 8 市绿色 TFP 增长率

年份	随州	黄冈	驻马店	南阳	孝感	六安	安庆	信阳
2011	0.935	1.107	0.981	0.966	0.996	0.816	1.053	0.978
2012	1.004	1.000	1.011	1.003	1.010	0.996	1.095	1.022
2013	0.996	0.913	0.948	1.007	0.992	1.008	0.896	0.846

续表

年份	随州	黄冈	驻马店	南阳	孝感	六安	安庆	信阳
2014	1.007	0.888	1.026	0.986	1.010	1.142	0.984	0.995
2015	1.014	1.094	0.992	1.007	1.006	0.850	1.002	1.015
2016	1.241	1.074	1.100	1.046	1.025	1.080	1.021	1.172
2017	0.998	1.025	1.011	1.018	1.026	1.025	1.061	0.894
2018	1.013	1.041	1.023	1.039	0.999	1.205	0.933	1.119
平均	1.023	1.015	1.011	1.009	1.008	1.007	1.004	1.000

由表 6-2 可知，大别山地区 8 市 2011～2018 年绿色 TFP 增长率整体大于 1，即呈现增长态势，年均增长幅度最高的是随州市，达 2.3%，最低的是信阳市，基本没有增长。黄冈市年均增长 1.5%，居大别山地区第二位。

为了进一步分析大别山地区 3 省 8 市 2010～2018 年绿色 TFP 增长率发展趋势，根据表 6-2 绘制大别山地区 3 省 8 市 2010～2018 年绿色 TFP 增长率趋势如图 6-3 所示。

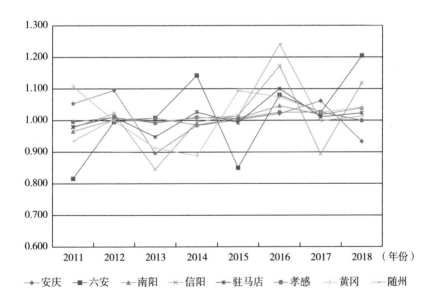

图 6-3　2010～2018 年大别山地区 3 省 8 市绿色 TFP 增长率趋势

图 6-3 表明，大别山地区绿色 TFP 增长率呈现波动上升的趋势，以 2015 年为界，之前增长率基本为负，之后基本为正，这再次说明，大别山地区 2015 年

开始步入绿色发展的快车道。2017 年增长幅度出现了一个小幅回落，但是仍然在增长区间。

黄冈 2015 年前投入产出效率增长持续下滑，呈现出明显的逆绿色生产趋势。2015 年开始扭转颓势，增长幅度一举领先大别山地区，之后一直保持增长态势。

6.3 大别山地区综合生产要素决定的绿色 GDP 增长率

6.3.1 数据来源

大别山地区综合生产要素增长率测算数据来源与绿色 TFP 增长率测算的数据来源相同，使用 EViews10 软件估计前文构建的双对数生产函数模型中的参数，即各投入要素的产出弹性。再用 MAXDEA 软件中含非期望产出的超效率 SBM 模型，测算各投入要素的冗余量，并进一步计算各投入要素的冗余率。最后根据各投入要素的产出弹性，从传统 GDP 增长率中剔除投入要素的冗余影响，即可得到综合生产要素增长率产生的绿色 GDP 增长率。

6.3.2 含"三废"投入的生产函数估计

首先对生产函数各变量进行统计分析，如表 6 - 3 所示。

表 6 - 3 2010 ~ 2018 年大别山地区 8 市投入产出要素对数值统计分析

变量	变量解释	均值	最大值	最小值	标准差	离差率（%）
y	地区 GDP 的对数	16.329	17.195	15.206	0.414	2.54
x1	从业人数（L）的对数	13.776	14.549	12.826	0.370	2.68
x2	资本投入（K）的对数	16.107	17.440	14.736	0.530	3.29
x3	工业废水排放量（W）的对数	7.922	9.312	5.220	0.811	10.23
x4	工业 SO_2 排放量（G）的对数	9.421	11.292	5.357	1.191	12.64
x5	工业烟（粉）尘排放（S）的对数	9.226	10.488	6.306	0.924	10.01

资料来源：根据历年《中国城市统计年鉴》计算整理。

由表 6 - 3 可知，生产函数中传统的自变量和因变量离差率都不大，"三废"排放中工业废水排放的离差率也比较小，但是工业 SO_2 和工业烟（粉）尘排放的离差率普遍较高，这实质是"三废"排放特别是工业 SO_2 和工业烟（粉）尘在强环境保护规制下，8 市排放很不均衡，表现出控制排放的技术还不稳定，相比较这两类排放波动，工业废水排放要平稳得多，这说明废水治理已经引起地方政府的重视，治理技术和措施也比较成熟。

使用 EViews10 软件估计双对数生产函数模型中的参数，结果如图 6 - 4 所示。

Dependent Variable：Y
Method：Least Squares
Date：03/06/21 Time：09：46
Sample （adjusted）：1 72
Included observations：72 after adjustments

Variable	Coefficient	Std. Error	t - Statistic	Prob.
C	5. 082436	1. 022355	4. 971303	0. 0000
X1	0. 094700	0. 088407	1. 071180	0. 2880
X2	0. 619053	0. 062519	9. 901758	0. 0000
X3	- 0. 001378	0. 057241	- 0. 024073	0. 9809
X4	0. 136325	0. 049325	2. 763784	0. 0074
X5	- 0. 141240	0. 046044	- 3. 067493	0. 0031
R - squared	0. 753062	Mean dependent var		1632858
Adjusted R - squared	0. 734355	S. D. dependent var		0. 414244
S. E. of regression	0. 213505	Akaike info criterion		- 0. 170662
Sum squared resid	3. 008558	Schwarz criterion		0. 019061
L og likelihood	12. 14382	Hannan - Quinn criter.		- 0. 095133
F - statistic	40. 25477	Durbin - Watson stat		2. 119595
Prob （F - statistic）	0. 000000			

图 6 - 4　2010 ~ 2018 年大别山地区 8 市包含污染要素的生产函数参数估计

由图 6 - 4 可知，模型 F 值为 40. 25，R^2 值为 0. 75，P 值为 0. 0000，表明在 1% 水平上整个拟合方程显著性强，方程的拟合优度较高。变量 X1 的系数为

0.095，t 值为 1.071，P 值为 0.288，表明从业人数对产出的影响是不显著的，但是从系数的符号可以判断，从业人数对产出的影响是正向的。这说明大别山地区劳动投入仍然会提高产出，但是劳动与产出的相关性减弱了，即劳动投入接近饱和状态，单纯依靠增加劳动投入已经不能相应提出产出水平，必然会造成劳动力资源的浪费。

变量 X2 的系数为 0.619，t 值为 9.902，P 值为 0.000，表明资本存量在 1% 的水平上对产出 GDP 影响是显著的，而且资本存量每增长 1 个百分点，GDP 增长 0.619 个百分点。由此可见，大别山地区资本要素仍然十分稀缺，资本的边际效用很大，在全部 5 个影响因素中，资本要素对产出的影响是最大的，也是最显著的。增加资本投入，可以显著提高地区产出水平。

变量 X3 的系数为 -0.0014，t 值为 -0.024，P 值为 0.981，表明工业废水排放对产出 GDP 的影响是不显著的，但是从系数的符号可以判断，工业废水排放与产出是反方向的，即减少工业废水排放可以增加产出。这说明大别山地区现有工业体系，废水排放接近饱和水平，增加工业废水排放对工业产出的影响不明显。地区新型产业对水的依赖性不强，工业废水排放增加，并不意味着工业生产的增加。同时，由于地区产业结构对清洁水的依赖，增加工业废水排放不仅不能够增加地区产值，反而会降低整个地区产出水平。另外，由于地区对于工业废水的排放规制很强，工业废水排放会减少生态补偿，增加经济处罚，从而影响地区整体产出水平。

变量 X4 的系数为 0.136，t 值为 2.764，P 值为 0.0074，表明在 1% 水平上，工业 SO_2 排放对产出 GDP 的影响是显著的，且工业 SO_2 每增加 1 个百分点，会增加产出 0.136 个百分点。这说明，大别山地区的工业产业比较依赖石化能源消耗，导致 SO_2 排放与地区产出之间存在明显的正相关性。同时，也说明大别山地区对工业废气排放的规制还不太严格，存在制度漏洞，导致较大负的外部性，使得废气排放产业较多转入。

变量 X5 的系数为 -0.141，t 值 -3.067，P 值为 0.0031，表明在 1% 水平上，工业粉（烟）尘排放对产出 GDP 的影响是显著的，且工业粉尘排放每增加 1 个百分点，会减少产出（GDP）0.141 个百分点。这说明大别山地区产业以"去粉尘"趋势为主，而且效果明显。越到近期，粉尘排放越减轻。这也从侧面反映出大别山地区对工业粉尘排放的规制比较严格，而且也取得了较好的成效。

剔除不显著变量再回归，结果如下：

由图 6-5 可知，剔除不显著因素后，模型的 F 值明显提升，R^2 值基本保持不变，这说明方程整体质量有所改善，对变量之间的解释力增强了。

Dependent Variable：Y

Method：Least Squares

Date：03/06/21 Time：09：47

Sample（adjusted）：1 72

Included observations：72 after adjustments

Variable	Coefficient	Std. Error	t – Statistic	Prob.
C	5. 778413	0. 775557	7. 450663	0. 0000
X2	0. 658438	0. 048373	13. 61169	0. 0000
X4	0. 143872	0. 034014	4. 229755	0. 0001
X5	– 0. 152922	0. 044309	– 3. 451245	0. 0010
R – squared	0. 748505	Mean dependent var		16. 32858
Adjusted R – squared	0. 737409	S. D. dependent var		0. 414244
S. E. of regression	0. 212274	Akaike info criterion		– 0. 207929
Sum squared resid	3. 064084	Schwarz criterion		– 0. 081448
Log likelihood	11. 48545	Hannan – Quinn criter.		– 0. 157577
F – statistic	67. 46093	Durbin – Watson stat		1. 970534
Prob（F – statistic）	0. 000000			

图 6 – 5　2010 ~ 2018 年大别山地区 8 市生产函数显著影响参数估计

剔除不显著因素后，3 个显著影响因素的系数和 t 值都有增加，且都在 1% 的水平上显著。常数项由 5.08 增加到 5.77，增长 13.58%。这除了从业人数和废水排放两要素剔除后，它们的弱影响并入进来外，其他因素的影响更加凸显，估计是剔除干扰因素后，全要素生产率的影响更加突出。

变量 X2 的系数由 0.619 增加到 0.658，增长 6.3%，可见资本变量对地区产出的影响增强了，这说明大别山地区资本的边际效用仍然处于递增阶段，属于典型的资本稀缺，资本也是大别山地区对产出影响最大的因素。t 值为 13.61，明显提高，这说明剔除不显著因素后，资本变量的解释增强了。

变量 X4 的系数由 0.136 增加到 0.144，增长了 5.88%，t 值也从 2.763 增加到 4.230。这说明大别山地区 GDP 增长对 SO_2 排放的依赖仍然很强，而且 SO_2 排放的治理效果不明显，排放仍然处于环境库兹涅茨倒 U 形曲线的左侧。

变量 X5 的系数绝对值由 0.141 增长到 0.153，增长了 8.51%，t 值的绝对值由 3.067 增长到 3.451。这表明工业粉（烟）尘排放对 GDP 增长的负向影响是显著的，同时表明大别山地区治理工业粉（烟）尘排放的效果是显著的，产业结构调整也是卓有成效的，"去粉尘"产业发展较好。

根据前述模型假定，先用极值法对劳动要素（L）、资本要素（K）、工业废水排放量（W）、工业 SO_2 排放量（G）、工业固体废弃物排放量（S）5 个变量进行无量纲化处理，消除计量单位对变量变化率的影响；然后使用 Lingo 软件和 SBM 模型计算大别山地区投入、产出和非期望产出的冗余量和冗余率；再利用前文估计出来的生产函数，剔除 5 个变量冗余率对传统 GDP 增长率的影响，得到生产要素决定的绿色 GDP 增长率，如表 6 - 4 所示。

表 6 - 4 2011 ~ 2018 年大别山地区 8 市综合生产要素决定的绿色 GDP 增长率

单位:%

	安庆	六安	南阳	信阳	驻马店	孝感	黄冈	随州
2011 年	16. 79	13. 92	6. 90	9. 08	13. 32	10. 45	15. 35	22. 39
2012 年	9. 54	8. 04	3. 88	8. 75	8. 56	9. 98	10. 92	9. 93
2013 年	1. 86	5. 62	3. 31	9. 97	9. 73	6. 24	8. 67	7. 60
2014 年	6. 11	4. 57	4. 44	8. 87	4. 75	4. 74	6. 78	4. 99
2015 年	- 11. 09	- 8. 11	4. 54	5. 69	4. 89	3. 73	3. 33	3. 93
2016 年	5. 94	5. 32	5. 36	7. 07	5. 63	3. 41	7. 58	4. 28
2017 年	10. 88	6. 87	2. 73	7. 93	8. 57	5. 53	9. 83	8. 95
2018 年	8. 86	1. 92	5. 75	3. 38	3. 63	5. 75	6. 51	5. 31
地区平均	5. 16	4. 08	4. 09	6. 70	6. 50	5. 49	7. 58	7. 33

资料来源：根据模型估计计算。

依据表 6 - 4 整理 2011 ~ 2018 年大别山地区生产要素决定的绿色 GDP 增长率平均水平，如图 6 - 6 所示。

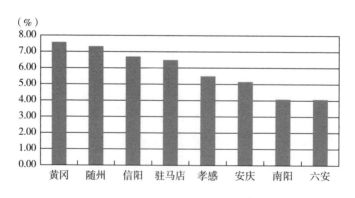

图 6 - 6 2011 ~ 2018 年大别山地区 8 市生产要素决定的绿色 GDP 增长率平均水平对比

由图 6－6 可知，2011～2018 年大别山地区生产要素决定的绿色 GDP 增长率平均水平黄冈最高，六安最低，这说明黄冈劳动力和资本投入是最有效率的，"三废"排放也是控制最好的。相比较其他 7 市，黄冈的产出质量最高。

为了更清晰地表现各市生产要素决定的绿色 GDP 增长率的变化趋势，根据表6－4绘制 8 市 2011～2018 年生产要素决定的绿色 GDP 增长率走势图，如图 6－7 所示：

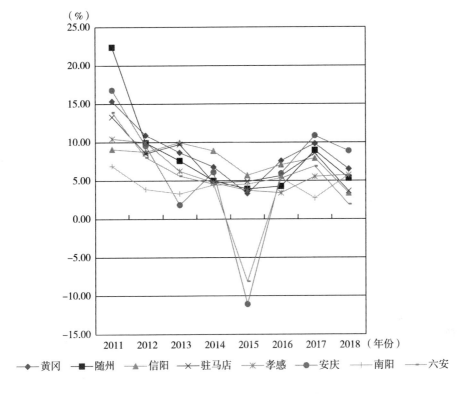

图 6－7　2011～2018 年大别山地区 8 市生产要素决定的绿色 GDP 增长率趋势

从图 6－7 可以看出，大别山地区 8 市生产要素决定的绿色 GDP 增长率呈倒 N 形发展趋势，2015 年前持续下降，其中安徽两市，即安庆和六安 2015 年绿色 GDP 增长率出现"断崖"式下跌，主要是受传统 GDP 负增长的拖累。2015～2017 年恢复增长，2018 年又呈下降趋势。这说明大别山地区经济增长动能正在转换，2015 年前，在节能减排宏观政策引导下，传统的生产要素增长减缓，排放约束增强，在两重因素的共同作用下，传统 GDP 增长速度放缓，绿色 GDP 增长率同步下降。2015 年以后，随着各市调结构、稳增长的系列措施到位，绿色

GDP 增长率出现上扬，但是不稳定，到 2018 年除了南阳市，大别山地区 7 市绿色 GDP 增长率均出现回调。

从波动情况来看，2011～2018 年，安徽两市，即安庆和六安生产要素决定的绿色 GDP 增长率波动幅度最大，特别是安庆在 2015 年前生产要素决定的绿色 GDP 大幅度下滑，之后强劲反弹，2017 年其生产要素决定的绿色 GDP 增长率居大别山地区首位。2018 年尽管有些回调，但是仍然处于首位。六安下跌幅度与安庆类似，但是反弹乏力，2018 年仍然居地区底部。

南阳市情况与其他 7 市不一致，2011～2018 年生产要素决定的绿色 GDP 增长率呈现 W 形趋势，整体比其他市早"半拍"，这说明南阳绿色发展从 2013 年开始起步，比其他市早两年，之后在 2016 年出现回调，2017 年开始再次恢复，均比其他市早一年。可见，南阳绿色发展比其他地区迅速。

6.4　大别山地区绿色 GDP 增长率

根据前文所述的绿色 GDP 的定义，在计算出 2011～2018 年大别山地区 8 市绿色 TFP 增长率和生产要素决定的绿色 GDP 增长率后，将两者相加即可计算各市绿色 GDP 增长率，如表 6-5 所示：

表 6-5　2011～2018 年大别山地区 8 市绿色 GDP 增长率　　　　单位:%

	安庆	六安	南阳	信阳	驻马店	孝感	黄冈	随州
2011 年	21.98	-6.42	3.43	6.84	11.37	10.02	25.54	15.69
2012 年	18.64	7.60	4.16	10.93	9.69	10.97	10.88	10.37
2013 年	-9.11	6.41	4.05	-6.80	4.40	5.43	-0.48	7.20
2014 年	4.49	17.87	2.99	8.34	7.34	5.69	-5.05	5.74
2015 年	-10.88	-24.39	5.21	7.14	4.13	4.29	12.27	5.33
2016 年	8.02	13.01	9.84	22.93	15.16	5.91	14.72	25.85
2017 年	16.78	9.33	4.47	-3.31	9.63	8.09	12.28	8.73
2018 年	1.94	20.55	9.56	14.60	5.92	5.65	10.51	6.60
地区平均	5.18	3.99	4.82	6.39	7.43	6.18	8.61	9.29

根据表 6-5 绘制 2011～2018 年大别山地区 3 省 8 市绿色 GDP 增长率平均水平对比，如图 6-8 所示，可以看到，随州平均绿色 GDP 增长率最高，黄冈居第二，六安市最低。

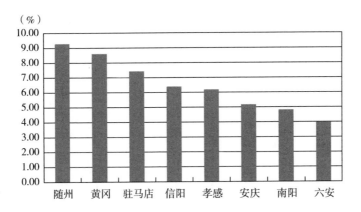

图 6 - 8　2011 ~ 2018 年大别山地区 3 省 8 市绿色 GDP 增长率平均水平对比

　　为了更直观地分析大别山地区 8 市绿色 GDP 增长率的变化趋势，根据表 6 - 2、表 6 - 4 和表 6 - 5 绘制 8 市绿色 GDP 增长率、不变价格 GDP 增长率、绿色 TFP 增长率、生产要素贡献的绿色 GDP 增长率走势对比如图 6 - 9 至图 6 - 16 所示。

　　如图 6 - 9 所示，随州经济转型的拐点出现在 2016 年，此前随州传统经济增速一直居于绿色经济增速上方，属于典型的传统产业主导型经济；2016 年 TFP 贡献绿色 GDP 增长率（全要素生产率增长率）大幅度提升，一举拉动绿色 GDP 增速超越传统 GDP 增速，之后，随州绿色 GDP 增长率一直居于传统 GDP 上方，这说明主导产业实现了从传统产业向绿色产业转型。具体来看，转型后的随州重点打造专用汽车、食品工业千亿元产业，着力建设新能源产业，大力发展外向型

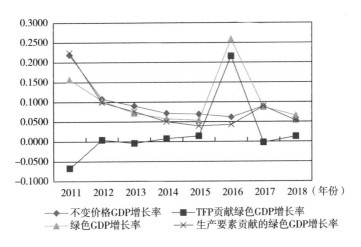

图 6 - 9　2011 ~ 2018 年随州市绿色 GDP 增长率及其影响因素发展趋势

经济,为经济可持续发展夯实基础。从生产要素投入效率来看,2012~2017年,随州生产要素贡献的绿色GDP增长率一直低于传统GDP增长率,这说明在这一阶段,随州出现了生产要素的冗余。从全要素生产率增长率的发展趋势看,继2016年大幅攀升后,2017年又出现断崖式下跌,这说明,随州科技创新驱动发展很不稳定,经济结构转型缺乏可持续性,仍要进一步转换结构,巩固科技创新成果,增强经济可持续发展实力。

如图6-10所示,黄冈经济转型的拐点出现在2015年,此前除个别年份(2011年)外,传统经济增速一直居绿色经济之上,这表明传统经济占据主导地位。2015年全要素生产率增长率大幅攀升,拉动绿色GDP增长率高于传统GDP增长率。之后,黄冈市绿色GDP增速一直居传统GDP增速之上,这表明黄冈主导产业绿色化成效明显。从生产要素投入效率来看,2015年前,黄冈市传统GDP增长率曲线与生产要素决定的绿色GDP增长率曲线基本重合,这表明黄冈市生产要素投入相比大别山地区其他市是有效的,从而其产出的GDP增长率全部视同绿色GDP增长率。2015年后,生产要素贡献的绿色GDP增长率高于传统GDP增长率,这说明黄冈市传统产业升级改造成效明显,生产要素投入均为有效率。从全要素生产率增长率看,2015年开始,黄冈市全要素增长率一直为正,这说明黄冈市科技创新驱动能力较强。具体来看,2013年前,黄冈生产要素富余,通过招商引资,引进著名品牌企业,建成了全球最大的核黄素生产基地、全国最大的窑炉生产基地、中部地区最大的钢构基地和华中地区最大的乳制品生产企业。大广高速、武英高速、武麻高速和大别山红色旅游公路、鄂东长江大桥相继建成通车,武汉至黄冈城际铁路、黄冈长江大桥、黄鄂高速等重点工程动工兴

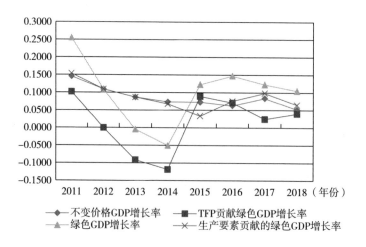

图6-10 2011~2018年黄冈市绿色GDP增长率及其影响因素发展趋势

建，大别山电厂等一大批重大项目建成投产，推进城东新区建设，建设遗爱湖公园等基础设施工程投资强力拉动，将黄冈富余的生产要素充分利用起来，带来了绿色 GDP 的持续快速增长。到 2015 年，黄冈经济转型升级步伐加快，工业提档升级，新能源新材料、智能制造、新能源汽车、节能环保等新兴产业快速发展；农业提质增效，全域旅游全面推进，新经济迅猛发展，"转方式、调结构、促增长"发展战略开始见效，绿色经济步入"稳中有增"的良好局面。

如图 6 - 11 所示，2011～2018 年驻马店基本处于传统经济主导模式，除了零星年份外，比如 2012 年、2017 年、2018 年，驻马店绿色 GDP 增长率始终处于传统 GDP 增长率之下，这说明驻马店传统经济转型仍然缓慢。从生产要素贡献的绿色 GDP 增长率看，2013 年之前高于传统 GDP 增长率，之后一直低于传统 GDP 增长率，这说明驻马店生产要素投入效率并没有提高，反而有下降的趋势。从全要素生产率增速看，2015 年之前一直在零增长上下波动，之后才稳定在正增长区间，这说明驻马店科技创新驱动的发展趋势是好的，但是还不稳定，缺乏持久的创新驱动力。因为驻马店产业结构不够合理，产业层次低，工业短板明显，特别是产业链集群规模小，竞争力弱，缺乏领军型企业和名牌产品，抗风险能力差；战略性新兴产业、高新技术产业发展缓慢；民营企业规模偏小，环境保护压力大，结构性污染问题突出；创新发展动力不强，创新投入不足，拥有自主知识产权的核心技术少。

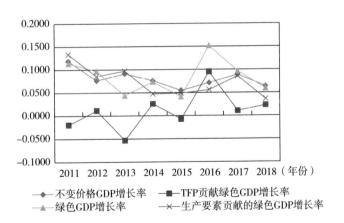

图 6 - 11　2011～2018 年驻马店市绿色 GDP 增长率及其影响因素发展趋势

如图 6 - 12 所示，信阳传统经济中生产要素投入的效率相比较大别山地区其他市是有效的，所以其有效生产要素投入贡献的绿色 GDP 增长率与传统 GDP 增长率基本重合。从全要素生产率增速看，一直处于大幅度波动状态，而且这种波动引领其绿色 GDP 的波动。从总体来看，信阳市绿色 GDP 增速基本处于传统 GDP 增速之下，这说明信阳绿色经济还没有形成。可能的原因是，信阳工业化城镇化水平不高，城乡之间、县区之间发展不均衡，三次产业、三大需求之间结构不协调，创新能力不强。另外，信阳市特色农业潜力较大，"信阳毛尖"生态原产地保护品牌，信阳茶文化，对于推进全域旅游，发展乡村旅游，建设茶旅融合精品线路等，具有十分巨大的发展潜力。

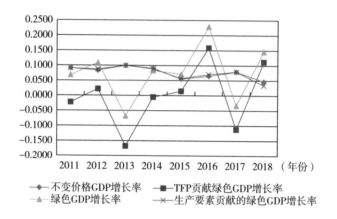

图 6 - 12　2011～2018 年信阳市绿色 GDP 增长率及其影响因素发展趋势

如图 6 - 13 所示，孝感 2011～2018 年绿色 GDP、有效生产要素贡献的绿色 GDP 和全要素生产率 3 个指标的增速均处于传统 GDP 增速下方，这表明孝感经济仍然处于传统经济状态，生产要素投入冗余较多，科技创新对经济的拉动作用很弱。一个明显的特征是，孝感有效生产要素投入贡献的 GDP 增速与传统 GDP 的增速之间一直相差约 3 个百分点，这说明孝感生产的效率一直没有明显提升。同时，2015 年绿色 GDP 增速开始回升，但是仍然低于传统 GDP 的增速水平，而且 2018 年出现下跌，即绿色 GDP 增长缺乏可持续的支撑。估计孝感转方式、调结构的拐点仍未出现。孝感经济转型拐点滞后的原因可能是孝感县域之间、城乡之间、企业之间发展不平衡，传统产业增速放缓，新经济、新产业处于培育期，实体经济融资难、用工难问题较为突出，资金、土地、环境等要素约束趋紧。

如图 6 - 14 所示，安庆生产要素贡献的绿色 GDP 增长率与传统 GDP 拉长率基本重合，这说明安庆的生产要素投入效率是较高的，基本没有冗余。TFP 贡献的绿色 GDP 增长率较多年份处在正增长区间，对安庆市绿色 GDP 的增长率发挥着重要引领作用。综合来看，安庆经济转型的拐点出现在 2015 年，此前安庆绿

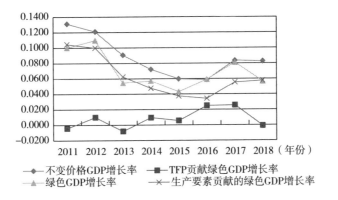

图 6 – 13　2011～2018 年孝感市绿色 GDP 增长率及其影响因素发展趋势

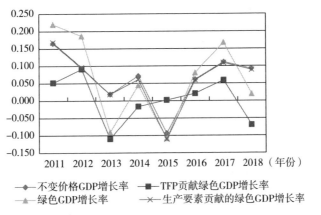

图 6 – 14　2011～2018 年安庆市绿色 GDP 增长率及其影响因素发展趋势

色 GDP 增速基本处于传统 GDP 增速之下，之后出现反转，其传统经济增长出现深度下滑，但是受科技创新等因素拉动，绿色 GDP 的增长率开始超越传统 GDP 增长率。转型后安庆市工业化进程明显加快，新能源、战略性新兴产业、高新技术产业迅速发展，服务业不断提升，创新发展能力逐步增强。

如图 6 – 15 所示，南阳市传统经济 2011～2018 年始终保持较强的增长态势，这在大别山地区是少有的现象，其他地区基本都呈现传统经济增速放缓的趋势。同时，南阳市生产要素贡献的绿色 GDP 增长率呈现逐步下降的趋势，落后传统经济增长速度的距离呈现逐步扩大的趋势。这说明南阳传统经济一直保持主导地位，生产方式转型效果不明显，高投入、高排放的特征尚未根本扭转。另外，南阳市 TFP 贡献绿色 GDP 增长率亦呈现稳步增长的态势，这说明南阳市创新驱动不断增强，经济动能转换效果较好，在创新驱动下，南阳市绿色 GDP 增速从 2016 年开始超越了传统 GDP 增速。这说明南阳市出现了传统经济与绿色经济双轮驱动的局面,这说明南阳市产业结构不够优化、城乡发展不够协调、民间投资乏力、创新能力不强、增长动力不足、发展动能转换滞后等局面在 2016 年开始扭转,逐步进入转型升级发展轨道。

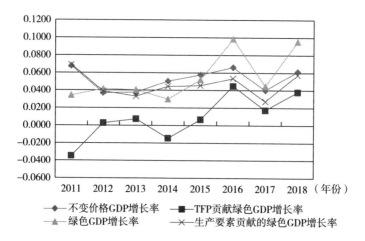

图 6 - 15　2011～2018 年南阳市绿色 GDP 增长率及其影响因素发展趋势

如图 6 - 16 所示,六安市传统经济整体处于增长下滑,而创新经济整体处于增长递增的趋势。2011～2018 年,六安市生产要素贡献的绿色 GDP 增速始终低于传统 GDP 的增速,这说明六安市的生产投入存在一定冗余,排放也有压缩空间。2015 年六安市绿色 GDP 大幅度下挫后探底回升,构筑了经济转型升级的拐点。2015 年前,在宏观经济"转方式、调结构、促增长"的背景下,六安市经济下行压力加大,传统产业发展困难,战略性新兴产业支撑不足,现代服务业发展相对滞后,农业产业化水平不高等,导致六安市传统经济增长乏力。2016 年开始,特别是 2018 年,六安市绿色经济出现强势反弹,增长速度大幅度超过传统经济增长速度,也超越了大别山地区其他市,这得益于该市定位"一产向农村特色产业发力,二产向战略性新兴产业、先进制造业发力,三产向文化体育旅游、健康医疗养老、现代物流业发力"的现代化产业体系初步建立,强力推进创新驱动、动能转换。

为了分析大别山地区整体绿色 GDP 增长率及其驱动因素,以大别山地区 8 市不变价格 GDP 为权重,分别计算大别山地区 2011～2018 传统 GDP 增长率、综合生产要素贡献的绿色 GDP 增长率、绿色 TFP 增长率、绿色 GDP 增长率的加权平均值,如表 6 - 6 所示,其中综合生产要素贡献是指生产要素贡献的绿色 GDP 占地区绿色 GDP 的比重,绿色 TFP 贡献是 TFP 增长率占地区绿色 GDP 增长率的比重,地区绿色 GDP 等于生产要素贡献的绿色 GDP 增长率和 TFP 增长率之和。

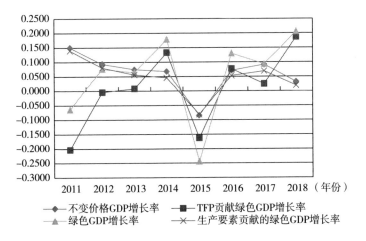

图 6 – 16　2011 ～ 2018 年六安市绿色 GDP 增长率及其影响因素发展趋势

表 6 – 6　2011 ～ 2018 年大别山地区绿色 GDP 增长结构分析

年份	GDP 增长率	综合生产要素增长率	绿色 TFP 增长率	绿色 GDP 增长率	综合生产要素贡献	绿色 TFP 贡献
2011	0.150	0.149	− 0.027	0.123	0.848	0.152
2012	0.097	0.092	0.017	0.109	0.842	0.158
2013	0.084	0.076	− 0.054	0.022	0.584	0.416
2014	0.073	0.058	0.002	0.060	0.968	0.032
2015	0.204	0.173	0.116	0.289	0.599	0.401
2016	0.065	0.056	0.089	0.145	0.386	0.614
2017	0.088	0.081	0.008	0.090	0.907	0.093
2018	0.066	0.056	0.023	0.079	0.707	0.293
平均	0.103	0.093	0.022	0.115	0.809	0.191

资料来源：根据表 6 – 2、表 6 – 4 数据计算整理。

　　表 6 – 6 表明，大别山地区 2011 ～ 2018 年传统 GDP 增速呈下降趋势，平均增长速度 10.3%；而绿色 GDP 呈上升趋势，平均增长 11.5%，高出传统 GDP 增长速度 1.2 个百分点。从贡献情况来看，大别山地区绿色 GDP 增长 80.9% 得益于生产要素提供，只有 19.1% 由全要素增长率带动，这说明大别山地区绿色发展的基本动能仍然没有转换，绿色 GDP 主要来自于传统生产要素的效率提升，而不是主要来自创新驱动。

　　为了直观地反映大别山地区绿色 GDP 增长率及其主要驱动因素的变化趋势，

根据表 6-6 绘制大别山地区绿色 GDP 增长率及其驱动因素趋势，如图 6-17 所示。

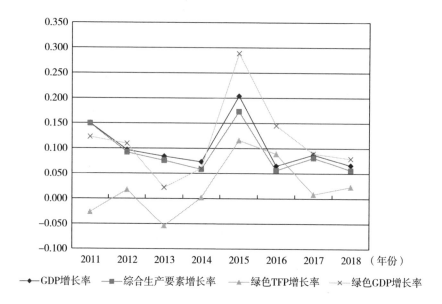

图 6-17 2011~2018 年大别山地区绿色 GDP 增长结构分析

如图 6-17 所示，2011~2018 年大别山地区绿色 GDP 一直保持 5% 以上的增长率水平，并且大部分年份高于传统 GDP 增长率水平，这说明大别山地区绿色发展措施卓有成效，绿色发展战略得了到较好的实施。但是，从增长率结构分析，TFP 增长率一直处于较低水平，而且不稳定，波动向前发展，这说明大别山地区绿色发展的后劲不足，可持续的新动能仍然没有形成。2011~2018 年大别山各市绿色发展的主要拉动力来自生产要素增长，平均贡献度为 80.9%，TFP 的作用偏弱，平均贡献度只有 19.1%，这说明大别山地区创新发展不够，经济发展主要依赖传统的生产要素投入，动能转换滞后。

从发展趋势来看，传统 GDP 增长率呈下降趋势，生产要素贡献的绿色 GDP 增长率亦呈下降趋势，全要素生产率增长率呈波动上升趋势，绿色 GDP 增长率呈震荡走势，主要受传统 GDP 走势的牵引，但是由于全要素生产率增长率的支撑，绿色 GDP 下滑的程度较传统 GDP 下滑的程度轻。这说明国家"十二五"规划在初期强力推进"绿色发展建设资源节约型、环境友好型社会"战略过程中，各地普遍增强了绿色发展意识，加强了绿色生产管控，依靠增加要素投入的传统增长方式受到约束，传统 GDP 增速和生产要素贡献的绿色 GDP 增速双双下滑。全要素生产率（科技创新）增长率震荡徘徊，缺乏可持续发展的动能。2015 年，全要素生产率、传统 GDP 和生产要素贡献的绿色 GDP 同时出现较大幅度的增长，拉动绿色 GDP 较快攀升，但是这种缺乏创新支撑的绿色"形而上"显然缺乏后劲，其增长速度很快下跌，2016 年，全要素生产率、传统 GDP 和生产要素贡献的绿色 GDP 增速同时出现较大幅度的回跌，由于全要素生产率的支撑，绿色 GDP 增速下跌幅度稍轻，仍保持比传统 GDP 增速更高的位置。这与国家环境强规制的大环境相一致。2014～2016 年，特别在国家"十三五"规划提出"五位一体"总体布局和新发展理念以后，大别山地区积极探索发展的新动能，全要素生产效率大幅增长，带动生产要素投入效率和传统 GDP 的大幅攀升。虽然这种增长方式转换没有保持下去，但是绿色 GDP 增速超越传统 GDP 增速的局面已然形成，标志着大别山地区开始步入转方式、调结构、依靠创新驱动的轨道上来。

为了分析大别山地区不同地市的经济转型情况，根据表 6 - 2 至表 6 - 5 数据绘制大别山 8 市 2011～2018 年传统 GDP、绿色 GDP、绿色全要素生产率、综合生产要素的绿色 GDP 4 项指标平均增速对比图，如图 6 - 18 所示。

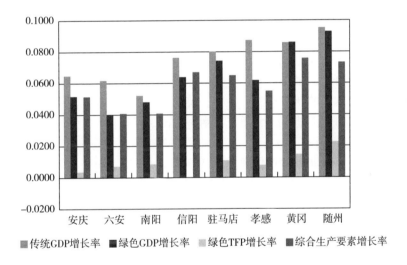

图 6 - 18　2011～2018 年大别山地区 8 市绿色 GDP 增长率对比

图 6 - 18 表明，2011～2018 年只有黄冈市绿色 GDP 增长率略超传统 GDP 增长率，其他 7 市绿色 GDP 增长率均低于传统 GDP 增长率，这说明大别山地区整体仍处于传统生产方式阶段，绿色转型的战略还没有完全突现。

从绿色 GDP 的拉动因素来看，大别山地区 8 市绿色 GDP 增长均以生产要素拉动为主，科技创新拉动作用比较弱。其中，信阳全要素生产率（科技创新）对绿色 GDP 的作用是负向的，导致信阳绿色 GDP 增速低于生产要素贡献的绿色

GDP 的增速。随州、黄冈、驻马店 3 个市全要素生产率增速较大，对绿色 GDP 的拉动作用较大；同时这 3 个市的传统 GDP 增速和绿色 GDP 的增速均处于比较高的水平，属于动能转换较好的 3 个市。孝感、六安、安庆 3 个市全要素生产率增速居大别山地区中游，创新驱动有一定程度的发展，但是它们仍然处于传统增长方式。

黄冈绿色 GDP 增长率与传统 GDP 增长率的差距不大，绿色 GDP 增长率水平较高。可见黄冈靠投入拉动经济增长已经处于"饱和"状态，原因可能是黄冈是人口大市，在湖北仅次于武汉，但是黄冈是大别山核心地区，以山地、丘陵为主，工业化和城镇化均落后于省内其他地区，仍然属于农业大市，资本和耕地资源均不充裕，如果没有新的动能注入，黄冈经济发展缺乏后劲。

孝感情况正好相反，除孝昌、大悟两县位于大别山地区，大部分地区与湖北省会城市武汉接壤，距离武汉市中心约 60 千米，距离武汉天河国际机场仅 30 千米，与武汉城市资源共享。孝感南部为平原湖区，属江汉平原的一部分，面积 3341 平方千米，占孝感市国土面积的 37%。所以孝感较好地承接了武汉转移出来的传统经济，传统 GDP 呈现高增长态势。同时，受大武汉创新驱动的"辐射"，孝感投入产出效率也保持了较快增长，但是受传统经济增长的强大惯性作用，其绿色 GDP 增长速度受到压抑，在大别山地区处于末位。

随州是大别山地区最小的市，2000 年经国务院批准成立地级随州市，历史包袱少，在经济发展的新旧动能转换中轻装上阵，具有后发优势。随州地处长江流域和淮河流域的交汇地带，北面与河南省南阳、信阳两市毗邻，南面与湖北省江汉平原的京山县、钟祥市相连，东承武汉，西接襄樊。随州交通便利，京广铁路、汉丹铁路、宁西铁路、随信铁路和 107 国道、312 国道、316 国道以及"汉十"高速公路、"随岳"高速公路，"麻竹"高速公路贯穿全境。优越的地理位置使随州受到江汉平原发达经济的辐射，从而保持了传统经济和创新发展"双高"的局面。

6.5 大别山地区绿色 GDP 增长率影响因素分析

为进一步探讨绿色 GDP 的影响因素及其影响程度，以绿色 GDP 增长率（或绿色 GDP 标准化值）为因变量，以人均 GDP（2010 年价格）标准化值、服务业产值占 GDP 比例标准化值、教育经费支出占 GDP 比重标准化值、R&D 经费占 GDP 比例标准化值、人均教育经费支出标准化值等为自变量，如表 6 - 7 所示。

表 6 – 7　大别山地区绿色 GDP 增长率影响因素变量

变量代码	变量含义
y_i、$y_3 \sim y_9$	绿色 GDP 增长率
y_2、$y_{32} \sim y_{92}$	绿色 GDP 标准化
x_1、$x_{31} \sim x_{91}$	人均 GDP（2010 年价格）标准化
x_2、$x_{32} \sim x_{92}$	服务业产值占 GDP 比例标准化
x_3、$x_{33} \sim x_{93}$	教育经费支出占 GDP 比重标准化
x_4、$x_{34} \sim x_{94}$	R&D 经费占 GDP 比例标准化
x_5、$x_{35} \sim x_{95}$	人均教育经费支出标准化

建立多元线性回归模型：

$$Y = \beta_0 + \beta_1 X_1 + \beta_2 X_2 + \beta_3 X_3 + \beta_4 X_4 + \beta_5 X_5 + \beta_6 X_6 + \delta \qquad (6-5)$$

其中，向量 Y 分别表示地区绿色 GDP 增长率和地区绿色 GDP 标准化值两组变量，8 市的绿色 GDP 分别用 y_1，y_3，y_4，…，y_9 表示；8 市的地区绿色 GDP 标准化值（以 8 市 9 年共 72 个数据为总体进行标准化，下同）分别用 y_2，y_{32}，y_{42}，…，y_{92} 表示；向量 X_1 表示地区人均 GDP 标准化值，8 市的 X_1 分别用 x_1，x_{31}，x_{41}，…，x_{91} 表示；向量 X_2 表示服务业产值占传统 GDP 比例的标准化值，8 市的 X_2 分别用 x_2，x_{32}，x_{42}，…，x_{92} 表示；向量 X_3 表示教育经费支出占传统 GDP 比重的标准化值，8 市的 X_3 分别用 x_3，x_{33}，x_{43}，…，x_{93} 表示；向量 X_4 表示 R&D 经费占 GDP 比例标准化值，8 市的 X_4 分别用 x_4，x_{34}，x_{44}，…，x_{94} 表示；向量 X_5 表示人均教育经费支出标准化值，8 市的 X_5 分别用 x_5，x_{35}，x_{45}，…，x_{95} 表示。

利用 EView8 软件分别对大别山 8 市绿色 GDP 的影响因素进行多元回归估计。

6.5.1　安庆市绿色 GDP 影响因素回归分析

根据前文测算的安庆市 2011～2018 年绿色 GDP 和历年《中国城市统计年鉴》以及《安庆统计年鉴》数据，整理安庆市绿色 GDP 增长率及其影响因素数据如表 6 – 8 所示。

表 6 – 8　2011～2018 年安庆市绿色 GDP 增长率及其影响因素

年份	Y	Y_2	X_1	X_2	X_3	X_4	X_5
2011	0. 220	0. 283	0. 380	0. 131	0. 006	0. 029	0. 005
2012	0. 187	0. 351	0. 453	0. 129	0. 557	0. 377	0. 567
2013	− 0. 091	0. 307	0. 467	0. 213	0. 557	0. 452	0. 604
2014	0. 044	0. 363	0. 533	0. 239	0. 526	0. 465	0. 616

年份	Y	Y_2	X_1	X_2	X_3	X_4	X_5
2015	-0.110	0.342	0.441	0.328	0.618	0.601	0.669
2016	0.080	0.360	0.656	0.429	0.572	0.601	0.803
2017	0.168	0.424	0.772	0.827	0.572	0.664	0.906
2018	0.019	0.429	0.890	0.421	0.572	0.651	1.000

资料来源：根据表6-5和2012~2019年《中国城市统计年鉴》《安庆统计年鉴》等整理计算。

由表6-8可知，安庆市绿色GDP标准化值总体上逐步增长，但是增长率呈逐步下降的趋势，在2013年和2015年甚至出现负值，即绿色GDP标准化值较上年降低了。其他自变量值亦整体呈现增长趋势。

利用EView8软件，对安庆市绿色GDP增长率与其影响因素进行多元回归估计，结果如图6-19所示。

Dependent Variable：Y

Method：Least Squares

Date：03/07/21 Time：15：07

Sample（adjusted）：1 8

Included observations：8 after adjustments

Variable	Coefficient	Std. Error	t - Statistic	Prob.
C	-0.530435	2.096414	-0.253020	0.8239
X1	1.864163	5.365096	0.347461	0.7614
X2	0.531985	0.390476	1.362399	0.3062
X3	2.092254	5.017269	0.417011	0.7172
X4	-1.224966	2.399633	-0.510481	0.6605
X5	-1.713595	6.885491	-0.248870	0.8267

R - squared	0.747469	Mean dependent var	0.064819
Adjusted R - squared	0.116140	S. D. dependent var	0.123741
S. E. of regression	0.116334	Akaike info criterion	-1.350997
Sum squared resid	0.027067	Schwarz criterion	-1.291416
Log likelihood	11.40399	Hannan - Quinn criter.	-1.752848
F - statistic	1.183962	Durbin - Watson stat	2.429089
Prob（F - statistic）	0.516961		

图6-19 2011~2018年安庆市绿色GDP增长率及其影响因素回归分析

由图 6-19 可知，模型的决定系数（R^2）较高，表明安庆绿色 GDP 增长率的变异有 75% 能通过自变量解释。但是模型 F 值仅为 1.18，即方差检验未通过；每个自变量的 t 值也不高，即每个自变量的检验（Logistic 回归）没有意义。但是，从自变量的系数符号仍然可以做一些判断，比如安庆 R&D 经费占 GDP 比例和人均教育经费支出两个变量与绿色 GDP 增长率的变化负相关，这看起来有点不符合常理，似乎降低两个变量值可以提高绿色 GDP 增长率。其实不然，应该有两种解释：一是绿色 GDP 增长率下降的趋势倒逼政府加大研发和教育投入，所以二者表现出负相关；二是教育、科技投入转化为绿色 GDP 增长有一个过程，在这个过程中两者会负相关。

为此，利用 EView8 软件，对安庆市绿色 GDP 标准化值与影响因素之间的关系进行多元回归估计，结果如图 6-20 所示。

Dependent Variable：Y2

Method：Least Squares

Date：03/07/21　Time：15：09

Sample（adjusted）：1 8

Included observations：8 after adjustments

Variable	Coefficient	Std. Error	t - Statistic	Prob.
C	- 0. 224614	0. 455110	- 0. 493537	0. 6705
X1	1. 291469	1. 164708	1. 108835	0. 3830
X2	0. 048028	0. 084768	0. 566575	0. 6281
X3	1. 135688	1. 089198	1. 042683	0. 4066
X4	0. 298376	0. 520936	0. 572770	0. 6246
X5	- 1. 366955	1. 494770	- 0. 914492	0. 4570
R - squared	0. 929011	Mean dependent var		0. 357316
Adjusted R - squared	0. 751539	S. D. dependent var		0. 050666
S. E. of regression	0. 025255	Akaike info criterion		- 4. 405886
Sum squared resid	0. 001276	Schwarz criterion		- 4. 346304
Log likelihood	23. 62354	Hannan - Quinn criter.		- 4. 807736
F - statistic	5. 234694	Durbin - Watson stat		2. 760742
Prob（F - statistic）	0. 168136			

图 6 - 20　2011 ~ 2018 年安庆市绿色 GDP 标准化值及其影响因素回归分析

由图 6-20 可知，模型的决定系数明显提高，绿色 GDP 的变化大约有 93% 可以被自变量的变化解释，方差检验和 t 值检验也都有改善，但是仍然不是很显著。采用逐步淘汰的方法，先将 t 值检验最差的变量剔除，逐步测试发现，安庆市绿色 GDP 标准化值与人均传统 GDP 标准化值呈现较强的相关关系，利用 EView8 软件对安庆市绿色 GDP 标准化值与人均传统 GDP 标准化值进行多元回归估计，结果如图 6 - 21 所示。

Dependent Variable：Y2
Method：Least Squares
Date：03/07/21 Time：15：16
Sample（adjusted）：1 8
Included observations：8 after adjustments

Variable	Coefficient	Std. Error	t - Statistic	Prob.
C	0. 210844	0. 028166	7. 485810	0. 0003
X1	0. 255216	0. 047073	5. 421730	0. 0016
R - squared	0. 830485	Mean dependent var		0. 357316
Adjusted R - squared	0. 802233	S. D. dependent var		0. 050666
S. E. of regression	0. 022532	Akaike info criterion		- 4. 535467
Sum squared resid	0. 003046	Schwarz criterion		- 4. 515607
Log likelihood	20. 14187	Hannan - Quinn criter.		- 4. 669418
F - statistic	29. 39516	Durbin - Watson stat		3. 102276
Prob（F - statistic）	0. 001630			

图 6 - 21　2011 ~ 2018 年安庆市绿色 GDP 标准化值与人均传统 GDP 回归分析

由图 6 - 21 可知，模型的决定系数有所降低，但是方差检验和 t 值检验都通过。模型表明，安庆市人均传统 GDP 每增长 1 个百分点，其绿色 GDP 增长 0. 26 个百分点。也就是说，安庆市绿色 GDP 水平主要取决于传统经济发展水平，必须加快经济发展才能够从根本上促进绿色 GDP 的增长。

6. 5. 2　黄冈市绿色 GDP 影响因素回归分析

根据前文测算的 2011 ~ 2018 年黄冈市绿色 GDP 和历年《中国城市统计年鉴》以及《黄冈统计年鉴》数据，整理黄冈市绿色 GDP 及其影响因素数据如表 6 - 9 所示。

由表 6 - 9 可知，黄冈市绿色 GDP 标准化值总体趋势是逐步增长，但是增长率呈波动下降的趋势，在 2013 年和 2014 年出现负增长。其他自变量值亦整体呈现增长趋势，从发展趋势来看，黄冈市绿色 GDP 增长率与相关影响因素之间呈现负向关系。

表 6 - 9　2011 ~ 2018 年黄冈市绿色 GDP 及其影响因素

年份	Y_3	y_{32}	x_{31}	x_{32}	x_{33}	x_{34}	x_{35}
2011	0.258	0.229	0.147	0.234	0.450	0.215	0.286
2012	0.109	0.257	0.208	0.228	0.511	0.265	0.371
2013	-0.005	0.273	0.261	0.257	0.633	0.315	0.516
2014	-0.051	0.296	0.320	0.281	0.572	0.390	0.530
2015	0.121	0.388	0.372	0.348	0.664	0.402	0.664
2016	0.149	0.440	0.419	0.406	0.679	0.452	0.745
2017	0.124	0.469	0.490	0.410	0.664	0.477	0.796
2018	0.106	0.515	0.546	0.448	0.648	0.477	0.855

资料来源：根据表 6 - 5 和 2012 ~ 2019 年的《中国城市统计年鉴》《黄冈统计年鉴》等整理计算。

利用 EView 8 软件，对黄冈市绿色 GDP 增长率与其影响因素进行多元回归估计，结果如图 6 - 22 所示。

Dependent Variable：Y3

Method：Least Squares

Date：03/07/21 Time：15：29

Sample：1 8

Included observations：8

Variable	Coefficient	Std. Error	t – Statistic	Prob.
C	-2.436637	1.530790	-1.591752	0.2524
X31	7.959914	5.730678	1.389000	0.2993
X32	8.220351	3.024750	2.717696	0.1129
X33	6.600238	4.311808	1.530735	0.2655
X34	-2.097828	0.987770	-2.123802	0.1677
X35	-10.22554	6.304939	-1.621830	0.2463

R – squared	0.952845	Mean dependent var		0.101429
Adjusted R – squared	0.834957	S. D. dependent var		0.094154
S. E. of regression	0.038251	Akaike info criterion		-3.575611
Sum squared resid	0.002926	Schwarz criterion		-3.516030
Log likelihood	20.30244	Hannan – Quinn criter.		-3.977462
F – statistic	8.082624	Durbin – Watson stat		2.783958
Prob （F – statistic）	0.113752			

图 6 - 22　2011 ~ 2018 年黄冈市绿色 GDP 增长率及其影响因素回归分析

由图 6 - 22 可知，模型决定系数较高，即自变量对因变量的发展变化趋势解释力达 95%，但是 F 值较低，在 10% 的水平下，方差检验不能通过；各自变量的 t 值检验亦不理想，在 10% 的显著性水平上，5 个自变量 t 值检验均未通过。当然，从变量系数的符号可以看出，黄冈市 R&D 经费占 GDP 比例和人均教育经费支出两个变量与绿色 GDP 增长率的变化负相关，与安庆市的情况类似，不再赘述。

为此，利用 EView 8 软件，对黄冈市绿色 GDP 标准化值与影响因素之间的关系进行多元回归估计，结果如图 6 - 23 所示。

Dependent Variable：Y32
Method：Least Squares
Date：03/07/21 Time：15：30
Sample：1 8
Included observations：8

Variable	Coefficient	Std. Error	t - Statistic	Prob.
C	- 0. 673649	0. 299231	- 2. 251267	0. 1532
X31	2. 966886	1. 120205	2. 648522	0. 1179
X32	2. 208623	0. 591263	3. 735431	0. 0648
X33	1. 976708	0. 842851	2. 345264	0. 1436
X34	- 0. 587450	0. 193084	- 3. 042453	0. 0932
X35	- 2. 831153	1. 232458	- 2. 297159	0. 1484

R - squared	0. 998645	Mean dependent var		0. 358065
Adjusted R - squared	0. 995256	S. D. dependent var		0. 108561
S. E. of regression	0. 007477	Akaike info criterion		- 6. 840256
Sum squared resid	0. 000112	Schwarz criterion		- 6. 780675
Log likelihood	33. 36102	Hannan - Quinn criter.		- 7. 242107
F - statistic	294. 7346	Durbin - Watson stat		2. 191649
Prob（F - statistic）	0. 003385			

图 6 - 23　2011 ~ 2018 年黄冈市绿色 GDP 标准化值及其影响因素回归分析

由图 6 - 23 可知，模型的决定系数接近于 1，表明黄冈市绿色 GDP 基本可以被选定的自变量解释；F 检验值高达 294. 73，表明在 1% 的显著水平上，方差检验通过；t 值检验也有改善，服务业产值占传统 GDP 比例（x_{32}）和 R&D 经费占 GDP 比例（x_{34}）在 10% 的显著水平上，t 检验通过。但是其他自变量 t 检验在 10% 显著水平上仍然没有通过。采用逐步淘汰的方法，先将 t 值检验最差的变量剔除，逐步测试发现，最后得到黄冈市绿色 GDP 与其显著影响因素的多元回归分析结果，如图 6 - 24 所示。

Dependent Variable：Y32

Method：Least Squares

Date：03/07/21 Time：15：37

Sample：1 8

Included observations：8

Variable	Coefficient	Std. Error	t - Statistic	Prob.
C	- 0. 044402	0. 019095	- 2. 325354	0. 0590
X32	1. 232094	0. 056701	21. 72962	0. 0000
R - squared	0. 987452	Mean dependent var		0. 358065
Adjusted R - squared	0. 985361	S. D. dependent var		0. 108561
S. E. of regression	0. 013135	Akaike info criterion		- 5. 614754
Sum squared resid	0. 001035	Schwarz criterion		- 5. 594894
Log likelihood	24. 45902	Hannan - Quinn criter.		- 5. 748704
F - statistic	472. 1764	Durbin - Watson stat		2. 612981
Prob（F - statistic）	0. 000001			

图 6 - 24　2011 ~ 2018 年黄冈市绿色 GDP 及其显著影响因素回归分析

由图 6 - 24 可知，模型的决定系数有所降低，但是方差检验和 t 值检验都在 1% 显著水平上通过。模型表明，黄冈市服务业产值占传统 GDP 比例（x_{32}）对于绿色 GDP 的影响最显著，它每增长 1 个百分点，绿色 GDP 增长 1. 23 个百分点。也就是说，黄冈市绿色 GDP 水平主要取决于服务业产值占传统 GDP 比例，必须大力发展服务业才能够从根本上促进绿色 GDP 的快速增长。

6.5.3　六安市绿色 GDP 影响因素回归分析

根据前文测算的 2011 ~ 2018 年六安市绿色 GDP 和历年《中国城市统计年鉴》以及《六安统计年鉴》数据，整理六安市绿色 GDP 及其影响因素数据如表 6 - 10 所示。

表 6 – 10   2011 ~ 2018 年六安市绿色 GDP 及其影响因素

年份	Y_4	y_{42}	x_{41}	x_{42}	x_{43}	x_{44}	x_{45}
2011	– 0. 065	0. 101	0. 048	0. 210	0. 220	0. 054	0. 106
2012	0. 078	0. 160	0. 091	0. 202	0. 908	0. 303	0. 531
2013	0. 065	0. 189	0. 125	0. 207	0. 817	0. 290	0. 527
2014	0. 179	0. 238	0. 159	0. 221	0. 817	0. 328	0. 565
2015	– 0. 243	0. 171	0. 112	0. 317	1. 000	0. 365	0. 641
2016	0. 134	0. 220	0. 279	0. 353	0. 847	0. 477	0. 739
2017	0. 096	0. 240	0. 342	0. 488	0. 786	0. 913	0. 767
2018	0. 208	0. 306	0. 365	0. 550	0. 862	1. 000	0. 883

资料来源：根据表 6 – 5 和 2012 ~ 2019 年的《中国城市统计年鉴》《六安统计年鉴》等整理计算。

由表 6 – 10 可知，六安市绿色 GDP 标准化值总体趋势是逐步增长，增长率亦呈现波动增长的趋势。在自变量中，教育经费支出占传统 GDP 比重（x_{43}）处于徘徊状态，其他自变量值基本呈现较稳定的增长趋势。从发展趋势来看，六安市绿色 GDP 及其增长率与相关影响因素之间呈现正向关系。

利用 EView 8 软件，对六安市绿色 GDP 增长率与其影响因素进行多元回归估计，结果如图 6 – 25 所示。

Dependent Variable：Y4

Method：Least Squares

Date：03/07/21 Time：15：38

Sample：1 8

Included observations：8

Variable	Coefficient	Std. Error	t – Statistic	Prob.
C	1. 058018	0. 423540	2. 498035	0. 1298
X41	– 3. 226006	3. 153992	– 1. 022833	0. 4140
X42	– 4. 154434	1. 159472	– 3. 583039	0. 0698
X43	– 2. 957381	1. 634153	– 1. 809734	0. 2121
X44	1. 051913	0. 445325	2. 362126	0. 1420
X45	4. 637922	2. 770417	1. 674088	0. 2361

R – squared	0. 935529	Mean dependent var		0. 056582
Adjusted R – squared	0. 774352	S. D. dependent var		0. 146758
S. E. of regression	0. 069714	Akaike info criterion		– 2. 375131
Sum squared resid	0. 009720	Schwarz criterion		– 2. 315550
Log likelihood	15. 50052	Hannan – Quinn criter.		– 2. 776982
F – statistic	5. 804342	Durbin – Watson stat		3. 028620
Prob（F – statistic）	0. 153468			

图 6 – 25   2011 ~ 2018 年六安市绿色 GDP 增长率与影响因素回归分析

由图 6-25 可知，模型决定系数较高，即自变量对因变量的发展变化趋势解释力达 93.55%，但是 F 值较低，在 10% 的水平下，方差检验不能通过；各自变量的 T 值检验亦不理想，在 10% 的显著性水平上，只有服务业产值占传统 GDP 比例变量（x_{42}）通过检验，其他自变量 t 值检验均未通过。当然，从变量系数的符号可以看出，六安市地区人均 GDP（x_{41}），服务业产值占传统 GDP 比例（x_{42}），教育经费支出占传统 GDP 比重（x_{43}）3 个变量与绿色 GDP 增长率的变化呈负相关，这说明六安市人均 GDP（x_{41}），服务业产值占传统 GDP 比例（x_{42}），教育经费支出占传统 GDP 比重（x_{43}）3 个变量的增长率拖了绿色 GDP 增长率的后腿。

为此，剔除模型中 t 值检验最不显著的变量：人均 GDP（x_{41}），再利用 EView 8 软件，对六安市绿色 GDP 增长率与影响因素之间的关系进行多元回归估计，结果如图 6-26 所示。

Dependent Variable：Y4

Method：Least Squares

Date：04/11/21 Time：14：57

Sample（adjusted）：1 8

Included observations：8 after adjustments

Variable	Coefficient	Std. Error	t - Statistic	Prob.
C	0.664691	0.178872	3.716022	0.0339
X42	-3.270289	0.778696	-4.199699	0.0246
X43	-1.327298	0.364148	-3.644943	0.0356
X44	0.772198	0.354160	2.180362	0.1173
X45	1.869641	0.596273	3.135545	0.0518
R - squared	0.901805	Mean dependent var		0.056582
Adjusted R - squared	0.770878	S. D. dependent var		0.146758
S. E. of regression	0.070248	Akaike info criterion		-2.204387
Sum squared resid	0.014805	Schwarz criterion		-2.154736
Log likelihood	13.81755	Hannan - Quinn criter.		-2.539263
F - statistic	6.887839	Durbin - Watson stat		2.688316
Prob（F - statistic）	0.072394			

图 6-26　2011~2018 年六安市绿色 GDP 增长率及其影响因素回归分析

由图 6-26 可知，模型的决定系数有所下降，但是模型的整体解释力仍然高达 90.18%；F 检验值有所提高，在 10% 的显著水平上，方差检验通过；t 值检验也有改善，服务业产值占传统 GDP 比例（x_{42}）、教育经费支出占传统 GDP 比重（x_{43}）、人均教育经费支出（x_{45}）4 个变量，在 10% 的显著水平上，t 检验通过。R&D 经费占 GDP 比例（x_{44}）虽在 10% 显著水平上没有通过 t 检验，但是显著性水平仅略高于 10%，可以认定它对六安绿色 GDP 的影响是显著的。

模型表明，六安市服务业产值占传统 GDP 比例（x_{42}）和教育经费支出占传统 GDP 比重（x_{43}）两个变量对于绿色 GDP 的影响是反向的，这可能是由于六安服务业发展和教育投入滞后，拖了绿色 GDP 增长率的后腿。R&D 经费占 GDP 比例（x_{44}）和人均教育经费支出（x_{45}）两个变量对绿色 GDP 增长率的影响是正向的，两者每增加 1 个百分点，绿色 GDP 增长率分别提升 0.77 个和 1.87 个百分点，这说明六安市加大教育和科技投入能够从根本上促进绿色 GDP 的快速增长。

6.5.4　南阳市绿色 GDP 影响因素回归分析

根据前文测算的南阳市 2011～2018 年绿色 GDP 和历年《中国城市统计年鉴》以及《南阳统计年鉴》数据，整理南阳市绿色 GDP 及其影响因素数据如表 6-11 所示。

表 6-11　2011～2018 年南阳市绿色 GDP 及其影响因素

年份	Y_5	y_{52}	x_{51}	x_{52}	x_{53}	x_{54}	x_{55}
2011	0.035	0.634	0.326	0.082	0.052	0.041	0.040
2012	0.043	0.693	0.350	0.129	0.480	0.240	0.432
2013	0.041	0.724	0.404	0.593	0.526	0.278	0.526
2014	0.030	0.749	0.438	0.309	0.495	0.278	0.534
2015	0.052	0.812	0.483	0.378	0.480	0.240	0.550
2016	0.099	0.907	0.538	0.419	0.480	0.253	0.598
2017	0.044	0.931	0.572	1.000	0.511	0.278	0.673
2018	0.096	1.022	0.601	0.545	0.526	0.315	0.725

资料来源：根据表 6-5 和 2012～2019 年的《中国城市统计年鉴》《南阳统计年鉴》等整理计算。

由表 6-11 可知，南阳市绿色 GDP 增长率和绿色 GDP 标准化值均呈稳步上升的趋势，并且没有出现负增长的情况。人均传统 GDP（x_{51}）、R&D 经费占 GDP 比例（x_{54}）、人均教育经费支出（x_{55}）稳步增长，服务业产值占传统 GDP 比例（x_{52}）震荡发展，受偶然因素影响较大，教育经费支出占传统 GDP 比重（x_{53}）处于徘徊状态。从发展趋势来看，南阳市绿色 GDP 与人均传统 GDP（x_{51}）、R&D 经费占 GDP 比例（x_{54}）、人均教育经费支出（x_{55}）等因素之间呈现正向关系。

利用 EView 8 软件, 对南阳市绿色 GDP 增长率与其影响因素进行多元回归估计, 结果如图 6 - 27 所示。

Dependent Variable：Y5
Method：Least Squares
Date：03/07/21 Time：15：46
Sample：1 8
Included observations：8

Variable	Coefficient	Std. Error	t - Statistic	Prob.
C	- 0. 375411	0. 958668	- 0. 391596	0. 7331
X51	1. 235636	2. 804138	0. 440647	0. 7025
X52	- 0. 055688	0. 058165	- 0. 957420	0. 4394
X53	0. 683086	1. 942309	0. 351687	0. 7587
X54	0. 401916	1. 856285	0. 216516	0. 8487
X55	- 1. 017460	3. 162729	- 0. 321703	0. 7782
R - squared	0. 728633	Mean dependent var		0. 055096
Adjusted R - squared	0. 050217	S. D. dependent var		0. 026799
S. E. of regression	0. 026118	Akaike info criterion		- 4. 338707
Sum squared resid	0. 001364	Schwarz criterion		- 4. 279125
Log likelihood	23. 35483	Hannan - Quinn criter.		- 4. 740558
F - statistic	1. 074020	Durbin - Watson stat		2. 295789
Prob （F - statistic）	0. 546818			

图 6 - 27　2011 ~ 2018 年南阳市绿色 GDP 增长率及其影响因素回归分析

由图 6 - 27 可知, 模型决定系数为 0. 73, 即自变量对因变量的发展变化趋势解释力为 73%, 但是 F 值较低, 在 10% 的水平下, 方差检验不能通过；各自变量的 t 值检验很差, 均未通过 t 值检验。基本可以认定南阳绿色 GDP 增长率的变化与设定的影响因素之间没有统计意义上的显著关系, 所以需要改用南阳绿色 GDP 标准化水平与相关影响因素进行多元回归分析。当然, 从变量系数的符号可以看出, 南阳市服务业产值占传统 GDP 比例 (x_{52}) 和人均教育经费支出 (x_{55}) 两个变量与绿色 GDP 增长率的变化呈负相关, 这说明这两个变量在拖南阳绿色 GDP 的后腿。

为此, 利用 EView 8 软件, 对南阳市绿色 GDP 标准化值与影响因素之间的关系进行多元回归估计，结果如图 6 - 28 所示。

Dependent Variable：Y52
Method：Least Squares
Date：03/07/21 Time：15：47
Sample：1 8
Included observations：8

Variable	Coefficient	Std. Error	t – Statistic	Prob.
C	1. 196279	1. 199564	0. 997261	0. 4237
X51	– 1. 596205	3. 508767	– 0. 454919	0. 6938
X52	– 0. 077612	0. 072780	– 1. 066394	0. 3979
X53	– 2. 200978	2. 430375	– 0. 905613	0. 4607
X54	– 1. 343768	2. 322735	– 0. 578528	0. 6214
X55	3. 309636	3. 957464	0. 836302	0. 4910
R – squared	0. 982895	Mean dependent var		0. 809112
Adjusted R – squared	0. 940134	S. D. dependent var		0. 133567
S. E. of regression	0. 032681	Akaike info criterion		– 3. 890370
Sum squared resid	0. 002136	Schwarz criterion		– 3. 830789
Log likelihood	21. 56148	Hannan – Quinn criter.		– 4. 292221
F – statistic	22. 98544	Durbin – Watson stat		1. 904340
Prob（F – statistic）	0. 042215			

图 6 - 28　2011 ~ 2018 年南阳市绿色 GDP 标准化值及其影响因素回归分析

由图 6 - 28 可知，模型的决定系数显著提升，接近于 1，表明南阳市绿色 GDP 基本可以被模型解释；F 检验值 22.99，在 5% 的显著水平上，方差检验通过；但是自变量的 t 检验均没有通过。从各变量系数的符号初步判断，南阳人均传统 GDP（x_{51}）、服务业产值占传统 GDP 比例（x_{52}）、教育经费支出占传统 GDP 比重（x_{53}）、R&D 经费占 GDP 比例（x_{54}）4 个变量均与绿色 GDP 水平呈负相关，只有人均教育经费支出（x_{55}）与绿色 GDP 水平呈现正向关系。为此，采用逐步淘汰的方法，先将 t 值检验最差的变量剔除，逐步测试，最后得到南阳市绿色 GDP 与其显著影响因素的多元回归分析结果，如图 6 - 29 所示。

Dependent Variable：Y52

Method：Least Squares

Date：03/07/21 Time：15：50

Sample：1 8

Included observations：8

Variable	Coefficient	Std. Error	t – Statistic	Prob.
C	0.642228	0.029247	21.95855	0.0000
X53	– 1.168451	0.161712	– 7.225505	0.0008
X55	1.344872	0.122641	10.96594	0.0001
R – squared	0.972639	Mean dependent var		0.809112
Adjusted R – squared	0.961695	S. D. dependent var		0.133567
S. E. of regression	0.026141	Akaike info criterion		– 4.170619
Sum squared resid	0.003417	Schwarz criterion		– 4.140829
Log likelihood	19.68248	Hannan – Quinn criter.		– 4.371545
F – statistic	88.87247	Durbin – Watson stat		2.316328
Prob（F – statistic）	0.000124			

图 6 – 29 2011～2018 年南阳市绿色 GDP 及其显著影响因素回归分析

由图 6 – 29 可知，模型的决定系数有所降低，但仍然接近 1，方差检验和 t 值检验都在 1% 显著水平上通过。模型表明，南阳市教育经费支出占传统 GDP 比重（x_{53}）与绿色 GDP 水平呈负相关，人均教育经费支出（x_{55}）对于绿色 GDP 呈正相关，这种看似矛盾的因果关系表明，南阳市的财政实力需要加强，如此才能保证在提高人均教育经费支出的同时，不至于财政负担太重，才能够从根本上促进绿色 GDP 的快速增长。

6.5.5 随州市绿色 GDP 影响因素回归分析

根据前文测算的随州市 2011～2018 年绿色 GDP 和历年《中国城市统计年鉴》以及《随州统计年鉴》数据，整理随州市绿色 GDP 及其影响因素数据如表 6 – 12 所示。

表 6 – 12 2011～2018 年随州市绿色 GDP 及其影响因素

年份	Y_6	y_{62}	x_{61}	x_{62}	x_{63}	x_{64}	x_{65}
2011	0.162	0.000	0.391	0.222	0.067	0.029	0.063
2012	0.106	0.038	0.489	0.210	0.373	0.191	0.408
2013	0.073	0.060	0.569	0.218	0.281	0.240	0.362

年份	Y_6	y_{62}	x_{61}	x_{62}	x_{63}	x_{64}	x_{65}
2014	0.058	0.079	0.642	0.241	0.297	0.228	0.419
2015	0.053	0.096	0.744	0.290	0.327	0.303	0.509
2016	0.258	0.137	0.812	0.334	0.358	0.240	0.603
2017	0.087	0.136	0.933	0.617	0.343	0.166	0.651
2018	0.066	0.161	1.000	0.354	0.312	0.153	0.624

资料来源：根据表 6-5 和 2012～2019 年的《中国城市统计年鉴》《随州统计年鉴》等整理计算。

由表 6-12 可知，随州市绿色 GDP 增长率震荡下降趋势明显，绿色 GDP 标准化值呈稳步上升的趋势。人均传统 GDP（x_{61}）稳步增长，服务业产值占传统 GDP 比例（x_{62}）震荡上扬，教育经费支出占传统 GDP 比重（x_{63}）、R&D 经费占 GDP 比例（x_{64}）处于徘徊状态，人均教育经费支出（x_{65}）震荡走高。从发展趋势来看，随州市绿色 GDP 水平不断提升，但是增速逐步放缓，显得缺乏后劲。

利用 EView 8 软件，对随州市绿色 GDP 增长率与其影响因素进行多元回归估计，结果如图 6-30 所示。

Dependent Variable：Y6
Method：Least Squares
Date：03/07/21 Time：15：51
Sample：1 8
Included observations：8

Variable	Coefficient	Std. Error	t – Statistic	Prob.
C	1.726627	0.164526	10.49456	0.0090
X61	– 3.535662	0.364923	– 9.688788	0.0105
X62	– 0.719646	0.113332	– 6.349887	0.0239
X63	– 6.384380	0.682995	– 9.347630	0.0113
X64	– 0.599948	0.145779	– 4.115459	0.0543
X65	6.743014	0.695047	9.701524	0.0105

R – squared	0.980464	Mean dependent var	0.108019
Adjusted R – squared	0.931623	S. D. dependent var	0.070125
S. E. of regression	0.018337	Akaike info criterion	– 5.046082
Sum squared resid	0.000672	Schwarz criterion	– 4.986501
Log likelihood	26.18433	Hannan – Quinn criter.	– 5.447933
F – statistic	20.07467	Durbin – Watson stat	2.920167
Prob（F – statistic）	0.048128		

图 6-30 2011～2018 年随州市绿色 GDP 增长率及其影响因素回归分析

由图 6-30 可知，模型决定系数接近于 1，模型的解释力达 98%，模型 F 值较高，在 5% 的显著水平上，方差检验通过；各自变量的 t 值检验亦很好，除了个别变量，均在 5% 的显著水平上通过 t 值检验。

模型表明，随州市人均传统 GDP（x_{61}）、服务业产值占传统 GDP 比例（x_{62}）、教育经费支出占传统 GDP 比重（x_{63}）、R&D 经费占 GDP 比例（x_{64}）等均与绿色 GDP 增长率呈负相关，只有人均教育经费支出（x_{65}）与绿色 GDP 增长率呈正相关，这表明随州人地矛盾十分突出，只有通过劳动力转移输出才能拉动绿色 GDP 增长率稳步上升。

6.5.6　孝感市绿色 GDP 影响因素回归分析

根据前文测算的孝感市 2011～2018 年绿色 GDP 和历年《中国城市统计年鉴》以及《孝感统计年鉴》数据，整理孝感市绿色 GDP 及其影响因素数据如表 6-13 所示。

表 6-13　2011～2018 年孝感市绿色 GDP 及其影响因素

年份	Y_7	y_{72}	x_{71}	x_{72}	x_{73}	x_{74}	x_{75}
2011	0.102	0.174	0.315	0.204	0.052	0.016	0.043
2012	0.112	0.221	0.408	0.190	0.495	0.228	0.495
2013	0.056	0.256	0.483	0.188	0.419	0.228	0.473
2014	0.059	0.295	0.552	0.206	0.434	0.290	0.546
2015	0.045	0.324	0.609	0.247	0.450	0.639	0.607
2016	0.061	0.358	0.677	0.259	0.511	0.726	0.734
2017	0.082	0.397	0.779	0.534	0.465	0.726	0.768
2018	0.060	0.436	0.881	0.330	0.404	0.651	0.740

资料来源：根据表 6-5 和 2012～2019 年的《中国城市统计年鉴》《孝感统计年鉴》等整理计算。

由表 6-13 可知，孝感市绿色 GDP 增长率呈震荡下滑趋势，绿色 GDP 标准化值均呈稳步上升的趋势。人均传统 GDP（x_{71}）、R&D 经费占 GDP 比例（x_{74}）、人均教育经费支出（x_{75}）稳步增长，服务业产值占传统 GDP 比例（x_{72}）震荡发展，受偶然因素影响较大，教育经费支出占传统 GDP 比重（x_{73}）处于徘徊状态。

利用 EView 8 软件，对孝感市绿色 GDP 增长率与其影响因素进行多元回归估计，结果如图 6-31 所示。

Dependent Variable：Y7

Method：Least Squares

Date：03/07/21 Time：15：58

Sample：1 8

Included observations：8

Variable	Coefficient	Std. Error	t – Statistic	Prob.
C	0. 105334	0. 297004	0. 354655	0. 7568
X71	– 0. 122927	0. 818039	– 0. 150270	0. 8943
X72	0. 151659	0. 203494	0. 745271	0. 5338
X73	– 0. 040867	1. 230545	– 0. 033210	0. 9765
X74	– 0. 050216	0. 168232	– 0. 298492	0. 7935
X75	0. 066317	1. 403608	0. 047247	0. 9666
R – squared	0. 552011	Mean dependent var		0. 071992
Adjusted R – squared	– 0. 567961	S. D. dependent var		0. 024114
S. E. of regression	0. 030195	Akaike info criterion		– 4. 048545
Sum squared resid	0. 001824	Schwarz criterion		– 3. 988964
Log likelihood	22. 19418	Hannan – Quinn criter.		– 4. 450396
F – statistic	0. 492880	Durbin – Watson stat		2. 082779
Prob （F – statistic）	0. 773603			

图 6 – 31　2011 ~ 2018 年孝感市绿色 GDP 增长率及其影响因素回归分析

由图 6 – 31 可知，模型决定系数较低，即模型的解释力仅为 55.2%，方差检验和各自变量的 t 值检验均未通过。基本可以认定孝感绿色 GDP 增长率的变化与设定的影响因素之间没有统计意义上的显著关系，所以需要改用孝感绿色 GDP 标准化水平与相关影响因素进行多元回归分析。当然，从变量系数的符号可以看出，人均传统 GDP （x_{71}）、教育经费支出占传统 GDP 比重 （x_{73}）、R&D 经费占 GDP 比例 （x_{74}） 3 个变量与绿色 GDP 增长率的变化呈负相关，这说明这 3 个变量在拖孝感绿色 GDP 增长率的后腿。

为此，利用 EView 8 软件，对孝感市绿色 GDP 标准化值与影响因素之间的关系进行多元回归估计，结果如图 6 – 32 所示。

Dependent Variable：Y72

Method：Least Squares

Date：03/07/21 Time：15：58

Sample：1 8

Included observations：8

Variable	Coefficient	Std. Error	t – Statistic	Prob.
C	0. 099014	0. 045788	2. 162428	0. 1631
X71	0. 264343	0. 126115	2. 096044	0. 1710
X72	– 0. 040001	0. 031372	– 1. 275055	0. 3304
X73	– 0. 233802	0. 189711	– 1. 232413	0. 3430
X74	0. 009338	0. 025936	0. 360046	0. 7533
X75	0. 279770	0. 216391	1. 292891	0. 3253
R – squared	0. 999219	Mean dependent var		0. 307521
Adjusted R – squared	0. 997267	S. D. dependent var		0. 089052
S. E. of regression	0. 004655	Akaike info criterion		– 7. 787971
Sum squared resid	4. 33E – 05	Schwarz criterion		– 7. 728390
Log likelihood	37. 15188	Hannan – Quinn criter.		– 8. 189822
F – statistic	511. 9204	Durbin – Watson stat		1. 659848
Prob（F – statistic）	0. 001951			

图 6 – 32　2011 ~ 2018 年孝感市绿色 GDP 标准化值及其影响因素回归分析

由图 6 – 32 可知，模型的决定系数显著提升，接近于 1，表明南阳市绿色 GDP 基本可以被模型解释；F 检验值为 511. 92，在 1% 的显著水平上，方差检验通过；但是自变量的 t 检验效果不是很好，在 10% 的显著水平上，均没有通过检验。从各变量系数的符号初步判断，孝感服务业产值占传统 GDP 比例（x_{72}）、教育经费支出占传统 GDP 比重（x_{73}）两变量与绿色 GDP 水平呈负相关。为此，采用逐步淘汰的方法，先将 t 值检验最差的变量剔除，逐步测试，最后得到孝感市绿色 GDP 与其显著影响因素的多元回归分析结果，如图 6 – 33 所示。

由图 6 – 33 可知，模型的决定系数仍然接近 1，方差检验和 t 值检验基本在 10% 显著水平上通过。模型表明，孝感市人均传统 GDP（x_{71}）和人均教育经费支出（x_{75}）与绿色 GDP 水平呈显著正相关，其中，人均传统 GDP（x_{71}）和人均教育经费支出（x_{75}）每增加 1 个百分点，分别可以拉动绿色 GDP 增长 0. 43 和 0. 03 个百分点，这表明，孝感市的绿色 GDP 水平与其经济实力和人口有着显著的统计学关系，通过促进经济发展，或者剩余劳动力转移可以从根本上促进绿色 GDP 的快速增长。

Dependent Variable：Y72

Method：Least Squares

Date：03/07/21 Time：16：04

Sample：1 8

Included observations：8

Variable	Coefficient	Std. Error	t - Statistic	Prob.
C	0.033938	0.007130	4.760139	0.0051
X71	0.432424	0.023157	18.67326	0.0000
X75	0.034978	0.018597	1.880829	0.1188
R - squared	0.997131	Mean dependent var		0.307521
Adjusted R - squared	0.995983	S. D. dependent var		0.089052
S. E. of regression	0.005644	Akaike info criterion		- 7.236356
Sum squared resid	0.000159	Schwarz criterion		- 7.206566
Log likelihood	31.94542	Hannan - Quinn criter.		- 7.437282
F - statistic	868.7395	Durbin - Watson stat		1.217410
Prob （F - statistic）	0.000000			

图 6 - 33 2011～2018 年孝感市绿色 GDP 及其显著影响因素回归分析

6.5.7 信阳市绿色 GDP 影响因素回归分析

根据前文测算的信阳市 2011～2018 年绿色 GDP 和历年《中国城市统计年鉴》以及《信阳统计年鉴》数据，整理信阳市绿色 GDP 及其影响因素数据如表 6 - 14 所示。

表 6 - 14 2011～2018 年信阳市绿色 GDP 及其影响因素

年份	Y_8	y_{82}	x_{81}	x_{82}	x_{83}	x_{84}	x_{85}
2011	0.068	0.291	0.162	0.199	0.113	0.004	0.066
2012	0.110	0.346	0.227	0.225	0.771	0.128	0.576
2013	-0.068	0.327	0.289	0.225	0.664	0.103	0.566
2014	0.084	0.436	0.327	0.237	0.633	0.103	0.590
2015	0.073	0.485	0.362	0.302	0.618	0.103	0.599
2016	0.231	0.598	0.404	0.387	0.633	0.103	0.675
2017	-0.033	0.511	0.467	0.519	0.633	0.091	0.738
2018	0.146	0.667	0.507	0.538	0.694	0.091	0.865

资料来源：根据表 6 - 5 和 2012～2019 年的《中国城市统计年鉴》《信阳统计年鉴》等整理计算。

由表 6 - 14 可知，信阳市绿色 GDP 增长率呈震荡徘徊状态，绿色 GDP 标准化值均呈稳步上升的趋势。人均传统 GDP（x_{81}）、服务业产值占传统 GDP 比例

（x_{82}）、人均教育经费支出（x_{85}）稳步增长，R&D 经费占 GDP 比例（x_{84}）和教育经费支出占传统 GDP 比重（x_{83}）震荡徘徊，受偶然因素影响较大。

利用 EView 8 软件，对信阳市绿色 GDP 增长率与其影响因素进行多元回归估计，结果如图 6 - 34 所示。

Dependent Variable：Y8

Method：Least Squares

Date：03/07/21 Time：16：07

Sample：1 8

Included observations：8

Variable	Coefficient	Std. Error	t - Statistic	Prob.
C	2. 181155	0. 296558	7. 354901	0. 0180
X81	- 10. 85189	1. 526981	- 7. 106762	0. 0192
X82	0. 805000	0. 324947	2. 477329	0. 1315
X83	- 11. 13814	1. 462689	- 7. 614838	0. 0168
X84	24. 12594	3. 378532	7. 140954	0. 0191
X85	9. 898704	1. 376868	7. 189292	0. 0188
R - squared	0. 967747	Mean dependent var		0. 076310
Adjusted R - squared	0. 887115	S. D. dependent var		0. 094654
S. E. of regression	0. 031802	Akaike info criterion		- 3. 944857
Sum squared resid	0. 002023	Schwarz criterion		- 3. 885276
Log likelihood	21. 77943	Hannan - Quinn criter.		- 4. 346708
F - statistic	12. 00199	Durbin - Watson stat		2. 789096
Prob（F - statistic）	0. 078692			

图 6 - 34 2011 ~ 2018 年信阳市绿色 GDP 增长率及其影响因素回归分析

由图 6 - 34 可知，模型决定系数较高，即模型的解释力达 96.78%，方差检验在 10% 的显著性水平上获得通过，各自变量中除了服务业产值占传统 GDP 比例（x_{82}）在 10% 的显著水平上，t 值检验不通过，其他各变量都在 5% 的显著水平上，t 值检验均通过，基本模型整体质量较高。为了进一步提高模型的质量，剔除服务业产值占传统 GDP 比例（x_{82}），再利用 EView8 软件，对信阳市绿色 GDP 增长率与影响因素之间的关系进行多元回归估计，结果如图 6 - 35 所示。

由图 6 - 35 可知，模型的决定系数和 F 检验值有所下降，但是在 10% 的显著水平上可以通过检验。全部自变量的 t 检验效果明显提升，在 5% 的显著水平上均通过检验。

Dependent Variable：Y8

Method：Least Squares

Date：04/11/21 Time：21：39

Sample（adjusted）：1 8

Included observations：8 after adjustments

Variable	Coefficient	Std. Error	t – Statistic	Prob.
C	2. 074171	0. 483205	4. 292530	0. 0232
X81	– 9. 624194	2. 378708	– 4. 045975	0. 0272
X83	– 10. 23532	2. 332983	– 4. 387227	0. 0219
X84	20. 28554	4. 943899	4. 103146	0. 0262
X85	9. 493288	2. 251534	4. 216364	0. 0244
R – squared	0. 868777	Mean dependent var		0. 076310
Adjusted R – squared	0. 693812	S. D. dependent var		0. 094654
S. E. of regression	0. 052376	Akaike info criterion		– 2. 791563
Sum squared resid	0. 008230	Schwarz criterion		– 2. 741912
Log likelihood	16. 16625	Hannan – Quinn criter.		– 3. 126439
F – statistic	4. 965442	Durbin – Watson stat		1. 917552
Prob（F – statistic）	0. 109482			

图 6 – 35　2011～2018 年信阳市绿色 GDP 增长率及其影响因素回归分析

从变量系数的符号可以看出，人均传统 GDP（x_{81}）、教育经费支出占传统 GDP 比重（x_{83}）与绿色 GDP 增长率的变化呈负相关，而且系数的绝对值很大。与 R&D 经费占 GDP 比例（x_{84}）和人均教育经费支出（x_{85}）正相关，特别与 R&D 经费占 GDP 比例（x_{84}）高度正相关，系数最大，达 20. 29，即 R&D 经费占 GDP 比例每增加 1 个百分点可以拉动绿色 GDP 增长率提升 20. 29 个百分点，这表明，信阳市的绿色 GDP 增长率与创新投入之间存在着显著的统计学关系，通过 R&D 经费投入和延长劳动力受教育年限可以从根本上促进绿色 GDP 的快速增长。

6.5.8　驻马店市绿色 GDP 影响因素回归分析

根据前文测算的驻马店市 2011～2018 年绿色 GDP 和历年《中国城市统计年鉴》以及《驻马店统计年鉴》数据，整理驻马店市绿色 GDP 及其影响因素数据如表 6 – 15 所示。

由表 6 – 15 可知，驻马店市绿色 GDP 标准化值总体趋势是稳步增长，但是增长率呈波动徘徊的趋势。人均 GDP（x_{91}）、服务业产值占传统 GDP 比例（x_{92}）、人均教育经费支出（x_{95}）3 个变量均呈现稳步增长的趋势；教育经费支出占传统 GDP 比重（x_{93}）、R&D 经费占 GDP 比例（x_{94}）呈震荡徘徊的趋势。

表 6 - 15 2011 ~ 2018 年驻马店市绿色 GDP 及其影响因素

年份	Y_9	y_{92}	x_{91}	x_{92}	x_{93}	x_{94}	x_{95}
2011	0.116	0.287	0.146	0.140	0.052	0.016	0.024
2012	0.099	0.337	0.185	0.153	0.633	0.215	0.436
2013	0.045	0.358	0.243	0.157	0.648	0.240	0.510
2014	0.073	0.416	0.275	0.289	0.618	0.228	0.523
2015	0.042	0.448	0.305	0.361	0.587	0.191	0.537
2016	0.152	0.532	0.342	0.425	0.572	0.228	0.563
2017	0.097	0.555	0.400	0.597	0.602	0.290	0.636
2018	0.058	0.598	0.450	0.533	0.618	0.290	0.713

资料来源：根据表 6 - 5 和 2012 ~ 2019 年的《中国城市统计年鉴》《驻马店统计年鉴》等整理计算。

利用 EView 8 软件，对驻马店市绿色 GDP 增长率与其影响因素进行多元回归估计，结果如图 6 - 36 所示。

Dependent Variable：Y9

Method：Least Squares

Date：03/07/21 Time：16：10

Sample：1 8

Included observations：8

Variable	Coefficient	Std. Error	t - Statistic	Prob.
C	- 0.154952	2.597024	- 0.059665	0.9578
X91	1.606233	17.96173	0.089425	0.9369
X92	0.186775	1.099434	0.169883	0.8807
X93	1.095809	9.815788	0.111637	0.9213
X94	0.176095	1.737909	0.101326	0.9285
X95	- 1.873825	14.92653	- 0.125537	0.9116
R - squared	0.370264	Mean dependent var		0.084953
Adjusted R - squared	- 1.204075	S. D. dependent var		0.037829
S. E. of regression	0.056161	Akaike info criterion		- 2.807471
Sum squared resid	0.006308	Schwarz criterion		- 2.747890
Log likelihood	17.22988	Hannan - Quinn criter.		- 3.209322
F - statistic	0.235187	Durbin - Watson stat		3.123968
Prob（F - statistic）	0.916578			

图 6 - 36 2011 ~ 2018 年驻马店市绿色 GDP 增长率及其影响因素回归分析

由图6-36可知，模型决定系数很低，整体解释力仅为37%，F值非常低，方差检验不能通过；全部自变量的t值检验均未通过。这说明，模型整体质量不高，即驻马店绿色GDP增长率与设定的变量之间没有统计学上的相关关系。为此，利用EView8软件，对驻马店市绿色GDP标准化值与影响因素之间的关系进行多元回归估计，结果如图6-37所示。

Dependent Variable：Y92

Method：Least Squares

Date：03/07/21 Time：16：10

Sample：1 8

Included observations：8

Variable	Coefficient	Std. Error	t－Statistic	Prob.
C	0.351608	1.403579	0.250508	0.8256
X91	－0.633277	9.707541	－0.065236	0.9539
X92	0.278099	0.594196	0.468025	0.6858
X93	－0.708253	5.305009	－0.133507	0.9060
X94	－0.091939	0.939265	－0.097884	0.9310
X95	1.188994	8.067145	0.147387	0.8963
R－squared	0.979047	Mean dependent var		0.441326
Adjusted R－squared	0.926663	S. D. dependent var		0.112082
S. E. of regression	0.030353	Akaike info criterion		－4.038152
Sum squared resid	0.001843	Schwarz criterion		－3.978571
Log likelihood	22.15261	Hannan－Quinn criter.		－4.440003
F－statistic	18.68996	Durbin－Watson stat		3.028531
Prob（F－statistic）	0.051563			

图6-37　2011～2018年驻马店市绿色GDP标准化值及其影响因素回归分析

由图6-37可知，模型的决定系数明显提升，接近于1，表明驻马店市绿色GDP基本可以被选定的自变量解释；F检验值为18.69，表明在10%的显著水平上，方差检验通过；但是全部自变量t值检验均未通过。为此，采用逐步淘汰的方法，先将t值检验最差的变量剔除，逐步测试，最后得到驻马店市绿色GDP与其显著影响因素的多元回归分析结果如图6-38所示。

Dependent Variable：Y92

Method：Least Squares

Date：03/07/21 Time：16：12

Sample：1 8

Included observations：8

Variable	Coefficient	Std. Error	t – Statistic	Prob.
C	0. 301335	0. 026974	11. 17127	0. 0001
X93	– 0. 676408	0. 105048	– 6. 439061	0. 0013
X95	1. 026937	0. 101123	10. 15534	0. 0002
R – squared	0. 964983	Mean dependent var		0. 441326
Adjusted R – squared	0. 950976	S. D. dependent var		0. 112082
S. E. of regression	0. 024816	Akaike info criterion		– 4. 274621
Sum squared resid	0. 003079	Schwarz criterion		– 4. 244830
Log likelihood	20. 09848	Hannan – Quinn criter.		– 4. 475546
F – statistic	68. 89394	Durbin – Watson stat		2. 200303
Prob（F – statistic）	0. 000229			

图 6 – 38　2011 ~ 2018 年驻马店市绿色 GDP 及其显著影响因素回归分析

由图 6 – 38 可知，模型的决定系数有所降低，但是方差检验和 t 值检验都在 1% 显著水平上通过。模型表明，驻马店市教育经费支出占传统 GDP 比重（x_{93}）与绿色 GDP 水平呈负相关，人均教育经费支出（x_{95}）对于绿色 GDP 的影响正相关，且每增长 1 个百分点，绿色 GDP 增长 1. 03 个百分点。也就是说，驻马店市绿色 GDP 水平主要取决于财政实力和劳动力受教育年限，必须大力发展经济，尽可能延长劳动力受教育年限才能够从根本上促进绿色 GDP 的快速增长。

第7章 大别山地区绿色发展
影响因素实证分析

传统 GDP 只反映一个国家或地区经济增长的数量，而不能真实反映其增长的质量，不能衡量社会公正分配环境，降级成本和自然资源消耗成本以及生态服务效益，在 GDP 核算中被忽略，这意味着传统 GDP 指标不能客观反映经济增长的效率效益和质量。1994 年联合国统计司响应《21 世纪议程》中建议，发布了《国民核算手册：综合环境经济核算体系》（SEEA－1993），对传统 GDP 进行资源环境成本调整，将传统 GDP 与经济福利结合起来，从传统 GDP 中扣除了不可再生资源损耗价值，生态破坏成本和环境污染价值损失。

7.1 绿色 GDP 理论指标构建

基于科学性原则、与中国现有国民经济核算相衔接原则、与国际接轨原则、资源环境和生态服务核算并重原则、理论型框架和实用型框架相结合原则，根据 SEEA－2012 和国外成功的环境经济核算体系，绿色 GDP 理论指标体系框架如表 7－1 所示。

绿色 GDP 理论指标体系框架由环境资源实物量核算和环境资源价值量核算两个大账户构成。其中，环境资源实物量核算账户中包含资源耗减实物量核算、环境污染物实物量核算、生态系统服务物质量核算三个账户。环境资源价值量核算账户也包含资源耗减价值量核算、环境污染价值量核算、生态系统服务价值量核算三个账户。

环境资源实物量账户一般选取森林、草原、土地、湿地、矿产等资源类型（可根据研究地区情况选取）进行资产存量核算，同时，将当期经济活动的资源利用量进行实物流量核算。环境污染物账户设置固体废弃物、废气和废水三大类，

表7-1　绿色GDP理论指标体系框架

环境实物核算指标	资源耗减实物量	水资源耗减量核算	资源耗减价值量	环境价值核算指标
		土地资源耗减量核算		
		矿产资源耗减量核算		
		森林资源耗减量核算		
		湿地资源耗减量核算		
	环境污染实物量	水污染物核算	环境污染价值量	
		大气污染物核算		
		固体废弃物核算		
	生态补偿物质量	森林生态补偿核算	生态效益价值	
		自然生态补偿核算		

每一类污染物可结合研究地区环境污染现实和特点以及典型的环境问题进行细分。生态系统服务物质量核算包括两个方面：一方面是系统提供的天然（非人工）产品和系统资源再生产的产品；另一方面是生态系统服务功能用物质量表示，生态系统服务功能可分为积累营养物质、保持土壤、涵养水源、固碳释氧、净化大气、调节气候、保护生物多样性和满足人类审美和益智的需求等多个指标（根据不同生态系统类型可调整其具体指标）。通过建立环境资源实物量账户能准确地反映出各项环境资产的存量和流量、环境总量及动态数据。

绿色GDP理论指标体系一般是根据环境资源的价值进行核算的。因此，必须通过环境实物量账户中的实物进行估价，建立环境价值量账户。这些环境价值量账户包括根据污染物实物流量账户建立的环境损害价值账户，对资源耗减量进行虚拟估价建立的资源消耗账户，对生态系统服务功能虚拟价值量建立的支付账户。环境价值量账户是绿色发展指数核算的重要依据。在获得环境价值量账户后，在传统GDP中减去资源耗减成本和环境退化成本，加上生态效益，得出绿色GDP理论指标值。因此，在国民经济核算中，许多国家大都采用"SEEA"体系，以国民经济核算（SNA）为基础，借鉴SEEA-2012方法来估算绿色GDP理论指标值。

$$GGDP = GDP - LVR - LVEP - LVED - LVES + LVER \qquad (7-1)$$

其中，LVR表示自然资源耗减损失；LVEP表示环境污染损失；LVED表示生态破坏损失；LEVS表示外部经济和社会因素导致的损失；LVER表示生态修复收益（包括新增耕地、森林、湿地等带来的收益）。

运用的研究计算方法有市场价值法、收益现值法、成本费用法、污染价值法。

收益现值法公式：

$$V = \sum_{t=0}^{T} \frac{S_t - C_t - R_t}{(1 + r)t} \tag{7-2}$$

其中，V 表示资源资产价值，T 表示预计开采年限，S_t 表示第 t 年销售额，C_t 表示第 t 年的预期生产成本，R_t 表示第 t 年投资资本的正常回报，t 表示使用收益率或折现率。

成本费用法公式：

$$C_d = \sum_{i=1}^{n} R_i (M_i - C_i) \tag{7-3}$$

其中，C_d 表示资源耗减成本；R_i 表示第 i 种资源耗减量；M_i 表示 i 种资源的市场价；C_i 表示第 i 种资源的开采成本和利润。

环境污染价值核算：

$$C_\delta = \sum_{i=1}^{n} Q_j (1 - n_i) W_i, \ i = 1, 2, \cdots, n \tag{7-4}$$

其中，C_δ 表示污染造成的损失（万元/年）；Q_j 表示 i 种污染物的排放量（万吨/年）；W_i 表示 i 种污染物的单位平均治理成本（万元/万吨）；i 表示污染物种类；n_i 表示 i 种污染物的处理率（%）。

由鄂东大别山地区 2000～2017 年的绿色发展指数测度数据可知，绿色经济结构的优化不仅给人类福祉和社会公平提供了均衡的可持续，也在资本价值的投入和消费中提高了正态效益。

SEEA-2012 体系框架设计是针对世界范围的，涉及面较宽，核算程序较复杂，实施难度也较大。所以这种绿色 GDP 理论指标体系目前仍停留在理论探讨的阶段，限于当前市场条件和技术水平，很多指标都不能精确计算，而且存在很大的分歧。为此，本章拟借鉴这套理论指标体系构建大别山地区绿色发展指数，并对其影响因素进行实证分析。

7.2 大别山地区绿色发展指数构建

结合中国的环境资源核算本身的特点，从鄂东大别山地区的绿色发展总体水平上和差异，时间序列的变化方便进行了数据统计和分析评估，采用平均值的方法，对大别山地区 2000～2016 年的发展分布及轨迹形象进行探究，构建大别山地区绿色发展指数如表 7-2 所示。

表 7 - 2　大别山地区绿色发展指数构成

一级指标	二级指标	三级指标
经济增长绿化度（30%）	绿色增长效率（45%）	人均地区生产总值，单位地区生产总值能耗，单位地区生产总值二氧化碳排放量
	第一产业（15%）	第一产业劳动生产率
	第二产业（25%）	第二产业劳动生产率，高污染、高能耗行业产值占工业总产值比重
	第三产业（15%）	第三产业劳动生产率
资源与环境承载（40%）	资源丰裕与生态保护（30%）	人均水资源量
	环境压力与气候变化（70%）	单位土地面积二氧化碳排放量
政府政策支持度（30%）	绿色投资指标（25%）	环境保护支出占财政支出比重
	基础设施指标（45%）	城市人均绿化面积，污水处理率
	生态补偿指标（30%）	人均当年新增造林面积，补偿比重

在绿色发展指数测度中，大别山地区截至 2016 年完成植树造林任务 61.58 万亩，其中，村庄绿化完成 24.56 万亩，森林覆盖率占 43.2%。开展评测的林业生态示范县、绿色示范村活动，全市达到的绿色示范乡村标准的村镇 812 个。在加强生态环境的保护力度下建成生态森林公园 13 处（国家级 5 处、省级 8 处）、国家级湿地类型自然保护区 1 个、国家级湿地公园 9 个、省级湿地公园 13 个，湿地公园数量居全省第一。

7.3　大别山地区绿色发展指数影响因素统计分析

将"生态文明指数"作为参考指标，将资源的消耗、自然资源损害、生态补偿、环境效益纳入大别山绿色发展指数体系，如表 7 - 3 所示。

表 7 - 3　鄂东生态绿色 GDP 核算体系描述性统计

统计量	均值	最大值	最小值	标准差
人均生活用水量（吨）	98.44	257.15	49.64	71.47
建成区面积（平方千米）	33.87	70.4	20.60	13.56
城市生活垃圾无害化处理率（%）	64.75	93.3	34.83	18.82
第三产业占 GDP 比重（%）	35.45	44.7	31.55	2.96

续表

统计量	均值	最大值	最小值	标准差
城市每万人拥有公共汽车（辆）	8.39	17.00	3.00	3.60
单位 GDP 能耗（吨标准煤/万元）	0.75	1.61	0.06	0.56
工业固体废弃物综合利用率（%）	87.3	99.90	53.74	13.16
自然保护区占辖区面积比重（%）	2.37	3.36	1.38	0.59
单位 GDP 对应的废气污染物排放强度	17.31	30.55	1.36	9.13
单位工业增加值水耗（%）	0.05	0.14	0.01	0.04
森林覆盖率（%）	33.91	44.00	26.80	7.52
工业废水达标率（%）	87.63	100.00	56.34	14.89

资料来源：《黄冈统计年鉴》（2000～2017 年）、湖北县市数据统计、中国能源数据库。

7.4 大别山地区绿色发展指数影响因素实证分析及检验

为进一步探讨绿色发展指数及其影响因素的相关关系，利用黄冈贵阳数据指数，将第三产业产值占 GDP 比重、人均生活用水量、建成区面积、城市生活垃圾无害化处理化率、单位工业增加值水耗、森林覆盖率、工业废水达标率等指标，利用 EView8 软件进行多元回归估计，如表 7-4 所示。

表 7-4 绿色 GDP 指数与其影响因素的线性相关系数

第三产业产值占 GDP 比重	人均生活用水量	建成区面积	城市生活垃圾无害化处理化率	单位工业增加值水耗	森林覆盖率	工业废水达标率
0.8570	0.8760	0.9120	0.8379	0.8973	0.9513	0.8847

由表 7-4 可知，第三产业产值占 GDP 比重、人均生活用水量、建成区面积、城市生活垃圾无害化处理化率、单位工业增加值水耗、森林覆盖率、工业废水达标率等因素的线性相关性较强，因此考虑建立多元线性回归模型进行回归分析。

以绿色发展指数作为因变量，其他指标数值为自变量，建立如下的最初多元线性回归模型：

$$Y = \beta_0 + \beta_1 X_1 + \beta_2 X_2 + \beta_3 X_3 + \beta_4 X_4 + \beta_5 X_5 + \beta_6 X_6 + \delta \tag{7-5}$$

利用 EViews 8.0 回归可得结果如表 7-5 所示。

表 7-5　大别山绿色发展指数影响因素多元回归结果

变量	参数	标准差	t 值	P 值
第三产业产值占 GDP 比重（X_1）	0.252023	0.023748	10.612310	0.0000
人均生活用水量（X_2）	-0.020461	0.004983	-4.106410	0.0027
建成区面积（X_3）	0.052801	0.012063	4.377059	0.0018
城市生活垃圾无害化处理化率（X_4）	-0.000226	4.27E-05	-5.297801	0.0005
单位工业增加值水耗（X_5）	23.663740	2.867571	8.252191	0.0000
森林覆盖率（X_6）	-0.140157	0.042966	-3.262014	0.0098
工业废水达标率（X_7）	0.000519	0.000109	4.745361	0.0011
R-squared	0.944562	*********	*********	*********
Adjusted R-squared	0.907603	*********	*********	*********
Durbin-Watson stat	2.466781	*********	*********	*********

从表 7-5 可知，模型的拟合优度高达 0.94，D-W 值为 2.47，说明模型的拟合效果较好；各变量所对应的 P 值均小于 0.05，即在 5% 的显著性水平下，第三产业产值占 GDP 比重、人均生活用水量、建成区面积、城市生活垃圾无害化处理化率、单位工业增加值水耗、森林覆盖率、工业废水达标率等因素对绿色GDP 的影响是显著的。

因此，模型最终估计方程为：

$$Y = 1.52 + 0.25X_1 - 0.02X_2 + 0.05X_3 - 0.0002X_4 + 23.66X_5 - 0.14X_6 + 0.0005X_7 + \delta \tag{7-6}$$

其中，城市生活垃圾无害化处理化率（X_4）和森林覆盖率（X_6）对绿色GDP 呈现出负向影响，似乎与实际不符。一方面是因为城市生活垃圾无害化处理化率（X_4）越高，说明当地居民的生活水平与生活习惯还有待改善，反映出当地绿色产业欠发达和可再生资源的使用率较低，使垃圾处理占用较高能耗；另一方面森林覆盖率呈现负向影响可能是由于集中连片森林不利于第三产业的开发，即将森林转化为第三产业的能力还有待提升，森林的绿色经济效益还有待进一步挖掘。此外城市生活垃圾无害化处理化率（X_4）和森林覆盖率（X_6）对绿色GDP 指数呈现出负向影响数据的收集与整理以及与研究变量的相关性等因素也存在一定关系。第三产业产值占 GDP 比重（X_1）、人均生活用水量（X_2）、建成区面积（X_3）、单位工业增加值水耗（X_5）、工业废水达标率（X_7）对绿色GDP指数呈现出正向影响，尤其是第三产业产值占GDP比重（X_1）和单位工业增加值水耗（X_5）影响尤为显著。

基于此，为有效提高绿色GDP，可从以下三个方面入手：一是推动新能源利用与产业转型升级并举，以新能源装备制造和新能源推广应用为重点，着力推动能源技术创新，加快发展清洁能源，推进能源绿色发展，积极发展太阳能（光伏发电）、生物质能（生物质循环利用）、风能（风力发电）等新能源关键技术、装备研发及产业化，实现能源结构调整和产业转型升级齐步走。二是推动节能减排与淘汰落后产能并举。推动工业企业从源头防治污染，围绕工业生产源头、过程和产品三个重点环节，实施工业能效提升计划；深入开展节能减排全民行动，大力推动全民环境保护意识，构建全民参与环境保护的社会行动体系，推动形成勤俭节约、绿色低碳、文明健康的生活方式和消费模式，充分发挥市场机制作用，综合运用法律、经济及必要的行政手段，加快形成有利于落后产能退出的市场环境和长效机制，强化安全、环保、能耗、质量、土地等指标约束作用，完善落后产能界定标准，有序实施城区重污染企业的搬迁改造或依法关闭。三是健全环境法制与加大环保投入并举。进一步完善地方环保立法工作，加快制定出台《污染防治条例》《流域污染物排放总量控制条例》《排污许可证管理办法》《重要生态功能保护区管理办法》等地方规章制度，健全《工业企业环保准入制度》和《排污许可制度》，并制定流域水环境综合治理的配套政策和措施，加快推进环境资源市场化配置，充分调动全社会特别是企业对环境治理投入的积极性，拓宽融资渠道，建立政府、企业、社会多元化投入机制，积极争取国家政策性银行贷款、国际金融组织和国外政府优惠贷款、商业银行贷款和社会资金，推进城市环境基础设施和各类环保项目的建设。

7.5　大别山地区绿色发展指数影响因素实证分析结论

大别山地区低收入人口多。3省63个县中曾有28个国家级贫困县、148.18万贫困人口。调研了解到，鄂豫皖三省脱贫攻坚成效显著，绿色发展成绩突出。但受历史、自然、区位等多种因素影响，经济发展形势依然复杂严峻，绿色发展面临不少困难挑战，一二三产业融合发展深度不足。

7.5.1　绿色农业社会化配套服务不健全

基本农田基础设施滞后；农产品生长追溯体系不完善，农业供给质量和效益亟待提高；农业高新技术产业发展滞后，缺乏市场优势品牌。农产品初级品种多加工产品少，精深加工产品更少。高新技术发展对特色农业产业化、对县域经济和对广大农民的带动作用不强。大别山区的特色经济通过科技扶助有了较快的增长，但缺乏招商引资的力度和大型龙头企业的带动，特色产品品牌小而分散，区域农业资源优势还没有真正转变成特色经济优势，占领国内外市场大品牌产品亟待培育。

7.5.2　农业资源开发利用的深度和广度不够

农产品的附加值偏低，市场竞争力弱。该区虽然形成了一批特色鲜明的支柱产业和特色产品，并已经成为当地财政收入的主要来源和农民增收的主要途径，但这些特色资源还处于低层次的粗放式的经营阶段，缺乏深加工等高附加值产品，比较效益低，产品缺乏竞争力。

7.5.3　农产品市场流通体系发育非常缓慢

各县市的物流公司数量少、功能单一、技术落后，区内没有综合性的农产品物流配送中心和大型农产品批发市场。几个小的批发市场只能满足当地居民的日常生活需求，不能适应现代物流的发展需要。龙头企业、营销大户和农民之间没有结成稳定的利益共同体，加上乡村公路交通不便捷，很多特色农产品无法及时运送，在一定程度上制约着与外部大市场的对接。

7.5.4　农户经营者与消费者的绿色观念淡漠

农民适应生产力发展和市场竞争的能力不足，农村人才匮乏。该区务农的劳动力以初中文化程度为主，偏低的文化素质影响了农民的判断能力和采用新技术的能力，农业生产经营手段与技术层次低。农产品网络营销的信息平台严重缺乏，大多农产品生产经营主体在营销中没有建立信息化网络销售平台，即使有也非常简单，不能提供全面、及时的供需信息。农村基本生活环境有待提升，农民基础的公共服务和收入水平差距较大，要素流动机制亟待健全。

第8章 大别山地区农业绿色化
水平及其制约因素实证分析

8.1 湖北省农业绿色化水平实证分析[①]

8.1.1 评价指标体系的确立

要测量出一个地区农业绿色发展的实际水平，就需要通过一系列指标进行分析，本节主要借鉴蒋云云（2018）农业绿色发展水平测度模型，从而确立农业绿色发展具体评价指标体系，如表8-1所示。

表8-1 农业绿色发展评价指标体系

一级指标	二级指标	三级指标	单位	属性
农业绿色发展指标	生态环境	水资源总量	亿立方米	+
		森林覆盖率	%	+
		当年造林面积	千公顷	+
		环境保护资金投入比重	%	+
	经济效益	农业土地产出率	万元/公顷	+
		农林牧渔业产值	亿元	+
		单位面积粮食产量	吨/公顷	+
		林业产值	亿元	+
		农村居民人均可支配收入	元	+

---

① 根据课题组成员工商管理201601班刘鑫同学围绕本人课题撰写的本科毕业论文整理。

续表

一级指标	二级指标	三级指标	单位	属性
农业绿色 发展指标	绿色生产	农药使用量	万吨	–
		农用化肥施用量	万吨	–
		绿色农作物种植面积	千公顷	+
		单位面积农业机械总动力	千瓦/公顷	+

8.1.2 评价指标体系的权重

根据德尔菲法（专家调查法），通过对相关专家调查，征得专家对农业绿色发展评价的意见之后，进行整理、归纳、统计，并匿名反馈给各专家，再次征求意见、集中、反馈，直至得到一致的意见。具体指标权重如表 8-2 所示。

表 8-2 农业绿色发展评价指标权重   单位:%

一级指标	二级指标	权重	三级指标	权重
农业绿色 发展指标	生态环境	36.8	水资源总量	8.85
			森林覆盖率	10.05
			当年造林面积	9.35
			环境保护资金投入比重	8.55
	经济效益	30.2	农业土地产出率	5.80
			农林牧渔业产值	6.90
			单位面积粮食产量	6.10
			林业产值	6.75
			农村居民人均可支配收入	4.65
	绿色生产	33	农药使用量	9.35
			农用化肥施用量	9.15
			绿色农作物种植面积	8.90
			单位面积农业机械总动力	5.60

8.1.3 数据来源

数据主要从《湖北省统计年鉴》和中华人民共和国国家统计局网站搜集，少数数据通过湖北省水利局和湖北省林业局网站查询，最终得到的各评价指标相关数据如表 8-3 所示。

表 8 – 3 2011～2018 年湖北省农业绿色发展评价指标数据

年份 三级指标	2011	2012	2013	2014	2015	2016	2017	2018
水资源总量（亿立方米）	757.50	813.80	790.10	914.20	1015.00	1498.00	1248.00	857.00
森林覆盖率（%）	38.40	38.40	38.40	38.40	38.40	38.40	38.40	39.60
当年造林面积（千公顷）	145.90	140.10	165.60	168.80	186.00	171.70	162.30	140.80
环境保护资金投入比重（%）	3.15	2.54	2.51	2.11	2.38	2.27	2.21	2.91
农业土地产出率（万元/公顷）	3.01	3.14	3.34	3.40	3.35	3.53	3.72	3.81
农林牧渔业产值（亿元）	4110.00	4542.00	4920.00	5162.00	5387.00	5863.00	6129.00	6207.00
单位面积粮食产量（吨/公顷）	5.74	5.79	5.86	5.89	6.09	5.81	5.86	5.86
林业产值（亿元）	86.10	100.10	122.00	157.00	180.60	203.40	213.20	235.20
农村居民人均可支配收入（元）	6897.00	7851.00	8866.00	10849.00	11843.00	12724.00	13812.00	14977.00
农药使用量（万吨）	13.95	13.95	12.72	12.61	12.07	11.74	10.96	10.33
农用化肥施用量（万吨）	354.80	354.80	351.90	348.20	333.80	327.90	317.90	295.80
绿色农作物种植面积（千公顷）	7060.00	7268.00	7336.00	7401.00	7582.00	7500.00	7537.00	7486.00
单位面积农业机械总动力（千瓦/公顷）	4.80	5.00	5.28	5.51	5.60	5.23	5.45	5.56

由于各指标数据比较复杂，计量单位不尽统一，因此评价指标之间不具有直接可比性，为了使各指标进行相互转换，本节采取 SPSS19.0 默认的 Z – Score 标准化处理方法对各指标数据进行标准化处理。在处理过程中，要充分考虑各数据的平均值和标准差，力求数据的稳定性，在选取的评价指标体系中，有两个逆指标：农药使用量，农用化肥施用量，强度相对指标有正指标和逆指标，一般来说，正指标越大越好，逆指标越小越好，将这两个指标标准化处理后的数据值正负号对调。标准化后的数据值大于零，则发展水平好；若小于零，则发展水平较差。

通过标准化 Z – Score 公式计算后，得到农业绿色发展评价指标标准化处理后的数据值。具体数据如表 8 – 4 和表 8 – 5 所示。

表 8 – 4 2011～2018 年湖北省农业绿色发展评价指标描述性统计

指标	N	均值	标准差
水资源总量（亿立方米）	4	986.91	260.22
森林覆盖率（%）	4	38.55	0.42
当年造林面积（千公顷）	4	160.19	16.44
环境保护资金投入比重（%）	4	2.54	0.38

续表

指标	N	均值	标准差
农业土地产出率（万元/公顷）	4	3.22	0.18
农林牧渔业产值（亿元）	4	5290.51	755.05
单位面积粮食产量（吨/公顷）	4	5.82	0.07
林业产值（亿元）	4	162.22	55.12
农村居民人均可支配收入（元）	4	9438.12	2349.98
农药使用量（万吨）	4	13.31	0.74
农用化肥施用量（万吨）	4	352.50	3.14
绿色农作物种植面积（千公顷）	4	7329.82	190.37
单位面积农业机械总动力（千瓦/公顷）	4	5.15	0.31

表8-5 2011～2018年湖北省农业绿色发展评价指标标准化

指标＼年份	2011	2012	2013	2014	2015	2016	2017	2018
水资源总量	-0.8810	-0.6640	-0.7560	-0.2700	0.1103	1.9640	1.0062	-0.4900
森林覆盖率	-0.3530	-0.3530	-0.3530	-0.3500	-0.3530	-0.3500	-0.3530	2.4740
当年造林面积	-0.8680	-1.2170	0.3324	0.5280	1.5717	0.7020	0.1304	-1.1700
环境保护资金投入比重	1.6023	0.0052	-0.0730	-1.1200	-0.4130	-0.7000	-0.8580	0.9740
农业土地产出率	-1.1800	-0.4580	0.6525	0.9850	0.7080	1.7070	2.7628	3.2620
农林牧渔业产值	-1.5630	-0.9910	-0.4900	-0.1600	0.1279	0.7590	1.1114	1.2140
单位面积粮食产量	-1.1790	-0.4420	0.5897	1.0320	3.9809	-0.1470	0.5897	0.5890
林业产值	-1.3800	-1.1260	-0.7290	-0.0940	0.3335	0.7476	0.9260	1.3240
农村居民人均可支配收入	-1.0800	-0.6750	-0.2430	0.6004	1.0237	1.3986	1.8612	2.3570
农药使用量	-0.8640	-0.8640	0.7904	0.9384	1.6649	2.1089	3.1584	4.0060
农用化肥施用量	-0.7610	-0.7610	0.1797	1.3441	5.9252	7.8053	10.9960	18.0300
绿色农作物种植面积	-1.4130	-0.3210	0.0335	0.3753	1.3256	0.8984	1.0922	0.8220
单位面积农业机械总动力	-1.1140	-0.4730	0.4250	1.1629	1.4517	0.2646	0.9704	1.3230

8.1.4 湖北农业绿色发展水平综合分析

由于各评价指标多种多样，对指标的处理也比较复杂，本章主要采用多指标综合评价法对各评价指标数据进行分析，多指标综合评价法是对生态环境指标、经济效益指标、绿色生产指标进行综合评价，具体操作方式可分为两步：

第一步，计算评价指标权重与评价指标标准化处理后数据的积。

第二步，计算湖北省农业绿色发展水平的值。

通过计算之后，各指标指数和农业绿色发展水平如表8-6和表8-7所示。

表8-6 2011~2018年湖北省农业绿色发展各指标指数

指标＼年份	2011	2012	2013	2014	2015	2016	2017	2018
水资源总量	-0.0780	-0.0580	-0.0660	-0.0240	0.0097	0.1738	0.0890	-0.0440
森林覆盖率	-0.0350	-0.0350	-0.0350	-0.0350	-0.0350	-0.0350	-0.0350	0.24870
当年造林面积	-0.0810	-0.1130	0.0310	0.0493	0.1469	0.0657	0.0121	-0.1100
环境保护资金投入比重	0.1370	0.0004	-0.0060	-0.0950	-0.0350	-0.0590	-0.0730	0.0832
农业土地产出率	-0.0680	-0.0260	0.0378	0.0571	0.0410	0.0990	0.1602	0.1892
农林牧渔业产值	-0.1070	-0.0680	-0.0330	-0.0110	0.0088	0.0524	0.0766	0.0838
单位面积粮食产量	-0.0710	-0.0260	0.0359	0.0629	0.2428	-0.0080	0.0359	0.0359
林业产值	-0.0930	-0.0760	-0.0490	-0.0060	0.0225	0.0504	0.0625	0.0894
农村居民人均可支配收入	-0.0500	-0.0310	-0.011	0.0279	0.0476	0.0650	0.0865	0.1096
农药使用量	-0.0800	-0.0800	0.0739	0.0877	0.1556	0.1971	0.2953	0.3745
农用化肥施用量	-0.0690	-0.0690	0.0164	0.1229	0.5421	0.7141	1.0061	1.6497
绿色农作物种植面积	-0.1250	-0.0280	0.0029	0.0334	0.1179	0.0799	0.0972	0.0731
单位面积农业机械总动力	-0.0620	-0.0260	0.0238	0.0651	0.0812	0.0148	0.0543	0.0741

表8-7 2011~2018年湖北省农业绿色发展水平

指标＼年份	2011	2012	2013	2014	2015	2016	2017	2018
生态环境	-0.0570	-0.2070	-0.0770	-0.1060	0.0858	0.1440	-0.0070	0.1775
经济效益	-0.3910	-0.2290	-0.0200	0.1300	0.3628	0.2579	0.4219	0.5080
绿色生产	-0.3380	-0.2050	0.1171	0.3092	0.8971	1.0061	1.4530	2.1716
农业绿色发展水平	-0.7880	-0.6420	0.0189	0.3326	1.3457	1.4081	1.8672	2.8572

由表 8 - 7 可知，根据多指标综合评价法，通过数据量化计算，可得出 2011 ~ 2018 年湖北省农业绿色发展水平指数。农业绿色发展水平指数的正负值呈现出农业绿色发展水平的高低，并且指数越大，农业绿色发展水平越高。

如图 8 - 1 所示，生态环境指标指数呈波动状态，生态环境发展水平指数在大多数年份都是负值，即使在某些年份，其指数为正数，但指数不大；经济效益指标指数 2011 ~ 2018 年增加了 0.899797201，表明湖北省农业经济效益发展水平逐步提高，同样发展水平不高，农业经济效益绿色发展呈"微绿"状态；绿色生产指标指数总体呈上升趋势，并且趋势比较明显，表明在农业发展中，湖北省绿色生产水平逐渐提高；农业绿色发展水平是通过生态环境指标、经济效益指标和绿色生产指标的总和计算得来，通过折线图可以看出，湖北省农业绿色发展水平呈波动上升趋势。

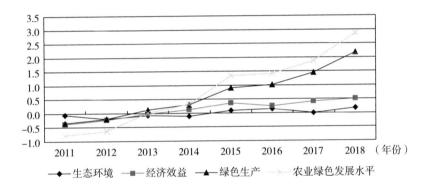

图 8 - 1　2011 ~ 2018 年湖北省农业绿色发展水平趋势

由图 8 - 1 可知，2011 年农业绿色发展水平指数为 - 0.78824，2012 年农业绿色发展水平指数为 - 0.6248209，都是负值，但在 2011 ~ 2018 年农业绿色发展水平指数每年都是上升，并且从负值转向正值，实现由"不绿"向"微绿"转变，这说明 2011 ~ 2018 年湖北省慢慢重视农业绿色发展，有效协调经济发展与生态环境保护。

综上所述，湖北省农业绿色发展水平总体上升趋势较为明显，但绿色化水平不高，处于"微绿"状态，在提供安全无害的绿色农产品的同时，要注重保护生态环境，提高农业经济效益。湖北省发展条件良好，地理位置优越，在发展过程中，绿色生产发展水平提高，生态环境与经济效益却没有实现高度绿色化，要实现经济增长与生态环境的和谐统一，湖北省应该采取合适的发展路径来提高农业绿色发展水平。

8.2　黄冈农业绿色化水平及比较分析[①]

黄冈市乡村人口为584.77万人，常用耕地面积351千公顷。2015年全市农林牧渔业总产值593.01亿元，同比增长5.96%。农村常住居民人均可支配收入10252元，增长9.2%。全市农产品加工产值948.8亿元（全口径），全市农产品加工产值与农业总产值之比为1.6∶1。黄冈为农业大市，是全国重要的优质粮油基地，湖北省三大粮棉油、畜禽产品和水产品生产基地之一。粮食、油料、棉花、茶叶、蚕桑、中药材、畜禽等大宗农产品产量稳居湖北省前列，其中蚕茧、板栗、茯苓、花生、油菜、淡水珍珠等产量居湖北之冠。

8.2.1　指标体系构建

基于数据的科学性和可操作性，本节在参考了国内多位学者绿色农业指标评价体系的基础上，构建了一套适用于县域绿色农业评价的指标体系。包含农业状况和外部环境两个基准层，生产投入效应、产品社会效应、生态环境效应和外部溢出效应4个一级指标层，涵盖23个二级指标层，综合全面评价县市的绿色农业开展情况如表8-8、表8-9所示。

表8-8　黄冈市绿色农业影响因素统计（1）

一级指标层	二级指标层	湖北省	2015年	2010年	2005年
生产投入效应	万元GDP能耗（吨/万元）	0.21	0.31	0.46	0.37
	农用机械总动力系数（万千瓦/公顷）	0.56	1.01	0.74	0.48
	灌溉水有效利用系数（%）	68.67	73.80	68.10	68.36
	化肥产出效率（元/千克）	83.27	83.47	38.07	27.30
	农药产出效率（元/千克）	2304.14	1949.31	1070.66	729.92
	化肥施用强度（千克/公顷）	419.84	931.96	1401.22	522.44
	农药使用强度（千克/公顷）	15.18	40.60	53.16	38.16
	地膜覆盖率（%）	6.50	12.55	10.08	9.08

---

① 根据课题组成员国贸201402班罗一清同学围绕本人课题撰写的本科毕业论文整理。

续表

一级指标层	二级指标层	湖北省	2015 年	2010 年	2005 年
产品社会效应	主要农产品无公害耕地占比（%）	70.00	80.72	84.88	74.48
	绿色产品市场化成熟度	—	—	—	—
	农民人均可支配收入（元）	11844	10252	4634	2644
	农民纯收入增长速度（%）	9.2	12.2	9.2	6.4
生态环境效应	农用塑料薄膜使用率（吨/千公顷）	8.97	24.98	20.69	15.02
	地膜回收率（千克/公顷）	150*	150*	—	—
	畜禽粪污综合利用率（%）	60*	60*	—	—
	新增水土流失治理面积比重（‰）	2.8	11.0	0.3	2.4
	年内退耕还林还草占耕地比重（‰）	—	0.90	0.84	1.91

注：地膜回收率数据带"*"为 2015 年全国平均水平；禽畜粪污综合利用率带"*"为 2015 年农业部公告中的全国平均水平；"—"为缺失数据。

资料来源：知网统计年鉴、《湖北统计公报》、《湖北环境统计公报》、《湖北农村统计年鉴》。

表 8－9　黄冈市绿色农业影响因素统计（2）

一级指标层	二级指标层	湖北省	2015 年	2010 年	2005 年
外部溢出效应	农林水利支出占财政支出比（%）	10.12	8.00	13.60	6.50
	农林水利财政支出增长率（%）	27.63	7.00	14.20	16.80
	农业服务水平（元/公顷）	4294.07	3655.75	2318.52	910.45*
	农业信息服务机构（公顷/个）	6.02	5.22	15.32	30.66
	劳动力文化程度在初中及以下（%）	68.00	89.95	84.68	85.84
	生态环境状况指数（EI）	60.29	69.84	70.89	56.44

注：农业服务水平中带"*"为估算值。

资料来源：知网统计年鉴、《湖北统计公报》、《湖北环境统计公报》、《湖北农村统计年鉴》。

8.2.2　黄冈绿色农业比较分析

本节数据主要来源于《黄冈统计年鉴》、《湖北农村统计年鉴》、黄冈市农业局、湖北省统计局、湖北省环境保护厅等。现代农业的良好发展离不开相关产业的技术支持和配套服务的完善。因此，在评价县域绿色农业发展状况时，本节以湖北省黄冈市为例，选取黄冈 2005 年、2010 年、2015 年的数据和湖北省平均数据进行对比分析，方便对近十年黄冈市绿色农业发展脉络和趋势做出分析，如表 8－8、表 8－9 所示。

8.2.3 实证结论

8.2.3.1 生产投入效应分析

万元GDP能耗十年纵向的变化呈倒U形趋势，说明能源利用效率现处于不断优化阶段。比湖北省平均水平高出50%，说明农业节能降耗空间仍然很大。农用机械总动力系数近十年增长了1倍多，约为省平均值的2倍，可见黄冈市农业近十年机械化程度提高较快，同时说明了黄冈农业能耗较高的原因。灌溉水有效利用系数2005～2010年基本保持不变，维持在68%左右，但2010～2015年，灌溉系数增长到73.8%，远高于同期全省平均水平，反映出黄冈市农业灌溉水利设施发展较快，对绿色农业发展起到良好的促进作用。化肥和农药使用效率近十年提升较快，表现为先低后高，2005～2010年，每千克化肥的产出增长仅10.77元，2010～2015年，化肥农药使用效率几乎翻番，其中，化肥的产出效益与同期的全省平均水平基本持平，每千克产出在83元左右，但农药产出效率与全省平均水平存在不小差距，每千克农药的产出低于全省均值354.83元，这说明农药的边际效率明显在降低。化肥农药使用强度近十年亦呈倒U形趋势，在2010年达到峰值，后逐渐降低，但较2005年总体强度明显提高，与同期全省平均水平相比，黄冈市的化肥使用强度为全省的2.22倍，而农药使用强度为全省的2.67倍。综合化肥农药施（使）用效率和强度进行分析，黄冈农业对化肥农药依赖十分突出，明显存在滥用现象，这是绿色农业的最大威胁。地膜覆盖率近十年增速较平缓，整体高出同期全省平均水平近一倍。综上所述，一方面印证了黄冈农业的高耗能，另一方面也说明黄冈农业技术提升对黄冈绿色农业发展具有"双刃剑"的作用。

8.2.3.2 产品社会效应分析

主要农产品无公害耕地占比是农业绿色程度的重要体现，由此可见，黄冈市近十年的农业绿色程度呈现平缓上升趋势，且高于2015年同期全省平均水平。如果同时参考绿色产品市场化成熟度指标，更能反映一个地区农业绿色化程度。2005～2015年，黄冈农民人均可支配收入从不足3000元增长到10000元以上，收入年均涨幅为12.80%，虽然收入水平还低于同期全省平均水平，但是增长速率却高于全省三个百分点。黄冈是农业大市，农民收入水平主要取决于农产品销售收入，农民收入较快增长一方面反映农业增产，另一方面反映农业提质增效。说明黄冈农业绿色发展正日益加快。

8.2.3.3 生态环境效应分析

从黄冈市近十年的农用塑料薄膜使用情况来看，薄膜使用的规模较大，范围较广，呈逐年增长的趋势，且增速较快，高于同期全省平均值15.99%，在一定程度上反映了黄冈市农业技术普及率升高，但是，正如前文所述，地膜使用对生态环境具有二重性，必须结合地膜回收率看才能判断地膜对生态环境的破坏，由于缺乏回收率数据，只能根据实践经验判断，黄冈市现代农业整体水平不高，因而回收率最多与省平均水平持平，由此黄冈市残留在农田的地膜的密集度就会高于全省平均水平。由于薄膜不易降解的特性，因此其单位面积使用的增加会加大对环境的破坏。新增水土流失治理面积显著增加，从 2005 年的年内增加仅 7.58千公顷的低位越至 2015 年的 39.89 千公顷的高位，约为 2005 年的 5 倍，与同期全省平均水平相比，治理力度较大，增长势头较好。近十年黄冈市年内退耕还林还草一直保持一定比例，说明绿色农业意识较强。

8.2.4　黄冈绿色农业影响因素分析

8.2.4.1　黄冈市财政收入不足、增速缓慢，导致农林水利预算投入低

图 8-2 反映的是湖北省内七个地级城市近十年间财政收入的总体趋势，首先看出黄冈市财政收入总量不高：2015 年黄冈市财政收入 112.82 亿元，与宜昌市同期比较，相差 226.28 亿元。同时黄冈财政支农资金投入比重相对较小，财政投入占比从 2005 年的 6.5% 上升到 2010 年的 13.6%，到达一个小高峰后逐年下降，到 2015 年，仅为市财政投入比重的 8%，低于全省平均水平约 0.02 个百分点。财政收入低造成部门预算分配比重失调。宜昌市 2015 年农林水利事业财政预算为 48.99 亿元，约占财政总收入的 14.45%，高于黄冈市 6.45%。宜昌市农林水利事业财政预算平均耕地投入 18184.79 元/公顷，而同期黄冈市投入仅为

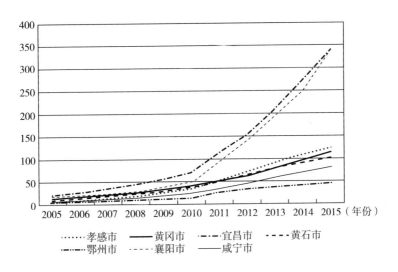

图 8-2　2005～2015 年湖北省 7 个地级市财政收入

14175.15元/公顷。另外，财政收入总量比黄冈低的黄石市和咸宁市的农林水利事业财政预算平均耕地投入也明显高于黄冈，其中咸宁市为15146.08元/公顷，而黄石市则达到24470.71元/公顷。农业的绿色转型必须紧紧依靠政府的政策导向和财力技术支撑，特别是在协调经济利益与生态环境关系失衡时，政府不可或缺。因此，黄冈市后期发展绿色农业，必须坚持政府的主导地位，加大财政投入，加强资金支农力度。

8.2.4.2　农业信息服务水平显著提高促进黄冈市农业机械化发展

黄冈市近十年农业服务水平迅猛提升，而农业信息化服务水平的提升为机械化进程的加快提供了现实可能性。从2005年平均每千公顷农业服务支出仅有910.45元，到2015年每千公顷3655.75元，年均增长速度为14.91%。但比全省平均水平少638.32元，说明仍有进一步提升空间。其中黄冈市内农业信息服务机构密度首先由2005年的30.66公顷/个提高到2010年15.32公顷/个，农业服务机构平均年增长率为19.96%。2010～2015年的5.22公顷/个，平均增长率为38.68%。农业信息服务机构的迅速增长，提高了农业信息技术的宣传力度和普及率，农业服务的专业性和精准性都得到了很大提升，由此可以看出黄冈市近十年农业信息服务逐渐完善，为农民获取科学先进的种植技术、培育技术、寻找适销对路的产品信息、申请农业信用贷款等提供了方便。黄冈市近十年的农业机械动力系数高出湖北省平均水平0.45，且农业GDP单位能耗也超出省平均水平0.10，而黄冈市的农林水利事业财政预算偏低，综合说明黄冈市农用机械化水平的提高主要是农民自发行为。

8.2.4.3　武汉市生态状况构成黄冈市农业重要的外部环境

图8-3是选取黄冈市和武汉市2005～2015年生态环境状况指数绘制的趋势图，可以看出，黄冈市生态环境状况指数与武汉市存在显著的正相关。2005年，黄冈市的EI值与武汉市的EI值基本保持一致，两者仅相差1.39。2005～2009年，武汉市的生态环境状况指数有一个微弱的趋减，同期黄冈市的EI值经历了小幅上升到2008年出现一个小高峰，达到69.41，2009年又降低至68.08，与武汉市同时达到最低峰值。随后黄冈市的生态环境状况指数与武汉市一同上升，在2010年同时到达最高峰值，此时黄冈市的EI值高于武汉市8.70。从2011年开始，武汉市生态环境状况指数趋于平稳，上下浮动水平不超过1，同期黄冈市的生态环境状况指数也保持平缓，到2015年末，黄冈市的EI值高于武汉市9.55。武汉作为湖北省的省会，工业的发展在带动毗邻的黄冈市发展的同时，也对其生态环境造成难以忽视的负面影响，可以说两者之间的生态圈彼此交融，相互影响。而黄冈市作为一个农工并重的城市，其农业的发展必然会遭受武汉工业污染的影响。比如工业废气中二氧化硫的排放会增加酸雨的发生概率，造成耕地的酸

化；工业废水的排放会污染农业灌溉用水，导致农作物毒害物质超标；落后污染
工业的就近转移也会加大黄冈市生态环境的载荷负担等。

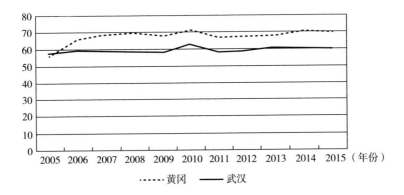

图 8 - 3　2005～2015 年武汉市与黄冈市 EI 值

第9章 黄冈市绿色资源产业化分析

黄冈是大别山革命老区，也是国家重点生态功能区和原集中连片特困地区之一，主要有三个特点：一是"红"。大别山有着丰富的革命遗址和厚重的红色历史文化。二是"绿"。大别山区森林覆盖率为31.9%，有些市县高达80%。境内有一批国家级和省级森林公园、地质公园、自然保护区、湿地公园等，这既是生态财富，也是经济财富。三是"穷"。前些年，这里贫困程度深、贫困人口多。全市11个县（市）中曾经有6个国家级贫困县，即红安县、麻城市、罗田县、英山县、团风县和蕲春县，2014年底，建档立卡贫困人口102.4万人，占全省贫困人口总数的1/5。

9.1 黄冈市绿色资源

黄冈自北向南逐渐倾斜，东北部与豫皖交界为大别山脉，主脊呈西北—东南走向，有海拔1000米以上山峰96座，位于罗田、英山两县的天堂寨主峰海拔1729米，为全市最高点。中部为丘陵区，海拔多在300米以下，高低起伏，谷宽丘广，冲、垅、塝、畈交错。南部为狭长的平原湖区，海拔高度在10～30米，河港、湖泊交织。发源于大别山脉的倒水、举水、巴水、浠水、蕲水和华阳河六大水系，均自北向南流经本市汇入长江。长江流经黄冈215.5千米。

黄冈全年平均气温14℃～16℃，积温4500℃～5100℃，无霜期210～250天，降雨量800～1000毫米，年日照总时数为1722.7～1909.4小时。土地以林业用地为主，占65.27%，其中有林地占84.95%，森林覆盖率为59.58%。耕地占21.68%，草地占3.71%。2019年，黄冈市常用耕地面积448.24千公顷。其中拥有水田328.3千公顷、旱地119.94千公顷。

大别山区有野生动物237种，高等植物2879种，国家Ⅰ级保护的有银杏、红豆杉和南方红豆杉等10多种，Ⅱ级保护的有20多种。2019年，黄冈境内有陆生脊椎野生动物 650 种。其中，国家一级保护动物有原麝、白头鹤等 16 种；国家二级保护动物有虎纹蛙、穿山甲、豺等 75 种；省级重点保护动物 116 种。全市有植被型组 4 个，植被型 10 个，群系 29 个。分布高等维管束植物 235 科、1055 属、2783 种；国家一级保护植物有银杏、南方红豆杉等 12 种；国家二级保护植物有大别山五针松、金毛狗、金钱松、厚朴等 64 种，国家珍稀濒危保护植物 35 种。

大别山区湿地面积 26.8 万公顷，其中，河流湿地 11.70 万公顷，人工库塘 12.70 万公顷。2019 年，黄冈全市水资源总量 84.7045 亿立方米，地表水资源总量 82.2807 亿立方米，水能资源理论蕴藏量 46.4 万千瓦。其中可开发水能资源 34.8 万千瓦。年发电量 9.6 亿度。有大中小型水库 1237 座，总库容 50.63 亿立方米；塘堰 28 万口，蓄水 22.39 亿立方米。水利工程有效灌溉面积 31.86 万公顷。

黄冈是国家卫生城市、国家园林城市、中华诗词之市、中国书法之城、双拥模范城。大别山（黄冈）国家地质公园 2018 年入选联合国教科文组织世界地质公园。2019 年，全市有 A 级景区 53 家，其中，AAAA 级景点 17 家，包括天堂寨景区、麻城市龟峰山风景区、大别山主峰旅游风景区、麻城市烈士陵园、湖北五脑山国家森林公园、李先念故居纪念园、遗爱湖景区、三角山旅游风景区、东坡赤壁风景区、黄麻起义和鄂豫皖苏区革命烈士陵园、四祖寺（湖北省黄冈市）、桃花冲风景区、红安天台山风景区、李时珍医道文化旅游区普阳观、孝感乡文化园等。AAA 级风景区 27 家，包括神峰山庄、希尔寨生态农庄、七里坪镇长胜街景区、麻城市革命博物馆、层峰山景区、鄂人谷生态旅游度假村、英山县大别山丽景风景区、龙泉花海观光园、玫瑰谷景区、伊利乳业园工业旅游区、红安县将军文化影视城、齐安湖生态农庄、三江生态旅游度假区、黄冈市博物馆、宋河生态山庄、蕲春横岗山森林公园、黄州区博物馆（黄冈市李四光纪念馆）、陈潭秋故居、吴氏祠景区、武穴市横岗山景区、大鑫湾仙人湖养生度假区、燕儿谷生态农庄、武穴市仙姑山风景区、天堂湖景区、乌云山茶叶公园、圣人堂景区、英山烈士陵园。国家 AA 级风景 9 家，包括麻城市乘马会馆纪念馆、黄州太平寺、五祖寺、浠水县闻一多纪念馆、安国寺、李时珍纪念馆、斗方山风景区、大崎山风景区、浠水县博物馆。

黄冈境内有罗田大别山森林公园、浠水三角山森林公园两处国家级森林公园；国家级湿地保护区 1 处（龙感湖国家级湿地保护区），省级自然保护区 1 处（大别山省级自然保护区）；国家级重点文物保护单位 9 处，省级文物保护单位 102 处；全国科普教育基地 1 个，爱国主义教育基地 21 个；省级森林公园 7 处；遗址遗迹约 6000 处。境内东坡赤壁、青云塔、七里坪、红安烈士陵园、大圣寺塔、天台山、龟峰山、柏子塔、天堂山（寨）、斗方山、舍利宝塔、笔架飞瀑、李时珍墓、五祖寺、十方佛塔、飞虹桥、释迦多宝如来佛塔、毗卢塔、鲁班亭、灵润桥、高塔寺塔、双善洞、郑公塔23处旅游景点载入《中国名胜词典》。

9.2 黄冈市绿色资源产业化"瓶颈"分析

9.2.1 经济基础薄弱

黄冈地处大别山腹地，土地以林业用地为主，占65.27%，耕地只占21.68%，承担着长江、淮河水土保持的重要生态功能，大部分县（市）属于国家限制开发地区，经济基础十分薄弱，人均地区生产总值、城乡居民收入水平都处于落后地位。资本相对稀缺，绿色资源产业化开发缺少资本支撑。

黄冈是传统的农业大市，农业人口仍然占大部分，2019年统计城镇化率48.02%，超过半数人口仍然生活在农村。从湖北省各市、州农村常住居民2013~2019年人均可支配收入比较看，黄冈仅高于湖北西部两个市、州，即恩施自治州和十堰市，始终排名后三位，如图9-1所示。

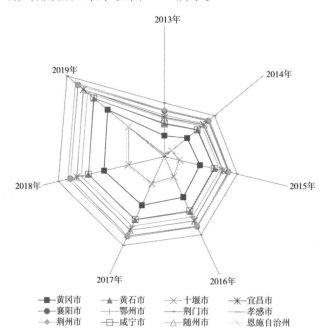

图9-1 2013~2019年湖北省各市、州农村常住居民人均可支配收入比较

资料来源：根据《湖北统计年鉴（2020）》整理绘制。

图 9-1 中黄冈位置很明显靠近底部。据统计资料分析，12 个主要市州（为了可比性，剔除了武汉市和 4 个副地级市）2013 年农村常住居民人均可支配收入平均为 9818 元，黄冈仅为 8385 元，低于平均水平 1433 元。2019 年，12 个主要市州农村常住居民人均可支配收入平均为 16836 元，黄冈仅为 14490 元，低于平均水平 2123 元，差距越来越大。这说明，黄冈不仅经济基础薄弱，而且发展速度也滞后，导致其相对地位仍在不断下滑。

不仅在湖北省内如此，从 2011～2018 年大别山 8 市人均生产总值（按 2010 年不变价计算）对比分析看，黄冈的经济基础亦相对落后，如图 9-2 所示。黄冈仍然处于 8 市的底部。略高于安徽六安和河南驻马店，2015 年后略超河南信阳。但是相比同为湖北的随州和孝感差距还很大。

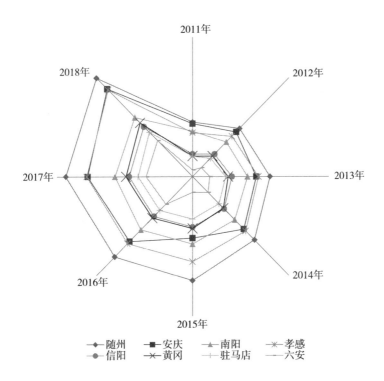

图 9-2　2011～2018 年大别山 8 市人均生产总值（2010 年不变价）比较

同在大别山区，同样是湖北省的政策和制度环境，为什么黄冈经济发展滞后？经过深入分析发现，主要还是经济结构。黄冈工业化严重滞后，黄冈第二产业占地区生产总值的比重在湖北主要市州中排名垫底，如图 9-3 所示。

2014～2018 年，黄冈第二产业占地区生产总值比重一直蜷缩在最底部，而

大别山地区绿色发展研究

且在 2015～2016 年，黄冈第二产业产值占比甚至出现了回退的趋势。只在 2017 年有一个较大的提升，但是 2018 年基本又回落到 2014 年水平。

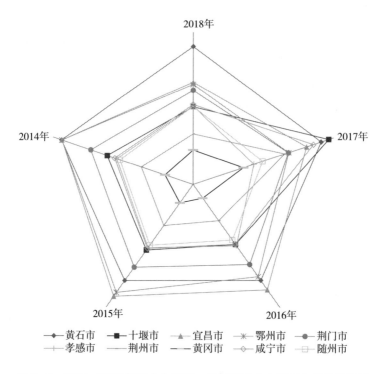

图 9－3　2014～2018 年湖北主要市、州第二产业占地区生产总值比重

在缺乏工业化支撑的情况下，黄冈经济一直很难有大的起色。不仅如此，由于工业化的滞后，导致黄冈人力资源的流失，加剧了地方经济发展困难。湖北境内最近似黄冈的两个市分别是荆州和孝感，三个地市体量差不多，而且都是湖北人口大市。2019 年 GDP 荆州 2516.48 亿元、黄冈 2322.73 亿元、孝感 2301.4 亿元。但是三个地市常住人口和户籍人口差别相去甚远。截至 2018 年荆州户籍人口 643.19 万，常住人口 570.59 万，净流出 72.6 万，净流出比 12.72%。孝感 2019 年末全市常住人口 492.10 万，户籍总人口 515.15 万，净流出 23.05 万，净流出比 4.68%。黄冈 2019 年末户籍总人口 737.81 万，常住人口 633.3 万，人口外流 104.51 万，净流出比达到了 16.5%，是三市人口净流出最大的地市。而且，能够流出的人口，通常是青壮年劳动力或者是智商较高的群体，这既是财富创造的主体，也是消费的主要群体。按平均每人每年 2 万元的消费计算，相当于黄冈每年流失 200 多亿元的消费能力，这意味着一个巨大的产业的流失，这可能是黄

冈经济发展滞后的深层次原因。

9.2.2　思想观念保守

黄冈绿色资源产业化瓶颈除了经济基础的因素，很重要的一个原因是思想观念，包括政府治理文化、社会意识导向、企业家精神等。黄冈市委机关报《黄冈日报》从 2021 年 5 月 14 日开始，连续六天发表评论员文章：破"精神懈怠"之冰，突"发展气场不足"之围；破"路径依赖"之冰，突"产业体系不优"之围；破"观念陈旧"之冰，突"项目支撑不力"之围；破"方法局限"之冰，突"招商质效不高"之围；破"思想保守"之冰，突"营商环境不优"之围；破"故步自封"之冰，突"县域经济不强"之围。连续六篇"以思想破冰引领发展突围"的评论员文章，振聋发聩，充分说明黄冈思想观念保守严重桎梏了经济社会发展。

在破"精神懈怠"之冰中，评论员明确指出，少数党员干部精神不振、思想懈怠，存在着不想为、不敢为、不善为等问题。"精神懈怠"是一种顽疾，严重影响经济发展。要把思想破冰作为第一道工序，打破传统的区位决定论、交通瓶颈论、资源制约论。在破"观念陈旧"之冰中，评论员指出，少数党员干部观念陈旧、思想守旧、瞻前顾后，不能正确认识黄冈的区位、交通、资源的优势和短板。一些人重农轻工传统思维固化，"官本位"思想较重，市场意识不强，重商氛围不浓，开拓和驾驭市场能力不强。在破"思想保守"之冰中，评论员指出，黄冈在法治环境、市场环境、政务环境等方面仍有短板和不足。"观念陈旧""看摊守业""只要不出事、宁愿不做事"，不作为、慢作为、难作为等成为阻碍发展的"绊脚石""拦路虎"。在破"故步自封"之冰中，评论员指出，放在全省范围看，黄冈县域经济发展不快、整体实力不强，是不争的事实。出现这种被动局面原因很多，故步自封、安于现状、不思进取，缺乏"拼抢实"的状态和作风等是重要原因之一。

凡此种种，与改革开放 40 多年的精神相去甚远，阻碍了黄冈绿色资源产业化开发，捧着绿水青山的"金饭碗"讨饭吃。

40 多年前，中国经济积贫积弱，按照邓小平当时的话说，中国已经处于"被开除球籍的边缘"，在危机倒逼之下，邓小平对当时广东省负责同志讲："中央没有钱，可以给些政策，你们自己去搞，杀出一条血路来！"这句关于特区建设简单的话，几乎凝缩了改革开放的所有智慧。用今天的话说，就是"解放思想、敢闯敢试"，在当前总结深圳特区成立 40 周年经验时，"闯和试"被公认为是"深圳奇迹"的谜底。

在改革开放初期，没有长期性的顶层设计，具体的改革措施谁也不清楚，一切都是摸着石头过河，只坚持一个永远不变的原则——发展就是硬道理。当时的深圳市政府一门心思抓营商环境，优化制度供给。天有多大，胆有多大，市场和成就才可能有多大，当时深圳蛇口开发区是有名的敢闯，企业要什么政策，区政府就出台什么文件，在服务企业方面一直走在深圳前面。当时，其他地方成立企业走流程要三个月，而在蛇口，企业从申报成立到拿批文只需十天。

深圳鼓励"敢闯"的文化造就了一批人，这批人年富力强的时候，总想着成就一番功业，深圳就给他们提供"土壤"。比如，任正非当年缺钱的时候，想了一个"招"，让员工将自己的工资拿来集资，还给了一个"美其名曰"的理由：你既是在华为打工，还是华为的股东。那个时候，对于他能走多远，很多人都是怀疑的。任正非自己也没把握，但是他把理念塑造出来以后，激励所有员工去努力。员工们既是劳动者，也是所有者，既是付出者，也是受益者，焕发出蓬勃活力，最终打造出一个世界级公司。不光是任正非，还有平安集团的创始人马明哲，靠着理想、敢闯的精神，补齐学历短板，战胜平庸，做出了一个全世界非常"牛"的综合金融集团。这些非常激动人心的实践，都得益于深圳敢创的文化和政策环境。

在"纪念深圳特区成立 40 周年暨企业精神高峰论坛"上，时任深圳市市长李子彬回忆说：他任深圳市市长时，华为规模不大，任正非每次都参加关于民营经济和企业体制方面的调研，有困难就找政府协调解决，一年见几十次面。但是在任市长 11 年里，没有吃过任正非的饭，过春节连一束花都没有，是真正的君子之交淡如水。但是在卸任之后，任正非曾经专程到纽约请吃饭，现在仍然保持每年跟任正非喝一次茶。这么一个小故事，深刻反映了当时深圳的政商关系，是一种比较单纯的关系。

深圳能一路走到今天，还有"包容"文化的原因。"包容"是深圳不同于很多地方的重要文化，很多大学生、很多人才能留在深圳发展的重要原因就是因为深圳不存在文化排斥，人才很容易融入当地。事实上，本土文化越强烈的地方，长成"参天大树"往往越难。而深圳恰恰相反，外来文化荟萃，大家都秉持"创业"的共同理念，很容易形成团队，碰撞出"火花"。直到今天，深圳仍然保持着知识创新、产品创新、业态创新的领先地位，甚至在全球都居于引领创新的地位。深圳的"包容"文化吸引全国精英汇集，加上服务型政府营造的营商环境，使深圳诞生了一种被称为"试管经济"的模式，一切可以先行先试，更加易于市场化、国际化和全球化。从外部环境来看，深圳正赶上我国全面融入全球化过程，在这一重大机遇面前，深圳占尽天时、地利、人和，所以能够脱颖而出，创造了改革开放 40 年的奇迹。

在总结深圳改革开放 40 周年伟大奇迹时，不难发现思想观念破冰的重要意义，对照黄冈的现实可以发现，思想观念的差距十分明显，而且这种差距正在呈现"内卷化"趋势，政府和社会都能认识到营商环境重要，都在争取各种区位战略，争取国家政策，但是这些战略、政策在热闹一阵子后慢慢沉寂了，没有转化成经济发展的新思想文化。

在营商环境打造方面，襄阳市最近大力推行"网上办、马上办、一次办"，市级行政审批事项实现"最多跑一次"，"证照分离"改革将企业开办时间压缩至 3 个工作日以内，工业项目"先建后验"的做法得到李克强总理批示肯定，不断完善"互联网＋放管服"一张网，真正用"极简"审批、"极速"效率、"极优"服务、"极严"约束，不断激发创业活力。借助湖北自贸区（襄阳片区）改革创新、先行先试平台，破解开放口岸少、物流费用高、区域转关难等难题，着力补齐外向型经济发展滞后短板。目前，湖北自贸区（襄阳片区）制度创新成效已经显现，国际贸易单一窗口报关覆盖率达 90% 以上，国际货运班列常态化运行，"大幅简化退税流程"做法受到国务院通报表扬，国家第二批营商环境试评价试点城市排名襄阳位居第三。襄阳营商环境改善为襄阳市经济高速发展提供了强力支撑，值得黄冈学习借鉴。

黄冈红色旅游资源开发滞后是黄冈产业发展滞后的一个代表，迄今为止黄冈普遍缺乏有影响的支柱产业，一些招商引资项目存续期不长，究其根本，仍然是思想不解放，既缺乏产品创新，更缺乏产业创新，归根结底是缺乏人才创新的思想基础和营商环境。

9.2.3　经济活力不够

我国改革开放 40 多年的奇迹完美地诠释了民营经济是活力之源。安徽凤阳18 个鲜红的手印以生命为赌注，足见个体内潜藏的巨大活力和勃发潜能。深圳40 多年改革开放的奇迹与其说是特区的政策红利，不如说是个人欲望的释放产生的蓬勃动力。纵观中国 40 多年的改革开放，最根本的就是释放人性、释放人的本能。

改革开放 40 多年来的深圳，就像是当年充满着各种可能性的美国西部，向所有希望改变命运的人打开大门。提供了一个沧海横流，方显英雄本色的大舞台，被伦理道德、三纲五常约束了几千年的中国人，在深圳这片谁也不认识谁的土地上，突然遇到了某种程度的放纵。这种放纵不是纲纪废弛、打砸抢掠，而是有限度、有前提、可控制的放开，是在各种想法和探索之间的广泛中间地带寻找共识。是对灰色地带的容忍：容忍一定程度的环境破坏，容忍一定程度的工资体制的不完善，容忍一些投机倒把行为的存在，容忍仿制产品的风行，容忍民营企业家在各种边缘的游走与突破……这样的容忍使深圳在一段时间广受批评，成为众矢之的，但也正是在中间地带的不断探索，使人的欲望得以最大程度的张扬，使人性在这块土地上能得到充分的张扬、充分的释放，最后大浪淘沙，但经历了40多年的淘选，今日的深圳已成为中国社会最文明、平均素质最高的区域之一，这种高度的文明又促使人性不断向善，社会共识得以凝聚，最终使大湾区走向了更加成熟和现代化的社会形态，大破终于造就了大立。

追根溯源，深圳产业化的成功，是最常识的市场主导经济的成功，最基础的遵循产业发展规律的成功，最简单的顺应人性的成功。

人性的水推动了深圳的船，顺水行舟成就了深圳。这才是深圳最值得我们学习的地方。

黄冈民营经济的比重在全省并不低，与省内人口和经济发展水平相近似的荆州、孝感比较，民营经济的现状如表9-1所示。

表9-1　黄冈、荆州、孝感三市民营经济比较　　　　单位：亿元，%

地区	增加值		占 GDP 比重		增加值增长	增加值增长率
	2018 年	2019 年	2018 年	2019 年		
孝感	1359.99	1500.84	64.6	65.2	140.85	0.57
荆州	1155.33	1289.23	50.0	51.2	133.90	1.23
黄冈	1578.71	1693.97	72.8	72.9	115.26	0.17

资料来源：《湖北省统计年鉴（2020）》。

表9-1表明，黄冈民营经济增加值规模在三市中属于最高水平，民营经济占 GDP 的比重在三市中亦最高。但是比较 2019 年与 2018 年的增长情况看，黄冈民营经济增加值增长最低，增长率也是最低，这说明黄冈民营经济发展活力不如荆州和孝感两市。再进一步分析发现，2018 年黄冈民营经济增加值规模分别是荆州、孝感的 1.37 倍和 1.16 倍，但是黄冈民营经济占 GDP 的比重却分别是荆州和孝感的 1.46 倍和 1.27 倍，这说明黄冈民营经济占 GDP 的比重存在"虚高"，即并不是民营经济很发达，而是黄冈地区生产总值（GDP）相对规模不大，同样的民营经济规模在黄冈占 GDP 的比重显得更高。

民营经济的规模和质量均不及荆州和孝感的事实说明，黄冈经济发展活力不足的重要原因是民营经济发展滞后。这既与黄冈整体经济基础薄弱有关，也与黄冈的社会文化、思想意识和普遍价值取向有关。

9.2.4　创新驱动力不足

自 2015 年以来，党中央反复强调"创新、协调、绿色、开放、共享"的新发展理念是管全局、管根本、管长远的理念，具有战略性、纲领性、引领性。其中"创新"是新发展理念的首要理念。当前，制约我国经济高质量发展的关键仍然是创新能力不强，科技发展水平总体不高，科技对经济社会发展的支撑能力不足，科技对经济增长的贡献率远低于发达国家水平。

黄冈地处大别山腹地，创新驱动不足更加突出。根据陈立新科学网博客统计（见表9-2），2015~2019年，按照第一权利人进行统计，黄冈获得国家发明专利数合计627项，占全省五年获得专利总量的1.2%，位居全省13个主要市、州第8，仅高于人口数远小于黄冈的5个市、州。与人口规模相近的孝感、荆州相比，黄冈五年获得专利的数量不到孝感的一半，只相当于荆州的58.87%。从发展趋势来看，孝感专利数五年年均增长16%，荆州年均增长9%，而黄冈年均只增长4%。从最新数据来看，2019年孝感专利数316件，荆州206件，而黄冈只有119件，仅相当于孝感的37.66%，荆州的57.77%；同2015年相比，孝感增长了83.72%，荆州增长了43.06%，而黄冈只增长了19%，也就是说，黄冈专利数量不仅规模不及孝感、荆州，发展势头也远落后于孝感、荆州。

表9-2　2015~2019年湖北省各市、州获得国家发明专利数统计

单位：件，%

排名	地区	2019年	2018年	2017年	2016年	2015年	合计	省内占比
1	武汉	11682	8809	8450	6520	5554	41016	78.73
2	宜昌	689	585	667	548	490	2979	5.72
3	襄阳	362	388	380	296	208	1634	3.14
4	孝感	316	327	293	237	172	1345	2.58
5	荆州	206	259	269	187	144	1065	2.04
6	荆门	256	334	182	101	63	936	1.80
7	恩施	116	136	128	140	111	631	1.21
8	黄冈	119	123	122	163	100	627	1.20
9	黄石	98	150	144	127	91	610	1.17
10	十堰	57	96	107	122	109	490	0.94
11	咸宁	83	93	65	58	45	344	0.66
12	鄂州	66	63	43	51	39	262	0.50
13	随州	34	30	39	31	23	157	0.30

资料来源：陈立新科学网博客（http：//blog. sciencenet. cn/blog-681765-1232984. html）。

据李宁（2016）研究，黄冈科技创新能力在全省17个地市（州）综合排名

处在第 9 位，如表 9-3 所示。省内与黄冈人口规模相近的孝感和荆州均高于黄冈，其中，孝感市居第 6 位，荆州居第 7 位。人口规模远小于黄冈的荆门市，其企业创新力、产业带动力和科技创新综合评价均高于黄冈。从结构分析，黄冈在环境保障力方面具有优势，得分高于孝感和荆门，但低于荆州；在机制促进力方面优于荆门，其他方面均低于三市，特别是社会贡献力方面，黄冈仅居第 13 位，基本处于全省垫底的位置。可见，黄冈经济在很大程度仍然处于"原生态"较浓的状态，这与黄冈"小农经济"为主的结构特征十分吻合，一方面，黄冈大部分县（市）地处大别山水土保持功能区，属于禁止或者限制开发地区；另一方面，黄冈的产业缺乏创新，业态亦缺乏创新，特别是缺乏创新人才支撑，导致黄冈经济整体创新驱动力不足，发展十分缓慢。

表 9-3　湖北省地级市（州）科技创新能力评价

地区	综合值		企业创新力		产业带动力		环境保障力		机制促进力		社会贡献力	
	效用值	排名	效用值	排名	效用值	排名	效用值	排名	效用值	排名	效用值	排名
孝感	37.01	6	11.15	6	5.47	7	8.14	8	8.77	5	3.48	12
荆州	33.41	7	7.84	8	4.85	10	10.05	5	5.92	7	4.75	6
荆门	31.69	8	9.95	7	5.45	8	6.97	9	5.46	9	3.85	9
黄冈	31.24	9	7.40	9	5.35	9	9.85	6	5.77	8	2.87	13

在"纪念深圳特区成立 40 周年暨企业精神高峰论坛"上，李子彬回忆，从 1995 年开始，深圳市政府便审时度势，进行产业升级，将科技创新定位为"经济发展第一推动力"，高新技术产业定位为"经济发展第一增长点"，并由一把手亲自抓。正是受益于深圳市长期坚持营造良好的营商环境和创业环境，深圳成长出华为、腾讯、大疆无人机、中国平安、招商银行等一大批享誉中外的跨国集团，并培育出"改革、开放、创新、包容""敢闯敢试、改革先行、开放窗口、勇于创新、包容共享"等城市文化精神。深圳依靠创新驱动创造了改革开放 40 年的发展奇迹，折射出黄冈在创新驱动方面的巨大差距。

襄阳市产业转型升级成效明显，2018 年高技术制造业产值增长 15%，新能源新材料、电子信息同比分别增长 31.7%、15.3%。2018 年该市新增省级高新技术企业 65 家，新增国家级和省级研发创新平台 9 个、院士专家工作站 19 个，转化科技成果 105 项，建成数字化生产线 108 条，高新区成为国家高端装备制造业（新能源汽车）标准化试点和国家知识产权示范园区。该市扎实推进"千企千亿"技改工程，实施亿元以上技改项目 95 个，技改投资同比增长 25.2%，全年有 200 个 1000 万元以上技改项目竣工投产。据云上襄阳消息，根据 2019 年 11

月襄阳市与武汉理工大学双方签署的协议,襄阳将在东津新区建立武汉理工大学襄阳研究生院,共建"武汉理工大学产教融合园区"和"武汉理工大学专硕改革示范区",总建筑面积约 31 万平方米。武汉理工大学将积极探索政产学研用"五位一体"的专业学位研究生培养新思路,把襄阳示范区打造成具有全国示范引领作用的拔尖创新人才培养和科技创新基地以及服务区域经济社会发展的高水平基地。依托襄阳示范区,武汉理工大学还将进一步加强专业型研究生应用实践能力培养,与在襄行业和企业深度对接,探索专业学位研究生培养的校地、校企协同创新模式。围绕襄阳战略性新兴产业和重点领域,武汉理工大学将建设 7 个支撑研究生培养的教学科研中心、1 个学科交叉创新研究院和 1 个大学生创新创业园。按照双方协议约定,2022 年 3 月,武汉理工大学首批教师团队和 3000~5000 人规模的学生将入驻襄阳示范区。对照襄阳创新发展的新思路,黄冈创新驱动的思想还需要"破冰"。

9.2.5 生态转化滞后

黄冈有 5 个县(市)被列入国家重点生态功能区——大别山水土保持生态功能区,其中,英山县是中国茶叶之乡、丝绸之乡、药材之乡,是华中地区的旅游胜地,全国绿化模范县,2016 年被国家旅游局评为第二批国家全域旅游示范区。罗田是中国知名的"板栗之乡""桑蚕之乡""甜柿之乡""茯苓之乡";先后获得"全国经济林建设先进县""全国老区旅游资源开发县""全国基础教育先进县""全国小水电建设百强县""全国平安县"等荣誉;2017 年被住建部命名为国家园林县城。麻城是"黄麻起义"的策源地之一,红四军、红二十八军的组建地,著名的苏区走出了 36 位共和国将军,被称为"全国将军第一乡";麻城"孝感乡"是"湖广填四川"的起始地和集散地,是巴蜀公认的"祖籍圣地",也是中国古代"八大移民发源地"之一。红安是中国第一将军县,全国文明县城,湖北省旅游强县,也是全国一流、全省最重要的革命传统教育基地,这里打响了黄麻起义第一枪,诞生了 223 位将军,为中华人民共和国的成立牺牲了 14 万英雄儿女,在册革命烈士达 22552 人。浠水是著名爱国诗人、学者、民主斗士闻一多先生的故乡,也是陈潭秋、董必武、徐向前、刘伯承、邓小平、李先念等老一辈无产阶级革命家战斗和生活过的地方,当前全国各地的浠水籍记者达千余名,其中具有高级职称的有上百人,被誉为"记者县"。

黄冈红色文化作为教育资源利用得比较好,作为经济资源价值挖掘得不够。没有真正将这些资源变成为可视、可感、可用的文化产业品牌,没有形成具有规模效应和核心竞争力的文化产业,红色文化资源尚未向产业品牌转变,没有形成自己的产业品牌。黄冈红色文化作为产业资源开发成效不显著,将红色文化与影视产业结合，打造影视拍摄基地等社会影响力较小、投资收回期长、经济效益不佳，远未达到预期的成效。红色文化作为文化产业资源整合不充分，一方面，红色文化表现形式雷同，总体处于"规模小、分布散"的状态，缺乏体验性、参与性与互动性，缺少影响力和震撼力，对游客的吸引力较差；另一方面，红色旅游资源与其他旅游资源缺乏整体谋划运作，不能够形成资源共享，从而严重影响了文化产业的发展。红色文化旅游产业综合支撑能力差、公路等级不高、旅游产品展示方式陈旧、设备落后、宾馆饭店数量偏少，档次不高，服务不规范，交通及其标识、游客中心、散客或自驾车服务中心、特种旅游咨询与服务中心、城市旅游信息系统等服务设施严重滞后。旅游配套产业发展滞后，休闲娱乐场所不多，旅游消费中文化娱乐和旅游购物消费水平低，存在"景点留不住客，游客花不出钱"的现象（黄永林，2014）。

在生态转化方面，与黄冈一江之隔的鄂州走在全省前列，形成了可资借鉴的模式。鄂州市着眼自然资源资产价值化、市场化、生态治理法治化、发展动能生态化，在生态价值计量、生态价值实现和建立生态价值体系方面进行了积极探索，率先建立生态产品价值实现机制。

鄂州市围绕生态价值实现，按照"制度严格、责任明确、凸显价值"的要求，主要做了以下四方面的工作。一是编表摸底，形成数据系统，建立生态资源的"明白账本"。鄂州全域开展自然资源资产负债表编制，目前，负债表编制单元从市级延伸至区、乡镇、村级。全面推进自然资源资产确权登记，全市土地承包经营权、林权、集体土地所有权等产权已确权完成。二是建模计量，兑现"真金白银"，建立生态补偿激励机制。鄂州与高校、改革智库合作研究生态价值计量方法，测算出各区以及环梁子湖区域生态服务价值。先期按实际提供生态服务价值20%权重进行生态补偿，逐年增大权重，直至完整体现全部生态服务价值。2017年和2018年梁子湖区分别获得生态补偿资金5031万元、8286万元。同时强化生态补偿资金使用监管，引导、放大发展绿色产业，加大环保基础设施建设。三是融资入市，追求经济效益，探索生态价值实现有效途径。鄂州以林权质押贷款为切入点，不断拓展生态资产质押融资范围，逐步实现生态资产质押融资品种全覆盖。2018年，生态资产抵押贷款额度达3.44亿元。市政府设立2000万元生态风险补偿基金，在梁子湖区开展自然资源资产生态金融试点，金融保险机构共设计绿色信贷产品39个、绿色保险产品15个，发放绿色信贷资金1.15亿元。2018年，在国内首次以水库灌溉权获得贷款2000万元。开展排污权有偿使用和交易试点，以污染物排放总量控制为前提，建立环境成本合理负担机制和污染减排激励约束机制，成立市排污权储备中心，积极开展排污权交易，2012年起新批建企业全部实施排污权有偿使用。自2015年以来，已组织3场主要污染物排污权专场交易。开展碳排放权交易试点，严格落实年耗标准煤 5000 吨以上的重点企事业单位温室气体排放报告制度，引导企业进入碳交易市场，实现全市进入交易试点企业的能源消费总量占全市能源消费总量的 70% 以上。近年来，鄂州共有 12 家企业参与碳排放权交易，交易量达 1500 万元。四是依法依规，强化多方治理，树立绿色发展实绩导向。依法实施生态环境治理，实行自然资源资产离任审计，制定了由 23 项红线考核指标、约束性指标和有关目标责任制指标组成的评价指标体系。将经济责任审计与自然资源资产离任审计结合，对地方开展领导干部经济责任审计时，同步实行自然资源资产离任审计。将审计作为解决问题的重要契机，推动生态问题督办解决。2018 年，建成全省唯一自然资源资产离任审计大数据平台，提升了自然资源资产管理效率。将领导干部自然资源资产离任审计结果作为干部考核、任免、奖惩的重要依据。建立领导干部自然资源保护管理工作述职报告制度，纳入领导班子和领导干部履职尽责管理考核内容。

2018 年 11 月 2 日，《人民日报》整版推介鄂州探索生态价值工程的实践经验，2018 年 12 月，"鄂州市建立系统化生态价值体系创新生态文明改革"改革案例入选中国经济体制改革杂志社"改革开放 40 年地方改革创新 40 案例"。

相比鄂州市，黄冈生态资源账目不够清晰，生态资源估价方法没有建立，生态补偿机制不健全，缺乏引领产业绿色化的作用，生态金融没有突破，干部生态考核没有实质性展开。

9.3　绿色资源产业化战略

黄冈，人文荟萃，名人辈出，"惟楚有才，鄂东为最"，农耕文化深厚，在全国都极其罕见。黄冈，山清水秀，林木葱茏，风景如画，大别山号称"中原之肺"，旅游资源丰富，潜力巨大。黄冈，红色革命资源丰富，这里走出了 3 位中共一大代表，土地革命战争时期的黄麻起义，抗日战争时期李先念领导的新四军五师转战大江南北，解放战争时期刘邓大军挺进大别山，在中国革命历史中有着不可磨灭的影响和地位。人文、生态和红色基因都是宝贵的绿色资源，这是黄冈独有的地方特色和资源优势，是黄冈绿色产业的重要切入点，拥有巨大的发展潜力。

9.3.1　全域旅游战略

全域旅游是指在一定区域内，以旅游业为优势产业，通过对区域内经济社会资源尤其是旅游资源、相关产业、生态环境、公共服务、体制机制、政策法规、文明素质等进行全方位、系统化的优化提升，实现区域资源有机整合、产业融合发展、社会共建共享，以旅游业带动和促进经济社会协调发展的一种新的区域协调发展理念和模式。"全域旅游"概念于2016年提出，2017年写入中央政府工作报告，目前已在全国深入推进。

黄冈全域旅游已经起步，以"红色寻访，绿色之旅，多彩驿站"为定位，采取"政府主导，行业支持，公司运作"的模式，系统营销、整体推介大别山品牌。建设了以红安、麻城为主体的红色旅游区；以罗田、英山、浠水为主体的大别山生态旅游区；以黄州、团风、黄梅为主体的文化旅游区三大功能分区。中共中央办公厅、国务院办公厅于2021年印发了《关于建立健全生态产品价值实现机制的意见》，黄冈加快生态附能旅游业，大力推进全域旅游，正迎来难得的历史机遇。

黄冈创建全域旅游示范，推动旅游经济转型初见成效。红安县以全域旅游示范区创建为契机，推进15个重大旅游项目建设，着力打造4个示范带，扶持30个旅游扶贫重点村建设。理顺旅游资源管理体制，创新旅游景区管理模式，推动旅游业从"景点"向"全域"，从"门票"向"产业"转型。麻城市全面创品牌、全心抓标准、全域抓旅游、全城搞服务、全力抓重点，力争打造全域旅游强市。以龟峰山风景区为龙头，城区各景区为骨干，全面推进创建国家AAAAA级景区。罗田县围绕创建目标，统筹美丽乡村、旅游扶贫示范村、传统村落保护等建设，打造"一万工程"，即一县城、两中心、三画廊、四名镇、五游线、六营地、七产业、八文化、九项目、十景区、百景点、千旅馆、万民宿，让全县成景。英山县推进农旅融合，将旅游元素植入农业产业化之中；推进商旅融合，将农特产品包装成旅游商品；推进文旅融合，为旅游挖掘文化记忆；推进扶贫与旅游融合，力争扶持50家旅游市场主体，带动3000户贫困户参与乡村旅游业。2016年，红安县、麻城市、罗田县、英山县先后被纳入国家旅游局公布的首批和第二批"全国全域旅游示范区"创建单位，居全省地市州前列。

但是，黄冈全域旅游才刚刚起步，在资源有机整合、产业融合发展方面还有很多工作要做，下一步要加强统筹规划，综合开发，一体化营销，培育主导产业，实现全域旅游提档升级。

9.3.1.1 统筹规划，合作共赢

要借力高端智库，借鉴国内外全域旅游的先进理念，高起点谋划，高水平规划，用规划指导黄冈资源配置和要素整合，建设一批聚集效应明显、辐射力强的文化产业园区。加强鄂豫皖三省六市省际区域联合，通过景区线路互联、资源互享、客源互送等方式，拓展市场，构建大别山红色旅游多维的空间联动协作圈。

要把黄冈红色旅游放在中部、京九铁路沿线、长江沿线甚至全国范围进行构架、思考和定位，将周边的竞争和屏蔽关系尽快转化为近邻互动、区域联动的合作关系，建立起无障碍跨省旅游合作区。以长江水道为载体，开辟黄梅、武穴、黄州三个旅游码头，将黄冈旅游融入长江游轮旅游线和三国旅游线；以京九铁路为载体，联合京九沿线主要旅游景区景点，形成京九旅游观光带；以黄冈的四祖寺、五祖寺为平台，联合安徽九华山、天柱山以及河南少林寺，形成佛教旅游精品线；以红安烈士陵园、七里坪遗址为主体，联合河南新县、安徽金寨等形成大别山红色旅游精品线。构建产品互补、客源共享、利益共赢的良性循环发展模式。

9.3.1.2 整合资源，文旅同兴

"大别山水、人文黄冈"是黄冈独一无二旅游品牌。黄冈绿色生态旅游资源丰富，重点景区有罗田天堂寨和薄刀峰、麻城龟峰山、英山吴家山、浠水三角山等。黄冈市人文旅游景点众多，黄梅佛教禅宗四祖寺、五祖寺是著名的佛教祖庭，名扬海内外，黄州东坡赤壁是"全国重点文物保护单位"。黄冈以革命传统教育为主题的"红色"旅游，以大别山自然生态为主题的"绿色"旅游，以历史文化为主题的人文旅游，形成大别山特色旅游的新格局。黄冈富集的红色资源是龙头，绿色生态资源是基础，深厚的人文底蕴是灵魂。推进红色旅游与绿色生态旅游、名人文化旅游、休闲观光旅游、工农业旅游融合发展，以文怡游，可以形成综合型、复合型特色优势旅游产品。把"红色黄冈，名人故里"作为黄冈红色旅游的主打品牌，将红色旅游景点融入绿色生态、文化旅游景点当中。按照"一线串珠、多点支撑"发展思路，通过提升品牌价值、增加文化含量，推动文化产业与旅游业的融合，让产品成为产业、资源变成资本，努力把文化产业和旅游业培育成带动黄冈经济发展的支柱产业。

9.3.1.3 一体营销，效益共享

旅游是典型的"眼球经济"，营销是旅游业加速发展的关键。要一体化对外营销，坚持以主流媒体为先导，以新媒体为主体，以旅行社为载体，以直销为补充的营销思想，扩大黄冈旅游产业的影响力。首先应通过刊载专题文章和播放专题片的形式进行宣传，形成强大的宣传效应；结合建党、建国、建军等重大纪念活动，组织红色旅游系列宣传推广工作；请著名作家写有关黄冈革命战争题材剧本，拍成电视剧或电影，吸引国内外游客前来观光旅游。要提炼黄冈旅游中的精华元素，浓缩成具有冲击力的形象化标志和易识易记的标识，吸引客源。其次通过举办各类旅游节会、交易会、旅游博览会，把旅游和商贸有机结合起来，积极邀请外地媒体、旅游负责人和知名人士到黄冈采风和考察。发挥品牌效应，营销特色旅游，围绕"千里跃进，将军故里"的主题形象，突出红色黄冈和大别山两大品牌，策划一系列内容丰富、主题鲜明、形式多样的旅游活动吸引游客。开

展大别山区域合作，联动全国 12 个红色旅游线路，举办公益旅游活动，深化旅游内涵，提高黄冈旅游的知名度，增强黄冈旅游的吸引力。

9.3.1.4　回忆营销，吸引"回头"

心理的驱动力是产生旅游需要的基础，观光型的旅游是不能够充分激发客回忆的，要想让人们不仅玩得快乐而且具有美好的回忆，体验式的活动是不可缺少的。体验性旅游更能刺激人们想"试一试"的心理，使游客在游览的过程中身心都能得到愉悦，产生依依不舍、念念不忘的心理。黄冈旅游业要想真正吸引人和留住人，还必须积极开发红色体验型产品，注重文化内涵的"物化"，着力打造若干主题鲜明、集展示与体验为一体的红色文化聚集区。可以将红色旅游观光与团队拓展训练、自驾乡村游结合，推出体验项目。比如利用各种高科技手段再现战争场景，提供与红色战役旧址、山村紧密结合的帐篷营地、生活营地，并且将各挺进营地互动连接，为游客提供团队拓展、越野训练的千里挺进线路等。还可以挖掘挺进大别山精粹，展现红色老区独有的历史人文风采，建设第二代体验型红色旅游产品群体，如在红色旅游景点相应配套红色旅游餐饮、红色旅游娱乐、红色商品和纪念品，组织开展听红军歌、走红军路、吃红军饭，请革命当事人现场说法，以增强红色旅游的体验性、趣味性和感染力。

9.3.1.5　融合科技，创新产品

运用现代科技手段对文化产品进行复制的规模日趋扩大，文化产品通过市场进行流通的范围越来越广。科技创新能有效地推动文化创新，提升文化产业创新能力。以科技手段建立黄冈红色文化数字资源，打造黄冈文化旅游移动云服务平台，盘活黄冈文化资本。提高科技含量，催生新的文化业态，大力发展具有黄冈元素的影视制作、动漫创意等产业。加强对黄冈地方特色文化高新技术应用产品的开发，使原有艺术特色和所传达出的传统文化艺术信息更浓，更符合现代人的欣赏口味，促进新产品、新服务、新品牌和新业态的形成。运用声、光、电等现代科技手段艺术性地展现黄冈特有的历史文化和地域文化的精髓，增强文化产品的艺术感染力。总之，可以从资源整合、技术系统集成、技术转化推广、技术示范、技术产业化等多个方面着手，全面推进黄冈红色文化遗产数字化的保护与开发，并形成黄冈特色文化资源的产业化，有效增强文化的创造力和传播力，不断提升文化产品的吸引力和影响力，提升企业的创新力和核心竞争力（黄永林，2014）。

9.3.2　循环融合战略

黄冈是大别山水土保持生态功能区，历史上长期以丘陵小农经济为主导产业，形成了天然的循环经济模式。但是这种自然经济形态发展十分缓慢，黄冈经济实力和社会发展水平与省内市州的差距越来越大，不能满足黄冈人民对美好生活的追求，导致大量劳动力人口外流，加剧了黄冈本土产业发展困难。根据环境库兹涅茨曲线理论，生态环境改善最终取决于经济发展水平，既不能走"先污染、后治理"的"老路"，也不能走"慢发展、无治理"的消极发展之路。必须大力发展循环经济，通过工业化，带动一二三产业融合发展，走出一条"快发展、快治理、生态中和"的循环融合发展之路，襄阳市和神农架林区的发展经验值得借鉴。

襄阳市搭建服务业减量化增长平台，出台了关于进一步加快服务业发展的若干意见及实施细则，以财政专项资金的形式大力支持服务业发展壮大，2018年服务业占GDP的比重达38.9%，同比提高3.1个百分点。不断创新农业减量化增长，以"一控两减三基本"为目标要求，大力发展节水农业，实施化肥、农药零增长行动，减少农业面源污染。2018年襄阳市化肥施用量亩均减少0.5公斤，化学农药使用量减少1%，成为全国畜禽粪污资源化利用整市推进试点。淘汰"老旧废"，促进降耗增效。强力推进省级以上工业园区循环化改造，坚决淘汰落后产能。在化工、化纤、印染、电力、建材、冶金等重点行业，推广能量系统优化、水循环化利用、废渣资源化利用、重金属污染减量等工艺，引导企业实施清洁生产技术改造。大力推进资源循环利用。谷城国家"城市矿产"示范基地通过验收，老河口市成功获批国家资源循环利用基地。大力推进餐厨废弃物资源化利用和无害化处理试点城市工作，城市生活垃圾、餐厨垃圾、建筑垃圾无害化处理能力和资源化利用水平全省领先。突出抓好"引爆"型、"补链"型、环保型项目引进。对招商引资项目除了提出税收、投资强度、环保等要求外，对项目的科技含量提出了更高的要求，从源头上保证招商引资项目的质量。与此同时，采取政策引导、奖补激励等措施，引导企业追求小而专、不搞大而全，从生产产品向制定标准、出售产品向提供服务转变。如三环锻造公司，利用一体化锻造技术，研发量产了铝合金转向节、带臂转向节，分别可为乘用车、商用车减重5千克、10千克，对汽车行业节能降耗做出重要贡献。

神农架林区聚焦"各类保护地交叉重叠、多头管理，缺乏系统规划"等问题，围绕"实现分级、分区的科学保护，实现一体化的管理，促进经济社会发展和自然管护政事分开"，完成神农架国家公园机构组建、立法准备、智库建设、制度建设、管理能力建设、政策平台建设、重大科研平台建设、自然资源确权登记、特许经营与旅游活动规范等。大力推进专项规划编制、稀缺资源保护、生态移民、开发活动控制等工作。将神农架国家公园1170平方千米范围划分为严格保护区、生态保育区、游憩展示区、传统利用区4个功能区，严格保护区和生态保育区面积占93.3%，游憩展示区和传统利用区面积仅占6.7%，体现了保护第一的原则。在严格保护的前提下，在游憩展示区和传统利用区适度进行游憩展示、科普科教宣传和社区产业发展活动。建立了"严保护、大科研、全监测"的长效机制，实施生态廊道建设，组建了神农架国家公园科学研究院，并与国家林业科学研究院、湖北省林业局共同组建了"国家林科院神农架国家公园研究院"，拟定了重点研究课题，与有关院校和科研单位签订了科研合作协议。完成了珍稀濒危植物资源本底调查，初步建成了神农架国家公园信息管理中心，围绕"天一地一人""点一线一面""打得通、看得见、全监控、能预警"为目标，完成了景区游客流量预警系统并运行。完成了互联网接入全覆盖、河道监控的建设及公网与专网的融合，开展了森林资源健康体检航空遥感监测与巡护。积极推广国家公园内当地居民以电代燃料工程，减少原居民对生产生活用柴的依赖和砍伐。同时，吸纳当地农民参与国家公园的保护与管理，聘用当地农民作为国家公园的生态公益管护员，并为当地农民购买兽灾补偿商业保险，优先当地农民参与国家公园特许经营活动，努力提高当地农民收入。对生态环境有影响的产业通过"关、停、并、转"的方式进行转型，引导社区居民发展生态旅游、生态林业、绿色农业，推进农业产业转型升级。按照"补充和完善手续一批，关停、生态修复一批，拆除一批"的总体要求，对涉及省级以上自然保护区的整改事项进行系统整改，全面实施生态修复，实现了国家公园范围内集镇垃圾污水全收集、全处理。在神农架国家公园范围内的所有乡镇都建设了垃圾污水处理厂。全面落实了河湖长制，落实小水电生态放水。成立了神农架国家公园金丝猴保护基金会，彰显公益属性，鼓励引导社会参与。

襄阳推进一二三产业减量排放、循环利用、融合发展模式，神农架推进森林管护与原居民生产生活融合发展的成功经验都值得学习借鉴，对于探索大别山地区生态与产业融合发展，沿长江经济带资源循环利用都具有十分重要的指导意义。

9.3.3 森林康养战略

森林康养是极具发展潜力的林业新兴产业，国家四部委联合出台了《关于促进森林康养产业发展的意见》，浙江、江西、福建、河南、贵州等省份相继印发森林康养产业发展规划、实施意见等文件，组织开展省级森林康养基地建设，有力有序推动森林康养产业高质量发展。浙江《森林康养产业发展规划（2019—2025 年）》提出，构建"一心五区多群"的森林康养产业总体布局和森林康养疗养、养老、食药、文化、体育、教育六大产业体系，规划创建省级森林休闲养生城市 15 个、省级森林康养小镇 100 个、国家级和省级森林康养基地 200 个，完成主要森林古道修复 3000 千米。福建"关于加快推进森林康养产业发展的意见"

要求，加强森林康养林道、康养林带、康养林网、康养林区建设，依托国有林场、森林公园、风景名胜区、森林村庄等，培育创建一批国家级、省级森林康养基地、森林康养小镇，支持各地将以康复医疗为主的森林康养机构纳入医保定点。江西要求，各地积极创建申报国家森林康养基地，对创建成功的适当给予奖补，促进森林康养特色产业发展。

自新冠肺炎疫情暴发以来，人民群众敬畏自然、亲近自然、追求健康的意识将进一步增强，对森林康养服务的需求将进一步提高。国家林草局拟发布第一批国家森林康养基地名录；加快组织编制《全国森林康养产业发展规划》《国家森林康养基地建设标准》，完善产业布局和标准体系，促进产业规范有序发展；切实加强与民政、卫生、中医药等有关部门的沟通联络，完善协调机制，争取政策支持，合力推动产业高质量发展。

黄冈积极整合全市丰富医药文化资源，努力把大健康产业打造成为千亿元产业。全力以赴做好李时珍中医药品牌。突出重点，强化龙头示范引领作用；加快黄冈大健康产业发展顶层设计，举全市之力做大做强大健康产业，助力黄冈加快振兴崛起。

大健康是一种健康理念，也是一个产业概念，中医药是大健康产业发展的灵魂。"2019 李时珍中医药发展大会暨黄冈大健康产业招商推介会"首次提出建设"李时珍中医药健康谷"，打破地域界限，全域共建共享李时珍品牌，目标直指千亿元产业。

地处北纬 30°的黄冈，两点优势最为突出：其一，资源禀赋得天独厚，被誉为"大别山药用植物资源宝库"，《本草纲目》记载的 1892 种药材，见诸黄冈境内的达 1000 余种，其中道地药材近 300 种，蕲春蕲艾、罗田茯苓、麻城菊花等享有盛誉；其二，中医药文化积淀深厚，这里诞生了一代医圣李时珍、"中华养生第一人"万密斋、"北宋医王"庞安时、"戒毒神医"杨际泰、脉学鼻祖王叔和等 200 余位名医，《本草纲目》被联合国列入"世界记忆名录"。

黄冈已提出把大健康产业作为五大重点产业之一，以中医药为主导，聚焦和放大李时珍品牌，全域建设中国医药产业发展集聚区、中华医养文化展示传承区、"中医药走向世界"示范区的战略目标。实施"234"工程，"2"即"两大核心"，分别指黄冈市区高端健康医疗服务和蕲春中医药健康养生；"3"即"三大区域"，分别指黄团浠健康产业区、大别山健康产业区、禅修健康产业区；"4"即"4 + 3"产业体系，分别指现代中医药与绿色健康食品、健康养生旅游、医疗卫生与养老、运动健康及商贸流通、信息技术、中医药人才培训服务等产业。目前，黄冈白潭湖片区正在打造高端健康医疗服务核心区，拟推出李时珍中医药产业园、大健康国际护理学院、国际体检中心、康复疗养中心、高端养老地产、大医慢病研究院等项目。

黄冈是中药种植大市，种植面积超过 100 万亩，药材种植专业户 1.38 万户，但产区没有加工习惯，优势药材外流严重，资源优势没有转化成产业优势。黄冈已出台支持大健康产业发展"23 条政策"，其中对购置中药材种植、采收、烘制等专业机械设备的，单台设备高于 40 万元以上的，按 10% 给予一次性补贴；对中药材企业和市场主体新建烤房、低温冻库、通风库，按吨位给予以奖代补。

国家新版药典要求对植物类药材进行 33 项农残的检测、5 项重金属的检测，饮片和中成药生产企业的采购，未来会偏向道地产地或主产地，这对黄冈来讲是个机遇，但不能为了扩大种植面积，道地产区盲目向非道地产区引种，更不能为提高产量，滥用化肥、农药，这些都是阻碍中药质量提升的拦路虎。

黄冈道地药材品种近 300 种，蕲艾、福菊、茯苓等 16 种是国家地理标志保护产品，数量位居全省前列。蕲艾承载着蕲春打造"中国艾都"的梦想，蕲春县蕲艾种植面积 18 万亩，种植企业 538 家，百亩以上连片基地 246 个，涉艾企业 1580 家，开发了艾贴、艾枕头、艾皂、艾精油等 20 个系列 800 多个蕲艾产品，"蕲春艾灸疗法"是省级非物质文化遗产，带动全国各地发展艾灸养生馆 4000 多家，综合产值 100 亿元。全国保健服务标准化技术委员会将"全国艾灸保健服务标准试点县"授予蕲春，标准试点将助力蕲春成为艾草产业标准制定者。艾灸保健是蕲艾产业链重要一环，能从服务端倒逼产品端形成标准。目前国内还没有利用现代化技术物化、活化中医药文化的主题场馆，蕲春准备填补这一空白，建设总投资过 100 亿元的《本草纲目》世界记忆公园项目，项目建设"七馆一港一论坛一小镇"："七馆"即植物馆、动物馆、矿物馆、化学馆、医疗馆、养生馆、体验馆；"一港"，即中医药健康产业信息物流港；"一论坛"即"一带一路"中医药健康文化论坛；"一小镇"，即中医药健康小镇，打造集文化旅游、教育科研、养生医疗、信息物流等为一体的中医药健康文化小镇（柯利华，2019）。

大健康横跨三次产业，覆盖面广、产业链长，是一个绿色产业、蓝海市场。黄冈可围绕"药、医、养、游、贸"五位一体，全力推进大健康产业高质量发展。要向品牌要竞争力，向平台要支撑力，向研发要生产力。突出重点攻坚，突出产业谋划，突出市县联动，突出项目招引，切实提高招引质效。推动"中医药＋大健康""大数据＋大健康""旅游＋大健康""养老＋大健康"等业态创新，扩大绿色健康食品、健康养生旅游、医疗卫生与养老、健康运动等消费，推进商旅文体康融合发展。要优化营商环境，细化政策举措，强化考核督办，确保森林康养产业打造成黄冈继农产品加工业和建筑业之后的第三个千亿元产业。

9.3.4　生态补偿战略

作为我国中东部地区最大的一块绿地，大别山区是我国重点生态功能区，在全国工业化进程中，以牺牲发展速度为代价，为长江、淮河中下游地区提供了重要的生态屏障。

地处长江、淮河两大水系分水岭的大别山区生态脆弱，环境保护任务艰巨。每年水土保持、污染治理、退耕还林还草、生态修复移民搬迁等，都需要投入巨额资金。为了保护环境，大别山区放弃潜在发展机会，严格准入机制，拒绝并关停了大量企业，牺牲众多发展机会。加快完善生态补偿机制，被认为是打破"贫困地区投入、发达地区受益"困局的有效措施。

湖北省政府于 2010 年设立了兼具生态补偿性质的湖北省生态文明建设"以奖代补"资金，每年安排资金 1000 万元对生态建设成效显著的地区予以补助。率先开展湿地保护补偿试点，2016 年对黄冈市龙感湖退耕还湿试点补贴 1000 万元。还以空气质量监测数据为考核依据，实行空气质量生态补偿，2016 年对黄冈市下拨环境空气质量生态补偿资金 792 万元。但是这种生态补偿责任不明确，补偿标准偏低、缺乏科学评价。

根据《安徽省生态系统生产总值核算研究》报告，2014 年，安徽省大别山区生态系统产品提供价值达 1500 多亿元。根据黄木易、岳文泽、方斌等（2019）计算，2015 年大别山区生态服务价值 939.73 亿元，其中安徽、湖北、河南境内大别山生态服务价值分别为 449.73 亿元、289.42 亿元和 200.58 亿元（黄木易等，2019）。尽管二者测算结果相差较大，但是均处于千亿元级别，而国家每年安排重点生态功能区转移支付资金中用于大别山区的不到 6 亿元，地方承担生态建设投入的压力很大。生态公益林补助标准远低于同质同量商品林的经济收益，难以弥补林木养护成本增加和发展经济林的机会成本损失。在湿地生态效益补偿方面，大别山区大面积库区、湖泊湿地尚未列入补偿范围，农民施用有机肥料和低度生物农药也未得到相应补助。

目前，大别山地区生态补偿机制相关法规制度不完善，没有明确的生态补偿主体、对象及其服务价值，难以明晰产权。生态补偿标准等问题尚未达成共识，缺乏统一、权威的指标体系和测算方法。生态保护者与受益者权利义务难以界定，受益者和下游地区补偿积极性不高，履行补偿的义务不强，缺乏监督约束机制，导致大别山区无法得到合理补偿。

为此，需要从以下五个方面着力。第一，要完善生态服务价值评估体系，综合运用市场价值法、替代工程法、费用分析法、机会成本法和影子价格法等评估方法，将无形的生态服务价值转化为有形的、可计算的价值。第二，将老区各县市列为全国自然资源产权改革试点区，按现代产权制度要求，对水流、森林、山岭、草原、荒地、滩涂等自然生态空间进行统一确权登记，在大别山区优先推行节能量、碳汇、排污权、水权等交易试点，鼓励企业参与生态环境保护，激活生态资源产权的价值。第三，设立大别山区绿色发展基金，采取政府主导、社会参与、市场运作模式，重点投入大别山区水土保持、节能减排、循环经济、污染治理、资源综合利用等生态环保项目。第四，探索政府主导和市场化相结合的生态补偿模式，加大生态补偿的财力支持力度。在纵向的转移支付中增加生态补偿专项转移支付之外，拓宽生态补偿资金筹措渠道，通过项目支持、合作开发、信贷担保贴息等方式，开展生态补偿。第五，争取国家将大别山革命老区作为开展生态补偿的综合试点，先行先试，对开展试点所需配套的财税、金融等政策和行政体制改革等给予特殊对待。

黄冈作为湖北境内大别山核心区，必须尽快着手生态补偿理论研究，摸清境内生态资源，界定保护者和受益者边界，明确补偿主体；开展生态补偿价值测算研究，提出生态补偿标准的建议，为国家生态补偿战略提供决策咨询，在国家生态补偿政策中争取发展机遇。

9.3.5 数字乡村战略

2019 年 5 月，中共中央办公厅、国务院办公厅印发了《数字乡村发展战略纲要》（以下简称《纲要》），《纲要》指出数字乡村是伴随网络化、信息化和数字化在农业农村经济社会发展中的应用以及农民现代信息技能的提高而内生的农业农村现代化发展和转型进程，既是乡村振兴的战略方向，也是建设数字中国的重要内容。但是数字乡村顶层设计缺失、资源统筹不足、基础设施薄弱、区域差异明显。亟须进一步发掘信息化在乡村振兴中的巨大潜力，促进农业全面升级、农村全面进步、农民全面发展。

《纲要》提出，到 2020 年，数字乡村建设取得初步进展。全国行政村 4G 覆盖率超过 98%，农村互联网普及率明显提升。农村数字经济快速发展，建成了一批特色乡村文化数字资源库，"互联网＋政务服务"加快向乡村延伸。网络扶贫行动向纵深发展，信息化在美丽宜居乡村建设中的作用更加显著。到 2025 年，数字乡村建设取得重要进展。乡村 4G 深化普及、5G 创新应用，城乡"数字鸿沟"明显缩小。初步建成一批兼具创业孵化、技术创新、技能培训等功能于一体的新农民新技术创业创新中心，培育形成一批叫得响、质量优、特色显的农村电商产品品牌，基本形成乡村智慧物流配送体系。乡村网络文化繁荣发展，乡村数字治理体系日趋完善。到 2035 年，数字乡村建设取得长足进展。城乡"数字鸿沟"大幅缩小，农民数字化素养显著提升。农业农村现代化基本实现，城乡基本公共服务均等化基本实现，乡村治理体系和治理能力现代化基本实现，生态宜居的美丽乡村基本实现。

《纲要》提出，数字乡村建设的主要任务包括：加快乡村信息基础设施建设，大幅提升乡村网络设施水平；完善信息终端和服务供给，鼓励开发适应"三农"特点的信息终端、技术产品、移动互联网应用（App）软件；加快乡村基础设施数字化转型，加快推动基础设施的数字化、智能化转型，推进智慧水利、智慧交通、智能电网、智慧农业、智慧物流建设。发展农村数字经济，推进农业农村大数据中心和重要农产品全产业链大数据建设，推动农业农村基础数据整合共享；推进农业数字化转型，建设智慧农（牧）场，推广精准化农（牧）业作业；创新农村流通服务体系，实施"互联网＋"农产品出村进城工程，深化电子商务进农村综合示范，培育农村电商产品品牌；积极发展乡村新业态，发展创意农业、认养农业、观光农业、都市农业等新业态，促进游憩休闲、健康养生、创意民宿等新产业发展，规范有序发展乡村共享经济。强化农业农村科技创新供给，推动农业装备智能化，推动信息化与农业装备、农机作业服务和农机管理融合应用；优化农业科技信息服务，鼓励技术专家在线为农民解决农业生产难题。建设智慧绿色乡村，推广农业绿色生产方式，推动化肥农药减量使用，促进农田节水；提升乡村生态保护信息化水平，建立全国农村生态系统监测平台，统筹山水林田湖草系统治理数据；倡导乡村绿色生活方式，强化农村饮用水水源水质监测与保护，实现对农村污染物、污染源全时全程监测。

《纲要》提出，数字乡村建设要繁荣发展乡村网络文化，推进数字广播电视户户通和智慧广电建设，推进乡村优秀文化资源数字化，建立"数字文物资源库""数字博物馆"。推进乡村治理能力现代化，推动党务、村务、财务网上公开，畅通社情民意；提升乡村治理能力，加快推广"最多跑一次""不见面审批"等改革模式，推动政务服务网上办、马上办、少跑快办，提高群众办事便捷程度。深化信息惠民服务，深入推动乡村教育信息化，发展"互联网＋教育"，推动城市优质教育资源与乡村中小学对接，帮助乡村学校开足开好开齐国家课程；完善民生保障信息服务，加快实现城乡居民基本医疗保险异地就医直接结算、社会保险关系网上转移接续，引导医疗机构向农村医疗卫生机构提供远程医疗、远程教学、远程培训等服务；完善面向孤寡和留守老人、留守儿童、困境儿童、残障人士等特殊人群的信息服务体系。

《纲要》提出，数字乡村建设要完善对农民合作社和家庭农场网络提速降费、平台资源、营销渠道、金融信贷、人才培训等政策支持；大力培育新型职业农民，实施"互联网＋小农户"计划，提升小农户发展能力；激活农村要素资源。因地制宜发展数字农业、智慧旅游业、智慧产业园区，促进农业农村信息社会化服务体系建设，以信息流带动资金流、技术流、人才流、物资流。创新农村普惠金融服务，改善网络支付、移动支付、网络信贷等普惠金融发展环境，为农民提供足不出村的便捷金融服务。降低农村金融服务门槛，为农业经营主体提供小额存贷款、支付结算和保险等金融服务。统筹推动城乡信息化融合发展，统筹发展数字乡村与智慧城市。强化一体设计、同步实施、协同并进、融合创新，促进城乡生产、生活、生态空间的数字化、网络化、智能化发展，加快形成共建共享、互联互通、各具特色、交相辉映的数字城乡融合发展格局。鼓励有条件的小城镇规划先行，因地制宜发展"互联网＋"特色主导产业，打造感知体验、智慧应用、要素集聚、融合创新的"互联网＋"产业生态圈，辐射和带动乡村创业创新。

《纲要》提出，数字乡村建设要分类推进数字乡村建设。引导集聚提升类村庄全面深化网络信息技术应用，培育乡村新业态。引导城郊融合类村庄发展数字经济，不断满足城乡居民消费需求。引导特色保护类村庄发掘独特资源，建设互联网特色乡村。引导搬迁撤并类村庄完善网络设施和信息服务，避免形成新的"数字鸿沟"。加强信息资源整合共享与利用。依托国家数据共享交换平台体系，推进各部门涉农政务信息资源共享开放、有效整合。统筹整合乡村已有信息服务站点资源，推广一站多用，避免重复建设。促进数字乡村国际交流合作。

黄冈地处山区，交通基础设施投入成本巨大，可以借助数字乡村战略，实现城乡融合的弯道超越。

第10章 绿色发展模式借鉴

2018 年，实现一二三产业融合发展，绿色经济产业结构不断优化升级，传统的农业生产方式不断向现代生态、经济、绿色、协调发展方向转变，农业的生态效益及产业化生产水平不断提高，经济生态功能性逐渐显现，"互联网＋旅游＋农业""绿色认证＋农产品""订单＋农业"的经济模式增收效益明显提升；生态环境脆弱势头得到遏制；绿色生态产业逐步形成。

10.1 废弃物质资源化再利用模式

利用生物、微生物、其他农艺、工艺措施对农业废弃物进行无公害化处理返回农业生产资源中，是资源充分利用、保护环境、农业生产的生态农业开发模式。不仅获得了明显的经济效益、生态效益和社会效益，还促进了循环、绿色、生态的产业融合发展。生态效益显著的有"猪＋沼＋茶""竹＋牧＋沼＋鱼"，在解决农村日常炊事、照明等能源短缺的同时，不仅促进了封山育林的生态保护，而且巩固了生态补偿的有效实施。

10.1.1 湖北赤壁官仕垴"猪＋沼＋茶"模式

在湖北省赤壁市新店镇官仕垴村就有一个油茶基地，重点打造集种茶树养猪和种菜的"猪＋沼＋茶"生态循环系统。基地树立和践行绿水青山就是金山银山的理念，走绿色、低碳、循环发展路子，节约资源、保护环境，逐渐形成绿色发展方式和生活方式。

新店镇官仕垴村油茶基地，看不见污水横流，闻不到刺鼻的气味。站在基地最高处，整洁的路面、花园式的厂区和污水处理站、沼气发酵池等先进设施设备尽收眼底。油茶基地负责人 2010 年通过多次走访考察，选定官仕垴村这个地形土壤都不错的地方，创办赤壁鹏利油茶有限责任公司，主打油茶种植。但随着种植面积越来越大，而油茶收益周期又比较长，投放肥料成为一大笔开销。为缓解压力，2011 年，基地尝试利用闲置面积养猪，让猪粪替代一部分肥料，降低开销。为此，基地特地开辟一块地种植果蔬，不仅人可以吃，还可以做猪饲料，节约部分猪饲料的费用。

本是辅助种茶的养猪，随着规模越来越大，逐渐成为新的产业。至 2015 年，基地先后投资 1000 多万元，建成标准猪舍 6 栋，养殖规模达到 3000 头，栽种油茶苗 2700 余亩。大量的猪粪作为油茶肥料绰绰有余，为此，基地专门修建了几个大型化粪池用于囤肥，但由于太多，猪粪的出路也曾让负责人一筹莫展。正在此时，农业专家为负责人提供了解决方案，建一个小型沼气站。

沼气是十分清洁的能源，可直接用于炊事、供暖、照明等，既节能又环保。目前，基地已建成一个 100 立方米小型沼气工程，烧火做饭已经能完全替代天然气。除了沼气的使用，经沼气装置发酵后排出的沉渣又可作为优质肥料，沼液喷洒在油茶上可灭虫，能减少农药、化肥的使（施）用量，可谓一举多得，至此"猪＋沼＋茶"这一生态循环的系统就此完全形成。

油茶丰收的季节，采摘茶籽需要大量人工，油茶基地从周边村组聘请贫困户来帮忙，贫困户在农闲之余，还能赚取一笔不错的收入。

自 2012 年以来，油茶基地在创造可观自身效益的同时，还带动 25 户贫困户 80 余人以务工、入股等模式实现增收，加快脱贫步伐。在守护一方碧水蓝天绿地的同时，美丽城乡渐行渐近。

10.1.2 湖北英山"猪—沼—鱼"生态养殖模式

"猪—沼—鱼"生态养殖是综合利用能量及食物链转换原理进行循环养殖的新模式，可实现养猪、养鱼增收，利用沼气节约能源，具有良好的经济效益、生态效益和社会效益（王文彬，2010）。

一是搞好综合设施建设沼气池、猪圈、鱼池及厕所等要合理布局，相互兼顾，便于进出料和沼气、沼液、沼渣的综合利用，并有利于保持清洁卫生。沼气池要求容积 8 ~ 10 立方米，池形及建设规范要严格按照国家标准建造，专业养殖户可采用"猪—沼—鱼"专用全自动沼气池。猪圈按照两栏设计，要求养殖量不少于 3 头。建设地点应尽量选在屋后地势较高、避风向阳的地方，既节约用地，又有利于冬季保暖和疫病防治，同时又不影响村容村貌。鱼池（塘）选址要求水源稳定，且不易受污染源污染，建池的土质以壤土最好。鱼池形状以长方形为宜，长宽之比一般为 2∶1 ~ 4∶1，东西边长，南北边不超过 50 米。养成鱼的池塘面积以 5 ~ 15 亩为宜，水深最好保持在 2 ~ 3 米；鱼苗、鱼种池面积可在 5

亩左右，水深在 1.5 米左右。鱼池必须每年采取清淤措施，以改良底质条件，防止水质恶化。每个鱼池必须设有单独的注、排水道，要建设好防逃设施，在进排水口建好闸门，用铁丝网或塑料网做好多层滤水网，防止鱼外逃。厕所、厨房及其他附属设施要求厕所地面标高与猪圈相同，且高于沼气池进料口液面 30 厘米。厨房应设置节柴灶、沼气灶、煤炉、排烟装置、储水池及沼气输配系统等设施，整体要求适用、明亮、清洁、卫生。

二是合理进行鱼猪放养沼池设计。养鱼适用于以鲢鱼、鳙鱼为主要品种的养殖模式，放养量视池塘条件和饲养管理水平而定，精养鱼塘一般每亩投放较大规格鱼种 1500~2000 尾，粗养鱼塘每亩放养 500~1000 尾，其中，鲢鱼、鳙鱼放养比例在 60% 以上，其他混养鱼比例不超过 40%。为合理利用水层，提高单位面积产出，混养鱼应以底层鱼为主，可选择名优新品种等高价值的品种进行投放，以提高养殖效益。鱼种放养前必须对池塘进行彻底的整治。抽水干塘，清除过多淤泥，修整塘基、进出水闸，使养殖鱼类有一个良好的生长环境。之后每亩用生石灰 100 千克和茶麸 60 千克，打碎浸水 48 小时后全池泼洒。生石灰的作用除杀灭野杂鱼和病原体外，还可改良土壤的中性和酸性，提高 pH 值，释放营养素，保持有机物质的良性循环，增加水的肥度。而茶麸则可培育池塘丰富的浮游生物，药性消失后也是鱼种苗喜食的营养饲料。同龄的鱼种规格应力求整齐、发育良好、色泽光亮、体质健壮、游动活泼、逆水力强，且体表鳞片完整无损，没有鱼病、寄生虫等。鱼种消毒是切断病原体传染切实有效的方法。鱼种下塘前，应先用漂白粉或硫酸铜溶液浸洗 20 分钟，或两种药物同时并用。也可用 4% 的食盐水溶液浸洗鱼体 20~30 分钟。鱼种放养应选择晴天气温高时进行，切忌雨雪、刮风天气放养。放养地点应选择在避风向阳处，将盛鱼种容器（盆、桶等）放入水中，使其慢慢倾斜，让鱼种自行游入池塘中去。猪种可选择优质的三元杂交仔猪等优良品种，养殖量在 3 头以上。仔猪入栏前要进行检疫，并按要求搞好猪瘟、口蹄疫等重大疫病的免疫。

三是科学合理投饵施肥。由于混养鱼类需要饲料营养，加之沼肥等不一定能全部满足鲢鱼、鳙鱼生长之需，应酌情进行饲料投喂。采用正规饲料生产厂家生产的全价配方饲料，按照"四定投饵"原则进行投喂。投饲量一般依据水温、摄食、天气、水质等及时调整，投饲时间可安排在上午 7~8 时，中午 11~12 时，晚上 6~7 时。利用沼池养鱼还要特别注意施肥方法和技巧。基肥在春季清塘消毒后，每亩施沼渣 150 千克或沼液 300 千克，全池均匀泼洒。追肥每年 4~6 月进行，每周每亩施沼渣 100 千克或沼液 200 千克；7~8 月每周施沼液 150 千克；9~10 月每周施沼渣 100 千克或沼液 150 千克。施肥时间晴天 8~10 时施沼肥最好，阴雨天光合作用弱，生物活性差，需肥量少，可不施；闷热天气，雷雨来临前可不施。对于水体透明度大的，浮游生物数量少的鱼池可增加施肥次数，每两天施一次沼液，水体透明度回到 25 ~ 30 厘米时，转入正常投肥。养猪时宜采用全价配合饲料，或者采购饲料原料按配方自行配制饲料。要保证猪舍供料、供水、育肥猪自由采食、自由饮水。

四是加强日常管理维护。放养鱼种时每周应加水次，每次加注新水 10 ~ 15 厘米，6 月中旬达到最高水位时，以后每隔半月换水一次，每次换水 1/3 左右，保证水体透明度在 25 ~ 30 厘米，pH 值为 7 ~ 8。经常观察沼气设施的运作情况及养殖水体的水质情况，检查鱼猪吃食生长、猪圈的卫生情况等，发现问题及时处理。保证猪舍内适宜的温度，加强防暑降温、通风、保暖等，搞好清洁卫生。同时做好养殖日记，不断积累养殖经验。沼气池及沼气使用设施要经常检修，注意安全，防泄漏，防污染。沼气厕所的洗澡间及鱼池要单独设排水系统，厨房洗涤排水不得进入沼气池。洗澡间不能用沼气灯照明，以防沼气中毒。生态养鱼的水面水质情况也有一定的变化，除了在投放鱼种时抓好水体消毒和鱼体消毒外，还要定期用生石灰等调节水质，防治病害。投喂的其他饲料要消毒处理，以防带病菌进入水体，诱发各种病害。猪舍内要定期消毒，出入口消毒池要定期更换，并保持消毒药物的浓度。同时，要防止各种敌害生物进入水体，保持养殖区域有一个良好的环境，确保鱼猪安全、健康、快速生长。

10.2 小流域综合治理农业模式

"虾稻连作""瓜棉轮作"等先进复合生态共济模式，根据区域地理条件和资源开采等特点，采取以保持水土为基础结合各种水保措施，实行植物防治的工程措施，治坡与治地相结合生产原则，通过进行总体综合整治，减轻石沙泥的危害，缓解旱涝灾害。根据地形因地制宜在不同区位种植不同作物，形成多元复合型的生态农业开发模式，促进生态与经济良性循环发展体系。

10.2.1 江苏泰州市姜堰区稻虾综合种养模式

江苏泰州市姜堰区稻虾综合种养面积达 4200 亩，平均亩产小龙虾 151.1 千克、水稻 640 千克，亩效益 5075.9 元，具有较高的推广价值。

种养小龙虾基地土壤为黏性土壤，土质肥沃、保水性强，交通便利、水源充足、水质清新、生态环境良好，周围无任何污染源。每个种养区紧挨田埂 50 厘米挖一条宽 3 米、深 1.1 米的环沟，环沟坡比 1∶3。开挖环沟所挖出的土用于加高、加固田埂。养虾稻田田埂加高到 1.5~2 米，宽 3 米左右，加固时夯实泥土，做到不裂、不漏，满水时不崩塌，确保田埂的保水性能好。在靠近水源的田块两端安装独立进、排水管，进水端在水源上游、排水端在水源下游，避免发生交叉污染。排水管为 L 形，可控制水位。进、排水管均用铁丝网（网眼为 20 目）套住管口，并在附近地面周围再加设一道防逃设施（网眼小于田内最小虾苗规格，以防虾逃）。为防止稻田中小龙虾逃逸，在田埂上建设防逃墙。防逃墙采用麻布网片镶嵌硬质塑料薄膜，选取长度为 1.5 米的木桩，一端锯成斜口，沿田埂将桩夯入土中，然后将高 1.5 米的密网固定在桩上，围在稻田四周，在网顶端内侧 10 厘米处缝一条宽 25~30 厘米的硬质塑料薄膜。

新开挖的稻田曝晒后用生石灰 75 千克/亩进行彻底清塘消毒，杀灭黑鱼、黄鳝及小杂鱼。每年 3 月 5 日在虾沟和大田中先用豆腐渣进行肥水，然后每亩施复合肥 50 千克，用旋耕机将有机肥埋入表层土下 10~20 厘米；3 月 12 日注水 20~30 厘米，逐渐加高水位至 40~60 厘米。3 月 8 日开始种植伊乐藻和轮叶黑藻。种草模式为条带式，行距 8 米、株距 0.5~1 米。在清明节前后投放活螺蛳 100 千克/亩。

虾苗来自本地熟悉的养殖基地，选择体质健壮、肢体齐全、规格整齐、活泼的青壳苗，每年 3 月 18 日投放规格为 180 尾/千克的虾苗 4560 千克，亩均放养量 38 千克，一次放足。放养前，采用抗应激处理，在塑料容器中加入抗应激药物进行虾苗浸泡，提高虾苗成活率。投放时，选择稻田斜坡或田面上水草茂盛的地方分点投放，把虾筐侧放，让虾苗自行爬出虾筐。放养 3 天后，采用聚维酮碘、复合碘等刺激性小的消毒药物进行消毒处理。

全程投喂蛋白质含量 30% 的全价颗粒料，日投饵量一般为虾体重的 3%~5%，每天分两次投喂，在 5~6 点和 18~19 点，投喂时按照"朝四晚六"原则，即凌晨投喂量占 40%、傍晚投喂量占 60%，投饵要均匀、多点投喂，尽可能地让所有的小龙虾都能吃到。

水位按照"浅、深、浅、深"的办法做好管理。在小龙虾放养初期，田水宜浅，可保持在 30 厘米左右，保证水草的生长、螺蛳的繁育和小龙虾的蜕壳生长。随着小龙虾的不断生长和水温的逐渐升高，水位调节至 60 厘米，有利于小龙虾度过高温季节。

水草的养护是小龙虾养殖成功的一个重要因素，"虾多少、看水草"，所以在养殖过程中要特别重视水草的管理。保持水草覆盖面积 40% 左右、草头稳定在水面下 10 厘米左右，及时割除老化水草，适时追肥，保证水草活力。

小龙虾养殖中遵循"以防为主、防治结合"的病害防治方针，细菌性疾病预防，用 25% 以上的大蒜素按 1：50 比例拌料连续投喂 7 天，结合聚维酮碘药剂泼洒，隔天 1 次，连用 3 次。

坚持每天巡塘，观察小龙虾摄食、活动情况并做好记录，同时要检查田埂、进排水、防逃设施、敌害及水源状况等，一旦发现问题及时处置。

每年 5 月中下旬，小龙虾陆续达到上市规格，及时捕捞销售。捕捞工具为虾笼、地笼，以便捕大留小。特别注意的是，进入网内的虾要全部上市，切不可再倒入塘中，以免感染生病。6 月下旬，捕捞销售完毕，排干田水，以待栽秧。

水稻种植选择病害少、不易倒伏、产量高的"南粳 9108"，如果田面杂草多，用旋耕机对田块进行旋耕，采取机械栽插水稻，亩栽 1.7 万穴，每亩茎蘖苗 7 万只。坚持"浅水栽插、寸水护苗"的原则，当移栽够苗后，要多次进行"轻搁田"。在水稻生长期间，田面以上水位应保持在 10～15 厘米；适时加入新水，一般每半个月加水 1 次；夏天高温应适当加深水位，水稻灌浆时需晒田。

由于是稻虾连作，因前期养殖小龙虾时已施足基肥，加之小龙虾新陈代谢物和残余饲料可作为肥效，因此在水稻生长期间不需要施肥。稻田养殖小龙虾后，水稻病虫害大为减少，所以无须用药，结合杀虫灯、性诱剂等能取得很好的防治效果。

每年 10 月中上旬开始机械收割稻谷，秸秆还田，留茬 40～50 厘米。收割结束，旋耕田块。

经核算，当地单纯稻麦种植的亩利润大多维持在 600～1200 元，而稻虾连作的亩利润达到 5075.92 元，是传统种植的 5 倍左右。当然，利润与稻虾的市场价格、品牌打造、销售渠道有着极大的关联性。

稻虾连作方式有效避免了压减水稻栽种面积，符合国家种粮政策；同时实施稻虾连作，"改麦为虾"增加了种植户收益。稻虾连作能够利用秸秆还田提供的有机质转变为适合水草、小龙虾生长的水质环境和营养需求，而小龙虾的活动可以改善土壤结构，其排泄物又可为土壤提供有机质，实现良性循环。为保证成活率，应坚持自繁配套或购于本地熟悉的苗种基地；水温 20℃～28℃为小龙虾"白斑综合征"高发期，要特别当心。在加强免疫、应激预防的基础上，做到塘虾"只出不进"。一是不得补放苗种；二是捕捞销售时，进笼的虾必须全部出售；另外，要增加饵料投放次数和点位，确保小龙虾吃好吃饱，在天气骤变之前，泼洒抗应激药物（王慧茹，2019）。

10.2.2 河南焦作"麦棉瓜"间作模式

"麦棉瓜"间作模式能够充分利用光热资源，发挥边行优势、个体优势，提高单位面积产量和效益，增加农民收入，取得了良好的经济效益和社会效益。其主要特点是：小麦、棉花间作种植，棉花、西瓜同行种植，便于管理。一般每亩小麦产量 350 千克，西瓜产量 2500 千克，棉花皮棉产量 100 千克，每亩总产值 3500 ~ 4000 元，比小麦、玉米两茬增值 2000 元左右，经济效益十分可观。

小麦选用周麦 22、矮抗 58 等高产、优质、抗病品种；棉花选用鲁棉系列、中棉 47、豫杂 35 等高产、抗虫、耐病、简化整枝的品种；西瓜选用郑杂 5 号、早熟蜜龙、龙卷风等早熟、高产的抗病品种。

小麦、西瓜、棉花种植模式为 1.8 米一带。每年 10 月上旬播种 6 行小麦，行距 0.2 米，留空档 0.6 米。次年 4 月中旬同时播种西瓜、棉花。1 穴西瓜、1 穴棉花，棉瓜同行，瓜棉株距 0.2 米。播种后用地膜覆盖。

为创造一个疏松、透气、保温蓄水、适宜小麦、棉花、西瓜生长发育的土壤环境。要选择肥沃疏松的两和土壤，小麦播种前要深耕细耙，达到上虚下实无坷垃，每亩施优质粗肥 3 ~ 4 立方米，三元复合肥 40 千克。在西瓜、棉花播种前，把留出的空档地深翻，每亩施饼肥 50 千克、过磷酸钙 50 千克、尿素 10 ~ 15 千克、硫酸钾 15 ~ 20 千克、硫酸锌 1 千克作基肥。

在施足底肥的基础上，小麦越冬、起身拔节期结合浇水各追肥 1 次，一般每亩施尿素 10 千克；抽穗扬花期叶面喷洒磷酸二氢钾，每亩用量 0.1 ~ 0.15 千克，可喷 2 ~ 3 次，间隔时间为 7 ~ 10 天。中耕除草。冬春两次中耕非常重要，能提高地温，破板保墒，清除杂草。

为防治小麦条锈病和白粉病每亩用 25% 三唑酮可湿性粉剂 400 克，兑水 50 千克进行叶面喷雾；防治纹枯病每亩用 5% 的井冈霉素水剂 100 毫升兑水 50 千克喷雾；防治赤霉病每亩用 50% 多菌灵可湿性粉剂 75 克兑水 50 千克喷雾预防。防治蚜虫每亩用 50% 抗蚜威可湿性粉剂 15 克兑水 50 千克叶面喷雾防治。

西瓜子叶露出地表时，及时将地膜打孔放苗，然后将西瓜苗周围的地膜用土压好，有利于保墒提温防杂草。一般分 3 次追肥，第 1 次为提苗肥，每亩施尿素 2.5 千克；第 2 次为伸蔓肥，蔓长 30 厘米时进行，每亩开沟施入饼肥 50 千克、尿素 5 千克；第 3 次为结果肥，每亩追施尿素 5 千克、硫酸钾肥 5 千克，并进行叶面喷施磷酸二氢钾 1 ~ 2 次，每亩用量 0.2 千克。

西瓜播种到团棵期浇水要少；团棵到坐果节位雌花开放期结合追肥浇水，临近雌花开放时不能浇水；西瓜"退毛"至定瓜，是西瓜一生中需水最多的时期，要保持水分供应，西瓜定瓜后，减少浇水次数。压蔓能固定瓜蔓、防治风害，并能促发不定根。一般每隔 5 ~ 6 叶压蔓 1 次，共 3 ~ 5 次。在结果处前后 2 个叶节不能压，以免影响果实发育。

西瓜主要病害为枯萎病、病毒病，可用抗枯宁、广枯灵、植病灵等药物进行防治。

当棉花子叶露出地表时，及时将地膜打孔放苗，然后将棉花苗周围的地膜用土压好，有利于保墒提温防杂草。西瓜收获后，及时中耕培土，清理田间残膜和杂草，防止棉花倒伏，促进棉花根系生长发育。结合中耕每亩施尿素 10~15 千克，促进棉花迅速生长；花铃期每亩施尿素 10~12.5 千克，增加蕾铃数和铃重；每年 8 月底 9 月初叶面喷肥，每亩用 0.15~0.2 千克磷酸二氢钾加尿素 0.2 千克叶面喷洒，每隔 7~10 天喷 1 次，连喷 2~3 次，增加铃重，提高品质，防止早衰。每次施肥结合浇水以提高肥效。

由于麦、棉、瓜间作套种棉田，每亩密度稀，产量靠发挥单株优势获得较好产量，因此每株留 2~3 个营养枝为结果枝，提高单株成铃。及时去掉赘芽及弱小营养枝，减少养分消耗。以每年 7 月 25 日前后打顶为宜。

棉花的主要病虫害有黄萎病、棉铃虫、甜菜夜蛾、棉蚜、蓟马、红蜘蛛等。搞好虫情监测，达到防治标准，及时防治。棉铃虫用 5% 氟铃脲乳油或大复杀、黑克灵 2000 倍液，或卵化高峰期用 3000 倍液溴菊酯或 2000 倍液杀灭菊酯进行喷雾防治，兼治蚜虫、红蜘蛛、玉米螟、蓟马。甜菜夜蛾每亩用 25% 速杀王加 90% 万灵 20 克于 9~10 点或 17 点以后用药，或每亩用 48% 乐斯本 40~50 毫升。蚜虫、蓟马用 10% 虫吡啉可湿性粉剂 2500 倍液与 2.5% 功夫乳油 2000 倍液交替使用。地老虎用 10% 氯氰菊酯 800~1000 倍液于 18~19 点喷洒，或敌百虫拌桐树叶，或灰灰菜、炒熟的麦麸配制毒耳，下午快黑时撒到棉田。黄萎病用 OS 施特灵、农大 120 灌根防治，OS 施特灵 3 袋/亩，兑水 20 千克，每株灌 50 克。或用农大 120 的 300 倍液灌根（赵国庆等，2015）。

10.3 "林果 + 粮经"立体共生模式

利用种粮和林果地时空差异和互补作用关系，在果林行距中间地域种植粮食、经济作物、时令蔬菜，形成不同类型的农林复合共生模式，不仅综合提高了土地利用率增加农业经济收益，而且保护自然生态损伤（梁吉义，2018）。

10.3.1 林果地中草药立体种植模式

林果地中草药立体种植模式是在林果树间的土地上套种喜湿耐阴的中药材，形成一个林—药复合系统。在这个系统内，林—药间相互联系、相互作用、相互依托、相互促进，形成一个有机整体。这一模式不仅可以提高林果树间土地资源和光热资源的利用效率，还可以改良土壤理化性状、增强肥力、促进林木的生长。中草药种植技术一般简单易行，投入资金较小、管理务工较少、劳动强度较低，妇女老人皆宜，经济效益较好。该模式不仅可以增加农民收入，还可以缓解用地紧张、农林争地矛盾。在实施这一模式时一定要从当地的自然条件出发，选择适宜当地土壤、气候条件的中草药品种种植。一般情况下幼龄林郁闭度在 0.5 以下时，适宜套种柴胡、黄芩、桔梗、板蓝根、牡丹、瓜蒌、知母、芍药、丹参、冬凌草等中草药。当郁闭度在 0.5 以上时，适宜套种耐阴的中草药，如五味子、平贝、穿山龙、天麻、草珊瑚、金银花、鸡血藤、刘寄奴、两面针等。在林果地套作中草药时必须注意控制连作效应：一方面，常年种植同一种药材容易发生病害，造成经济损失；另一方面，连作同一种中草药容易造成某种营养元素的缺乏，造成药材品质下降。因此，一定要根据实际情况每年或隔年进行倒茬，种植其他品种的中草药或作物，如轮作绿肥、培肥地力、再种植中草药等。

此类模式主要技术包括：林果栽培与田间管理技术，中草药的品种选择与套种、田间管理、配方施肥技术等。

福建省长汀县馆前镇黄湖畲族村，地处福建西部山区，山高路远，交通不便，经济落后。自党的十九大以来，畲族村积极按照习近平总书记提出的"绿水青山就是金山银山"的思想，立足本村的实际，充分发挥山区林地资源和当地常年山地生长野生七叶一枝花、太子参等中草药的优势，大力发展山区林地立体种植中草药，成为村民增加经济收入、脱贫致富的重要途径和有效措施。在发展林地立体种植中草药的实践中党员干部带头，组织村民入股，投资 10 万多元创办了中药材产业精准扶贫基地。2018 年，在基地种植太子参、七叶一枝花、金线莲等喜阴耐寒中草药 10 万多株，加之零散种植的 2 万株，一共种植 12 万多株，安置 7 名贫困家庭劳动力就业脱贫，年产值可达 10 万多元，平均每户增收 1 万多元。

江苏省射阳县大力发展林果地中草药立体种植，较好地解决了林业投资时间长、短期见效难的不利因素，收到了明显的经济效益与生态效益。射阳县根据林果地不同树龄和郁闭度的大小，选择适合中草药生长的品种进行套种。如在郁闭度小的幼龄林，套种地黄、芍药、沙参、菊花、红花、白术、板蓝根、黄芪、党参、牛膝、金银花、草决明等喜光中草药品种。在郁闭度大的成龄林，套种人参、灵芝、细辛、天南星、黄连、半夏、麦冬、天麻、百合、天门冬、丹参等喜阴或耐阴中草药品种。根据不同树种的林木，选择适宜套种的中草药品种。如在阔叶林幼林期套种牛子、冬花、白芷等生长期短的中草药品种，在阔叶林近熟林套种人参、灵芝、半夏、天麻、百合、天门冬等喜阴或耐阴中草药品种。在针叶林套种紫草、草乌等生长期较长和喜光的中草药品种。在苹果园套种冬花、丹参、麦冬、百合、天门冬等耐阴中草药品种，在葡萄园套种天麻、人参、半夏、细辛等喜阴湿的中草药品种。射阳县在林地立体种植中草药平均每公顷每年增收

3 万 ~6 万元，获得经济效益与生态效益双丰收。

10.3.2 林果地食用菌立体种植模式

林果地食用菌立体种植模式是依据生态学的原理，合理利用食用菌生长喜湿与喜阴的特点和林果地树木的林荫下空气湿度大、光照强度低、昼夜温差小、氧气充足的小气候优势，实施林下立体套种食用菌的新技术。一方面林果地树荫为食用菌生长创造了适宜的温度、湿度、光照等条件，提高了食用菌的品质，降低了生产成本，弥补了高温季节市场供求的矛盾；另一方面在食用菌生长过程中排出的二氧化碳促进了林果的光合作用，净化了空气，改善了生态小环境，十分有利于林果的生长，实现经济效益、生态效益、社会效益三统一。目前可用于人工种植的食用菌有 20 多种，在北方郁闭度较高的针叶林、阔叶林或混交林内，可套种黑木耳、香菇、鸡腿菇、茶树菇、平菇、双孢菇、姬菇等食用菌。在南方郁闭度 0.8 以上的竹林内可优先考虑套种竹荪，也可套种香菇、金针菇、平菇等食用菌。当今社会随着人们生活水平的不断提高，在向吃好、吃鲜、吃健康方面发展，黑木耳、蘑菇等食用菌营养价值高，深受消费者欢迎，市场需求潜力大，林果地立体种植食用菌前景广阔。

此类模式主要技术包括：林果栽培与管理技术、施肥技术、病虫害防治技术、食用菌套种与管理技术等。

江苏省东海县大力开展植树造林，林地面积达到近 60 万公顷，森林覆盖率达 28%。为了充分利用林地空间土地资源和林木天然遮阴的有利条件，采用遮阳棚内地垄栽培技术，发展林地立体套种食用菌，实现了生态效益和经济效益双赢。其中石湖乡新希望香菇种植合作社 2006 年投入 160 万元在石湖乡承包了林地 13 公顷，发展林地立体套种食用菌。2013 年成立了新希望香菇种植合作社，林地立体套种食用菌达 33.3 公顷，塑料大棚 400 个，香菇菌棒 100 万袋，年产香菇 50 多万千克，实现产值 1000 万元以上。并与韩国一家企业联合注册公司，专门生产香菇，并签订生产销售合同，使蘑菇生产销售走出国门。

新疆维吾尔自治区额敏县郊区乡萨斯克阔普尔村 2017 年组建了香露食用菌合作社，积极发展林地立体种植香菇生态农业。合作社在农业技术人员的指导下，在林地空间搭建简易大棚，利用树荫遮挡大棚，在大棚内有序摆放菇棒，在菇棒接种香菇菌种，生产出绿色香菇。从林地的香菇生产基地建设到备料、拌料、装袋、灭菌、制棒、菇棒摆放等全过程，井然有序，科学合理，达到香菇高产优质的标准。目前，香露食用菌合作社发展林地立体种植香菇面积已达到 80 亩，摆放菇棒达 10 万袋。生产的香菇品质好，质量高，一袋菇棒可生产 0.7 ~1.2 千克，纯利润在 2 ~3 元。同时，还优先安置一些贫困户劳动力在基地工作，每月工资收入 4000 元。额敏县把林地立体种植香菇与精准扶贫结合起来，作为重点扶贫产业加以扶持，让农民通过林地立体种植香菇实现脱贫致富。

10.4 "生产 + 加工 + 综合服务"经营模式

以绿色、生态、安全为前提实行"培育—产前—产中—产后—循环"五位一体组织，实行"三优"（优先、优惠、优良）服务宗旨，采取"基地 + 农户 + 公司""农户 + 公司""农户 + 基地 + 企业"等多种合作形式，科学规划、示范引领种植优质平菇蔬菜板块，形成水产养殖、畜禽养殖板块、水果基地、对各类农产品实行一体化生产布局、产业化推广、规模化发展、企业化管理、市场化运作、专业化生产、社会化服务、绿色化认证、供需化培育、特色化经营产业集群化产销格局。

10.4.1 江西丰城"三产"融合发展模式

"保底收益 + 按股分红"强化利益联结；"田间市场 + 电商企业 + 城市终端配送"搭建融合平台；"农业 + 文化 + 旅游"拓展农业功能，江西丰城创新举措促进农业全产业链融合，推动农业高质量发展，创新一二三产业融合发展新模式（余华阳，2019）。

丰城在农村产业发展方面具有比较好的基础条件，农业资源丰富，是中国十大商品粮生产基地，已连续 10 年获"全国粮食生产先进县市"称号，还享有"中国生态硒谷"的美誉。丰城农产品生产规模较大，高新技术加工愈加成熟，旅游消费需求旺盛，改革创新深度不断拓展，综合实力持续增强，产业融合呈快速发展的态势。

丰城现有耕地面积 150 万亩，土地流转规模不断扩大，全市农村土地流转面积 62 万亩，占全市耕地面积的 41.2%；农田基础设施不断完善，已建成高标准农田 21 万亩；农业生产全程社会化服务水平不断提高，全市农机总动力 158.55 万千瓦，全市机耕率为 95.3%，机收率为 93%，农业生产综合机械化水平为 65%；建立专业化防治组织共 400 个，2018 年全市水稻病虫害专业化统防统治服务面积达 36 万亩，统防统治率 30%，服务农户达 3 万户。

丰城现有国家级龙头企业 2 家，省级龙头企业 14 家，宜春市级龙头企业 45 家，农民合作社 1600 家，其中省级示范社 17 家，宜春市级示范社 43 家，家庭农场 660 家，省级示范家庭农场 15 家，农业社会化服务组织 600 余家。每年培育科技示范户 560 人，培训新型职业农民 800 余名，打造了一批试验示范基地、培训了一批基层农技人员。同时推动云平台"农技宝"建设，建立以农村技术员、科技特派员、农业信息网为一体的服务新模式。

丰城大力发展富硒、粮油、花卉苗木、油茶、肉牛、中药材、水禽等主导产业，把富硒产业作为发展现代农业的突破点，重点打造"中国生态硒谷"现代农业，加快富硒食品工程技术中心项目建设，建成集富硒农产品开发和休闲养生旅游为一体的全国生态富硒发展集聚区。同时坚持政府主导、企业主体的发展思路，充分发挥"中国生态硒谷"的资源和品牌优势，重点引进品牌知名度高、投资强度大、产业链条长的农业产业化龙头企业。目前丰城市富硒产业覆盖 9 个乡镇，人口近 20 万人，总产值 26 亿元。

丰城建成的粮食产业链包括："粮食种植—大米—大米糖浆—植脂末—大米蛋白肽—糖果、果汁饮料"等，产业链覆盖的龙头企业有 13 个，江西恒顶食品有限公司建立水稻种植基地 2.6 万亩，并与农户签订种植收购订单，并为台资企业得利园食品有限公司做添加原料生产果汁饮料、奶粉和糖果等。

丰城建成的油茶产业链包括"油茶苗圃培育—基地种植—加工生产富硒有机茶油—植物油酸—油茶文化"等，产业链覆盖的龙头企业有 6 个，丰城是全国高产油茶之乡，白土镇岗霞村通过油茶苗圃培育带富一方百姓，江西御润坊油茶公司通过油茶苗圃培育，在董家镇、梅林镇建立了 2 万亩的高产油茶生产基地，收获的油茶籽提供给龙头企业江西天玉油脂有限公司和江西省好口福油脂有限公司加工生产茶油和植物油酸，并建立了产品展示区，形成了油茶文化。

丰城建成的水禽产业链包括"种鸭养殖—禽苗孵化—商品鸭养殖—富硒鸭产品研发—禽类加工、羽绒加工"等，产业链覆盖的龙头企业有 6 个，龙头企业丰城市华英禽业有限公司通过建立樱桃谷鸭种鸭孵化基地孵化鸭苗，与养殖农户签订养殖和商品鸭回收合同，华英屠宰公司进行加工包装上市销售和羽绒加工销售，并研发了富硒鸭产品。

丰城建成的家禽产业链包括"优质饲料加工—绿色畜禽养殖—肉品生产、加工—健康食品开发与生产"等，产业链覆盖的龙头企业有 6 个，江西铁骑力士牧业公司在丰城市设立了 4 个分公司，饲料公司生产的饲料供圣迪乐村生态公司（自动化养鸡公司）和种猪、商品猪养殖公司，商品猪提供给屠宰公司加工上市销售，该公司大力发展绿色养殖生产健康食品。

下一步，为促进农业全产业链融合，推动丰城农业高质量发展，实现上、中、下游一体，生产、加工、销售各个环节畅通，丰城提出打造"四区"的思路。

一是打造以富硒产业带动城镇发展的产城融合试验区。发挥国家农业科技园区的平台效应，加快推进富硒食品工程技术研究中心项目建设，打造形成集科研、孵化、推广于一体的产业发展链条。立足丰城特色富硒农产品资源，依托乡意浓、恒天实业、恒顶食品等重点企业，提升"富硒"内涵，打造全国知名品牌，发展附加值高的特色富硒农产品深加工产业。

二是打造以富硒产业功能拓展的产业融合发展先导区。不断优化中国养生硒谷、中国生态硒谷、中国生态花谷为龙头的旅游资源体系，全面推进小康示范区建设，依托爱情花卉小镇、枫彩四季休闲旅游景区等重大项目，瞄准温泉度假、休闲观光、传统村落、农旅产业开展招商引资，推进生态旅游、富硒产业旅游等联合开发，拓展旅游空间，延伸旅游产业链，完善旅游服务设施，将丰城打造成集休闲度假、富硒养生、商务商贸、观光娱乐为一体的休闲度假后花园。

三是打造以"赣鄱红品"为展示平台的富硒品牌集聚区。重点打造生态大米、丰城麻鸭、高产油茶等传统特色品牌，通过引进生产加工龙头企业，充分发挥传统产业起步早、基础好、体量大的先天优势，形成一批具有影响力的本地特色品牌。高起点定位、高规格谋划、高品质打造"赣鄱红品"展示平台，在全省范围内选择 100 个优质地标农产品，打造最优质江西特色农产品品牌。依托"赣鄱红品"展示平台，积极开展丰城冻米糖、丰城麻鸭等特色农产品和地理标识保护产品展示活动，在全省乃至全国范围内打响丰城传统农业品牌。

四是打造以"合作社 + 农户 + 龙头企业"模式培育农村产业的融合主体典型区。支持龙头企业发挥引领示范作用，积极发展行业协会和产业联盟，鼓励社会资本投入；创新发展订单农业，鼓励发展股份合作建立多形式利益联结机制。鼓励农民合作社发展农产品加工、销售，拓展合作领域和服务内容，支持丰城符合条件的农民合作社优先承担政府涉农项目，支持农民合作社等参与全产业链建设。培育壮大农业产业化龙头企业，大力引进和培育精深加工农业龙头企业，实现行业优势互补，产生集聚效益。

10.4.2　四川省江油市新安镇一二三产业融合发展案例

新安镇位于江油东部，面积 51.29 平方千米，植被覆盖率 29.9%，耕地面积 1462.6 公顷。辖 11 个行政村，1 个社区，92 个村民小组，总人口 1.8 万。京昆（G5）高速公路、国道 347 公路纵贯全境，是四川省小城镇建设试点镇。为推进农业转型升级，发挥龙头企业的引领作用，新安镇积极打造新安镇现代农业公园，以期用三产融合的手段，带动当地农民增收，促进当地农业健康稳定、优质高效发展。

新安农业公园已建成面积达 1533.33 公顷，覆盖 8 个村的连片产业区，着力打造早熟梨、猕猴桃、葡萄、柠檬、花卉苗木等农业产业。引进 25 家企业，包括各类种植、养殖及加工企业，形成了涵盖一二三产业的产业集群。按照"大园区小业主"的思路，通过种养大户带动，吸引村民参与，形成"公司＋合作社＋农户"的经营模式。引进龙头企业，增加了新安镇农村建设的资金，为提高农民组织化程度、促进群众抱团发展提供了保障。

新安镇完成了近 700 户的农房风貌和庭院整治，镇域道路四通八达，市、乡（镇）、村道纵横相连，构成了外畅内通的道路网络。农业公园内新建了观光环线 10 千米、主干道 6.7 千米、骑游绿道 6 千米、生产作业道 100 千米、灌溉渠系 200 千米、硬化渠系 200 千米、提灌站 79 处、整治河道 4 千米、整治改造塘堰 200 余口、蓄水池 16 口，整个园区具备了较好的生产条件。新安镇以"业兴、家富、人和、村美"为根本目标，创新"能人带村、产业强村、民主治村、服务乐村"新四村建设方式，着力推动"产业聚园区、园区变景区、新村成社区"建设，初步走出了一条幸福美丽新村建设的"新安之路"。也为新安农业公园的发展奠定了基础，环境变好了，游客自然也就被吸引来了。

新安农业公园依托园区内已建成的科技示范、乡村旅游景区为基础，整合园区内村落的资源，以促进"三产"深度融合、农民持续增收为宗旨，走农业生态化、信息化、休闲化的道路。

一是农业生态化，新安农业公园引进日本、中国台湾等国家和地区先进作物栽培与管理技术，进行绿色生态种植，不施加化学肥料，而是施用农家肥或有机肥；不滥用农药，而采用生物杀虫灯捕捉害虫，使种植出来的水果真正环保、生态、无公害、绿色，最终达到有机要求和认证。

二是农业信息化，农村电子商务平台实体终端落户新安，通过网络平台服务领域嫁接各种服务于农村的资源，拓展农村信息服务业务，使新安镇农民成为最大的受益者。新安镇还先后与北京信安盟科技有限公司、江豆网合作，分别在金果社区、新店村、大岩村、石桥村、南山村、天岭村、黑滩村、许家桥村、黄土村建立了电子商务服务站。同时，7 家快递企业在新安置了门店或领取点。

三是农业休闲化，自新安农业公园 2009 年始建以来，已建成创意农耕体验园 9 个，特色农家乐 23 个（其中 4 家具有吃、住、行、游、购、娱的特色休闲农庄，满足游客"吃农家饭、住农家屋、享农家乐、观农村山水"的需求），观光景点 15 个。连续举办了十一届梨花节、四届水果采摘节等系列农旅融合活动，累计吸引游客 75 万人次，实现旅游收入 1.2 亿元。具备了现代农业示范、农耕采摘体验、休闲度假等多项功能。

新安镇以种养循环绿色发展模式为基础，发展水产养殖和畜禽养殖，将养殖业产生的排泄物用作种植果蔬的肥料，种植出健康、绿色的农产品。再将农产品进行加工，制作成果酱、果干、果汁等初级加工产品，也可以提取果蔬成分制成保健品、化妆品等精深加工产品，提高产品附加值。养殖业、种植业、加工业形成了良好的循环，组建了一条完整的产业链条，并减轻了对环境的伤害。同时，大力发展休闲农业，紧紧围绕园区水果种植、采摘、水产养殖、垂钓、农家乐等农耕采摘体验、休闲养生度假等多种功能，吸引大批游客前往（沈薇等，2018）。

10.5　"茶 + 林 + 粮"式复合开发模式

采取山下农田种粮、秸秆覆盖茶园，茶叶增加效益，发展山顶防护林，防护林改善农田和茶园小气候的良性循环生态系统。在充分发挥鄂东大别山区域气候优势、资源充分利用保护、改善自然生态环境、保障基本粮食安全、保证基本农田的基础上，不断发展特色茶叶龙头企业，培育经济发展新增长，同时加大粮食、经济林等产业的深加工研发，使资源利用在良性循环基础上更进一步再生增值。

道真仡佬族苗族自治县蟠溪乡红关垭茶场，在 134 亩幼龄茶中，试行林粮套作，取得了粮收茶茂的结果。

红关垭茶场，历年来虽对 134 亩幼龄茶园进行中耕除草和施肥，但因未引起放畜人的注意而遭牲畜的践踏，年年一无所获。1987 年开春，对 134 亩幼龄茶进行深翻整地和施肥后，在 2 ~ 3 米的幼龄茶茶行间，试行套种两行玉米，单行点播，双株留苗，窝距 67 ~ 84 厘米。由于幼龄茶行间套种玉米，一方面引起了放畜人的注意，管理好了牲畜，使幼龄茶免遭牲畜的践踏；另一方面，由于种植玉米需要整地、中耕、施肥、除草和病虫害的防治，以转幼龄茶进行了中耕、施肥、除草和茶树病虫害的防治，创制了一个良好的生态环境，使幼龄茶和玉米都得到了正常的生长和发育，9 月下旬，经有关部门验收，幼龄茶中套种玉米的比幼龄茶不套种玉米的，分枝增多两倍，株高增长 15 ~ 20 厘米，植株生长旺盛、枝多叶茂还增收玉米 8000 千克（何焱林，1988）。

10.6　小农"循环经济"发展模式

以区域内个体农村家庭为单位、乡镇企业为单位的个体小微经济体为循环经济发展模式。该模式优点在规模小、技术要求低、易学易操作、资本小、收益快、风险低等特点，在鄂东大别山试验区得到广泛技术推广，不仅促进了"以工带农""万众创业"的号召，而且有力推进了小农经济的蓬勃发展。以集体经济组织为基础，成员自愿参与的方式，组成了种植和养殖两种发展模式。种植上规划了水稻和棉花两种种植基地，养殖上实行"园区养殖模式"村集体组织内成员自由选择养殖类别，实行立体化方式，采取"水中养鱼、水面养鸭、堤岸养猪"的模式，以达到资源的高效利用和节约使用的目的。该模式的优点是用水面放鸭和饲料喂鸭，用鸭粪喂猪，用鸭粪猪粪发酵后喂鱼，将塘泥作为农作物的良好肥料进行土壤增施形成良性循环生物食物链，达到了粮食增产、猪鱼饲料成本下降的目的。

江苏省建湖县有南庄村小循环经济模式（郝江俊，2007）。南庄村位于江苏省建湖县上冈镇北，204 国道东侧。全村现有人口 4000 余人，村域占地面积 7.5 平方公里，其中耕地面积 3500 亩，水产养殖平面 700 亩。该村除以农业和水产养殖业为主要经济支点外，家禽炕孵也是一大传统产业。该村的家禽炕孵业起源于宋元，兴盛于明清，有近千年的历史。现有炕坊近百座，每年炕孵鸡、鸭、鹅等苗禽约 3000 万羽，远销我国的东南地区、华北地区、华东地区、华南地区、华中地区的 15 个省份，素有南庄苗禽甲天下之称。由于传统经济是由"资源—产品—污染排放"单向流动的线性经济，南庄村人在以前的生产活动中，不注意资源的再生和环境的保护，在炕孵苗禽过程中，用稻草或煤炭为燃料进行加温炕孵，能源利用率低、工作效率差、污染严重，排出大量烟尘，禽蛋壳随处倾弃。每到炕孵季节，空中黑烟四起，地上蛋壳遍地。一到夏季，臭气熏天，蚊蝇肆虐。加之在夏秋两季收割小麦和水稻后将秸秆就地焚烧，家家地块点火，田野四处冒烟。不仅浪费了大量的资源，而且污染了环境，人们长期生活在恶劣的环境之中。如果说在经济还欠发达、生活水平还很低下的情况下，生活在这样的环境中还可以忍受的话，那么，在经济有了较大的发展，人们的物质生活初步达到小康水平的 21 世纪初，还生活在这种恶劣的环境中，就有点儿让人难以忍受了。南庄村人感觉到再也不能在这样的环境中生活下去了，他们迫切需要采取有效措施，在发展经济的同时，消除污染，还村里以蓝天、碧水、绿地，取得经济效益和环境效益的双赢，过上真正意义上的小康生活。于是，在当地政府的大力扶持和科学指导下，南庄村人结合自身的发展条件和优势，趋利避害，逐步探索出一条符合本村实际的小循环经济之路。

南庄村人利用本地资源，发展传统优势，改造落后的生产技术，推广清洁生产，化害为利，变废为宝，努力使本村经济由"资源—产品—污染排放"的单向流动的线性经济转变为"资源—产品—再生资源"循环流动的经济系统。

一是农田秸秆（主要是小麦、水稻）全部还田。过去，人们收割完庄稼后，秸秆即就地焚烧，不但污染了环境，而且浪费了资源。近年来，村里添置了旋耕机等农业机械，将所有小麦、水稻、玉米秸秆全部还田。

二是改造土炕坊。将原来以燃煤或稻草为燃料的土炕坊改造为电恒温坑孵。既减少了环境污染，又提高了生产效率。

三是禽蛋壳回收作为饲料。近百座炕坊年产生的约 500 吨蛋壳全部回收加工鸡饲料。提高了厂产蛋率，节约了生产成本。

四是畜禽粪便做水产养殖饵料。规模化畜禽养殖产生的粪便作为水产养殖的饵料。

五是河塘底泥肥田。水产养殖的鱼（虾、蟹等）塘底泥清出后肥田。

南庄村近年来推广循环经济理念，实现资源的高效利用和循环使用，不但促进了经济的发展，而且改善了人居环境，实现了经济效益和环境效益的双赢。每年产生的约 500 吨禽蛋壳变废为宝，回收加工鸡饲料，仅此一项即可节约生产成本 6 万余元，而且避免了环境污染；畜禽养殖产生的粪便作为水产养殖的饵料，年可节约生产成本 3 万元；水产养殖的鱼（虾、蟹等）塘底泥肥田，培肥了地力，增加了产量；农田秸秆还田，既减少了环境污染，又增加了地力，还节约了生产成本。据专家测算，如果秸秆还田率达到了 85%，即年可相当于亩施氮肥 16 千克、磷肥 17.3 千克、钾肥 26.7 千克、微量元素 0.6 千克，全村共可减少化肥施用 10000 余千克。最新研究成果表明，推广秸秆还田，还可有效压低农田菌源和虫源基数，减少病虫初侵染源，防止和减少灰飞虱、玉米螟等病虫害的发生。

循环经济使南庄村的经济走上了良性循环之路。近年来，该村农副工三业生产值逾 2 亿元，农民人均年收入超过 6000 元，而且村里村外空气清新，环境状况良好。

第11章 大别山地区绿色发展案例

11.1 大别山地区适生性食药用菌种质资源
开发和绿色栽培项目

"大别山适生性食药用菌种质资源开发和绿色栽培项目"（以下简称"大别山食用菌项目"）提取大别山野生食用菌种，培育转化为产品；利用大别山大量废弃薪柴，变废为宝，加工菌棒；利用闲置劳动力和村舍，种植蘑菇，打造食用菌产业。回收废菌棒，加工成有机肥"还田（山）"，形成具有大别山特色的绿色循环经济。同时，将乡村振兴产业与红色文化相联结，推动乡村旅游业发展壮大，把无烟产业带入大别山深处，既拓展了产业领域，又支撑食用菌产业的市场发展壮大，逐步形成绿色循环经济。

11.1.1 项目简介

"大别山食用菌项目"位于麻城市木子店镇，地处大别山南麓，麻城市东部，鄂皖两省交界处，属山地农业乡镇，森林面积大，农林废弃物富集。因该镇属山区、老区，经济落后，传统的农耕模式和自给自足的自然经济难以让当地农民脱贫致富。政府于2019年通过招商引资和能人返乡项目，吸引湖北金顶生态农业科技有限公司（以下简称"公司"）前往投资兴业，并将已废弃的麻城山宝峯农业有限公司动产和不动产"零租赁"给公司使用，公司法人为黄冈师范学院生物与农业资源学院教授郑永良博士。

湖北金顶生态农业科技有限公司是一家从事农林生物质资源综合开发与循环利用，集研发、生产、推广与培训为一体的现代新型农业科技型企业。公司依托黄冈师范学院和湖北省中科产业技术研究院的人才资源和智力优势，在木子店镇党委政府的积极支持参与下，通过"产学研政"全方位战略合作，有效对接大别山革命老区振兴发展规划、乡村振兴发展战略以及精准扶贫战略等国家大政方针政策和黄冈市大健康产业发展规划。公司坚持以"科技支撑创新，绿色引领发展，循环推动持续，健康成就未来"的理念，利用大别山丰富的农林废弃物资源和巴水源头优质山泉水开展食药用菌栽培研究与示范推广，通过对栗蘑、羊肚菌、赤松茸等大别山适生性食药用菌进行种质资源开发和绿色有机栽培研究，并对废弃菌棒进行二次发酵降解生产生物有机肥，以技术支撑和创新驱动构建循环农业、生态农业、绿色农业创新产业链。

公司位于湖北省麻城市木子店镇黄泥坳村，占地面积 100 余亩，有约 5000 平方米的研发大楼 1 栋，现代设施大棚 16 个，面积约 10000 平方米，有 20 吨的大型立式圆形沼气发酵罐 2 座，可同时发酵生物质原料约 3000 吨；用于研究试验的田间示范基地 5 亩，另有示范栽培基地 20 个。公司计划年产菌棒 300 万棒，利用废菌棒生产生物有机肥 5000 吨，可就近安排农民工近 200 人就业，预期年产值 5000 万元。主厂区场景如图 11-1 所示。

图 11-1　湖北金顶生态农业科技有限公司

公司发展目标是构建"生态农业、绿色农业、有机农业、循环农业和智慧农业"的现代农业创新产业链，推动农林产业循环高效可持续发展。同时积极开拓观光农业和红色旅游相结合的旅游新业态，推动大别山地区一二三产业融合发展，探索具有大别山特色的乡村振兴致富的新路径。

11.1.2　项目规划（见图 11-2）

11.1.2.1　初期规划（2019 年 9 月～2021 年 8 月）

加强基地建设能较好辐射带动农民脱贫致富，全面整合资源，实现厂区功能分区规划，建设全自动制棒生产线 4 条，改造建设自动控湿控温大棚 2 座，建设 1000 平方米冷藏库 4 座，日烘干 3000 斤鲜菇的全自动烘干车间 1 间。实现年产

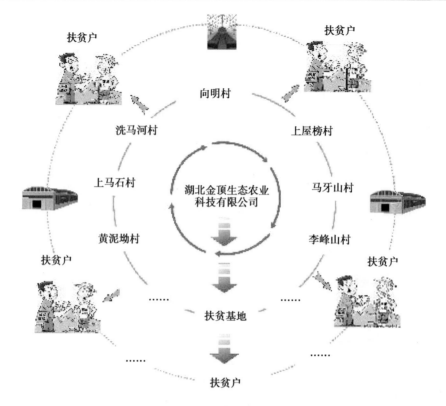

图 11－2   大别山适生性食药用菌种质资源开发和绿色栽培项目短期规划

栽培菌种 10 万棒，出菇菌棒 300 万棒，产鲜菇 1000 吨，干品 200 吨。公司能有效对接精准扶贫、乡村振兴战略，完善"公司＋基地＋农户（精准扶贫户）"的经营模式，公司直接带动至少 200 户贫困户脱贫，具备从事农林生物质资源化利用创新研究、食用菌栽培技术推广、现代新型职业农民培训等功能，着手建设湖北中科大别山食药用菌研究院，为创新创智、企业发展、地区辐射提供科技支撑和生产保障。

11.1.2.2　中期规划（2021 年 9 月～2023 年 8 月）

创公司品牌文化全面提高公司核心竞争力。全部采用全自动制棒生产线、自动接种和自动控温控湿生产菌棒，引进液体发酵接种设备 2 套。实现周年化生产，在前期基础上继续扩大产能，可为食用菌种植户提供栽培种 50 万筒，实现年产出菇菌棒 500 万棒，产鲜栗蘑 2000 吨，干品 300 吨。企业能带动当地农民脱贫致富增收，并形成区域优势特色产业，与黄冈师范学院共建新型职业农民培训基地，培养一批专业从事食药用菌栽培加工的现代新型职业农民。湖北中科大别山食药用菌研究院运行良好，在栗蘑、大球盖菇、羊肚菌等大别山适生性食药用菌的种质资源、绿色栽培、活性成分提取、功能食品研发以及废弃菌棒创制专用生物有机肥等方面取得一批具有自主知识产权的标志性成果。企业具有自主品牌，且在地区及至全国具有较好的市场和影响力，如图 11－3 所示。

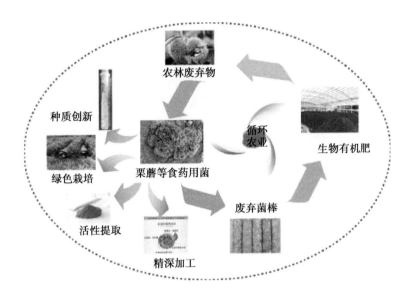

图 11－3　大别山适生性食药用菌种质资源开发和绿色栽培项目远景规划

11.1.2.3　远景规划（2023 年 9 月～2025 年 8 月）

进一步创新创智建成现代高效循环农业产业示范园。在栗蘑等优势特色食药用菌的产品精深加工、活性成分提取、功能食品研发等方面具备较强实力，形成一定的产能。公司最终将通过提供优质种质资源、完善的技术服务以及产品精深加工和辐射带动等方面发挥龙头企业作用，并通过技术创新推动企业横向合作，加强产品出口，全方位提升产品质量，企业形象及品牌在全省乃至国内外具有较高知名度。最终建成以农林废弃物循环转化与综合利用为主要内容，涵盖循环农业、智慧农业、生态农业、康养农业和观光农业为一体的现代高效循环农业产业示范园，配套建设大别山菌菇科教馆，并与红色革命历史遗迹——红二十五军将领张体学"避难处"（见图 11－4）保护和开发相结合，着力打造成一二三产业融合的先导区和示范区，有效支撑和服务大别山区科教兴农、脱贫致富和乡村振兴战略。

图 11 - 4　红二十五军将领张体学"避难处"遗址——吊桥沟猴王洞

公司附近有系列红色革命历史遗迹，其中红二十五军将领张体学"避难处"遗址——吊桥沟每天吸引大批红色旅游客人前来开展教育活动。据记载，1933 年 9 月 27 日，红二十五军，根据鄂豫皖省委决定，向鄂东北转移，在经过潢麻公路时，遭敌人截击，红二十五军将领张体学所在独立营被阻，张体学（1915 ~ 1973 年）（中华人民共和国成立后任湖北省委书记）负伤，为躲避敌人追捕，在长岭关吊桥沟猴王洞里躲了三天三夜，由吊桥沟村民送饭吃。公司拟与红色遗址所在的村合作开展"观光农业 + 红色旅游"，形成第一产业和第三产业融合发展的产业格局。

11.1.3　项目阶段性成果

公司与当地政府通过校企合作和产教融合，在 2020 年就产生了良好的经济效益和社会效益，形成了"政府 + 高校 + 农户"的公司运作模式。

11.1.3.1　首期固定资产投资已经完成

2020 年初，公司克服疫情影响，建设自动生产线 1 条，包括自动一级拌料罐、二级拌料罐、布料机、自动装袋机、自动扎口机和自动传送带等（见图 11 - 5），具备日加工菌棒 2 万支的生产能力。同时建有冷库 4 座，库容 1000 吨，建成自动烘干房 1 间，液体发酵车间 1 间（见图 11 - 6），购买经营用车 2 辆。累计完成首期固定资产投资 3000 万元，加上地方政府"零租赁"厂房设备（见图 11 - 7 和图 11 - 8），公司资产规模接近 5000 万元，具备年产值 5000 万元的生产能力。

图 11 - 5　大别山适生性食药用菌自动生产线

图 11 - 6　大别山适生性食药用菌液体发酵罐

图 11 - 7　大别山适生性食药用菌实验室分子鉴定 PCR 仪、光学显微镜等

图 11 - 8　大别山适生性食药用菌实验室、菌种培养室

11.1.3.2　建成湖北中科大别山食药用菌研究院

在湖北中科产业技术研究院的前期调研与支持授权下，成立其二级机构——湖北中科大别山食药用菌研究院，以"技术支撑、创新驱动、绿色引领、产教融合"为理念，主要围绕大别山适生性食药用菌栗蘑、羊肚菌、赤松茸等珍稀食药用菌开展种质选育与创新、绿色栽培与示范、活性提取与功能、精深加工与转化等方面的基础和应用研究。研究院建设有研究室5间，新购置仪器设备共25台件，价值400余万元。目前已收集鉴定栗蘑品种8个，毛木耳、羊肚菌、平菇、灵芝等当地野生品种共18种（见图11-9），建设有大别山食药用菌种质资源库1个。

图 11-9　大别山适生性食药用菌栗蘑、羊肚菌、灵芝

2020年，通过"公司+基地+农户（扶贫户）"的运作模式，按照"统一制棒、集中培菌、分散出菇"的原则，实现周年化生产，带动农民脱贫致富。目前，公司已分别在向明河村、上马石村、上屋榜村、黄泥坳村、马牙山村建成生产基地5个，包括马牙山村反季节栽培基地1个，建设大棚共20座，面积超过1万平方米，2020年建成面积100亩的"稻—菌连作"赤松茸栽培基地，取得了良好的经济效益、生态效益和社会效益。

11.1.3.3　建立驻村博士工作站

通过博士工作站，充分发挥高校的人才、智力和技术优势，把研究做到了"田间地头"，把文章写到了大别山上，实现了技术下沉、成果产出和转化、人才培养"一体化、零距离"，高校服务地方经济发展的能力得到提升和凸显。目前，工作站已有7名博士下到木子店镇各村组，指导食用菌的生产（见图11-10）。助力精准扶贫，推动当地经济发展。2020年，公司接收农户120人实现就近就业，吸纳帮扶精准扶贫户52人，被麻城市确定为"扶贫车间"。全年共生产菌棒20万棒，消耗农林废弃物400吨，生产鲜菇200吨，产值达200万元，创利润60万元。

图 11 - 10　大别山适生性食药用菌驻村博士工作站挂牌

11.1.4　项目展望

未来，公司将进一步深化校企合作，推动产教融合，继续扩大产能，并在产品品牌创建、活性成分提取与功能研究、产品精深加工以及通过建设新型职业农民教育学校以培训和提高农民素质等方面开展工作，提高公司的影响力和品牌知名度，全面提高公司的核心竞争力。

11.1.4.1　种质创新

围绕大别山区适生性道地食药用菌栗蘑等进行种质选育与品种改良。建立大别山区适生性道地食药用菌如栗蘑、茯苓、天麻、羊肚菌、灵芝等品种的种质资源库。

11.1.4.2　绿色栽培

围绕栗蘑、羊肚菌、大球盖菇等大别山主要食药用菌开展绿色有机栽培和标准化示范推广，建立栽培规程和技术规范。

11.1.4.3　活性提取

围绕栗蘑多糖等具有较好抑癌功效的活性成分开展提取纯化及功能研究，为保健食品开发及药品研发提供理论基础，延伸食药用菌产业链。

11.1.4.4　精深加工

以栗蘑、茯苓、天麻等大别山区适生性食药用菌为原料，研发健康食品、休闲食品和功能保健品，有效对接黄冈市大健康产业，提高产品的附加值。

11.2 大别山地区天然荒废油茶林资源高效综合利用项目

11.2.1 项目背景

我国食用油消费量巨大，目前自给率不足 40%，存在较大的粮油安全隐患。2015 年国务院办公厅发布了《关于加快木本油料产业发展的意见》，强调要加快油茶等木本油料产业发展，大力增加健康优质食用植物油供给，切实维护国家粮油安全。2016 年国务院办公厅又将油茶列入国家精准扶贫的主要树种，标志着油茶产业已上升为国家粮油安全战略和国家精准扶贫行动，是由国家倡导并积极推动的朝阳大产业。

油茶（Camellia Oleifera Abel），属山茶科（Theaceae）山茶属（Camellia L.）植物，是我国特有的木本食用油料树种，与油橄榄、油棕、椰子并称为世界四大木本油料植物，与乌桕、油桐和核桃并称为我国四大木本油料植物。茶油因含有 90% 以上的不饱和脂肪酸，是世界上最优质的食用植物油，发展油茶产业，开发山地空间，不仅不会出现与粮食争地的问题，还能提高国土资源使用效率，使国家粮油安全得到保障。油茶还含有丰富的维生素 E、山茶甙、茶皂素、茶多酚和黄酮等多种生理活性物质，具有防癌抗癌、降三高、抗衰老和防止心脑血管疾病等多种保健功效，国际粮农组织首推茶油为卫生保健植物食用油。

近十年来，我国油茶林面积不断扩大，全国油茶林面积已由 2008 年的 4500 万亩发展到 2016 年的 6000 多万亩，茶油产量由 20 多万吨增加到 51.8 万吨，产值由 110 亿元增加到 420 亿元。2009 年国务院制定并颁布了中华人民共和国成立以来第一个单一树种的产业发展规划《全国油茶产业发展规划（2009—2020年）》，规划到 2020 年，全国油茶产业面积达到 7000 万亩以上。

湖北省油茶资源丰富，油茶种植经历了 20 世纪 50 年代的起步、六七十年代恢复发展和八九十年代平稳发展三个阶段，油茶效益为广大群众逐渐认识，群众种植基础牢固。自 2008 年以来，湖北油茶产业持续发力，从 145.4 万亩发展到 2016 年的 374 万亩。2016 年，全省新增种植面积 38 万亩，其中咸宁、黄冈种植面积位居全省前列，被誉为"全国油茶之乡"，建有国家级油茶产业示范园 1 个、国家级油茶良种示范基地 1 个、国家油茶产业重点企业 5 个、全国油茶标准化示范县 12 个。2016 年茶籽产量达到 11.3 万吨，茶油产量达到 2.9 万吨，产值达 30

亿元。全省有11.8万贫困人口因种植油茶脱贫致富。

近几年，湖北整合数十个项目资金用于油茶产业发展，每年在2亿元左右，撬动社会资本投入12亿~15亿元，并探索出公司加基地加农户、农户出地、公司出资，股权共有等成熟的模式和机制。2015年，湖北出台了加快木本油料产业发展的政策，省林业"十三五"规划要大力发展油茶等木本油料树种种植。业内人士估计，湖北油茶面积将在500万~1000万亩。随着科技进步、人们生活水平以及对茶油保健价值认识的提高，湖北油茶产业迎来了前所未有的大好发展机遇。

一是政府积极引导，油茶产业发展热情空前高涨，油茶加工企业、荒山荒地承包经营户种植油茶林的情况比较普遍。二是科技支撑作用显著，造林标准提高。新造林户注重科技应用，选良种，用嫁接苗高标准营造油茶林。三是生产面积不断增加。各油茶产区都新建油茶基地，面积不断增加，2008~2016年每年以20万亩速度增加。四是油茶产量逐年提高，自1999年以来，为恢复油茶生产，湖北着力实施油茶低改工程，提高了油茶的产量。通过高接换种、清杂、垦复、修剪整形、施肥、病虫害防治等综合措施大幅度提高了油茶单产。其中阳新县、麻城市、通山县等地区油茶低产林改造后增产茶油30~75千克/公顷。五是产业发展态势明显。阳新县、麻城市、武汉市的黄陂区等湖北省油茶大市（县）大力推进油茶产业化经营，推行"公司＋基地＋农户"的产业经营模式，形成了"市场带龙头，龙头带基地，基地连农户，产、供、销一条龙，农、工（加工）、贸一体化"的产业经营格局。湖北省油茶加工企业数一百多家，规模较大的油茶加工企业有几十家。六是综合效益显著提升。通过使用良种，加强管理、低产林改造、茶油精炼油加工等措施使油茶生产综合效益大幅度提升。目前，中等管理程度的10年生油茶林经济效益达到7500元/公顷，是以前的数倍。

湖北省油茶产业呈现较好发展态势的同时，也存在一些不容忽视的问题：①可发展油茶的土地资源远未充分利用。湖北省国土面积18万平方米，以山地和丘陵为主，其中丘陵、岗地占24%，共计54万平方米左右，非常适于油茶的发展。②丰富珍贵的天然荒废油茶林资源长期沉睡深山，未引起足够重视，未得到及时开发与利用，资源优势未兑现成经济优势。③低产林改造进程缓慢。由于缺少足够高效的示范和良种良苗推广力度，部分林农还没有充分认识到低产林改造的巨大效益，导致低产林改造工程进展缓慢。原有老林分管理粗放，效益低下。原有老林分多为30多年前用种子直播的营造油茶林，周期长，加上管理不到位，经济效益低下，影响了林农发展油茶的积极性。④科研工作仍需加强。高产、高油、高抗油茶新品种的选育和应用需要持续进行，配套的油茶高效栽培关键技术的研究和科技成果转化需要加强。

目前，湖北省高度重视油茶产业发展，把油茶作为维护国家粮油安全战略产业，放在突出位置，成立了湖北省油茶产业发展领导小组，研究制订了《全省油茶产业发展规划》，规划重点在大别山、幕阜山、武陵山、桐柏山等区域。

大别山地区土壤、气候适宜油茶种植，是湖北省油茶主产区。同时，大别山地区曾经是国家级深度贫困地区，脱贫攻坚任务艰巨。油茶作为大别山特色产业在精准扶贫中发挥了重要的作用，油茶树正成为山区农民脱贫致富的摇钱树。然而，作为湖北省主产区，大别山油茶种植技术传统落后，产量和效益低下，科技支撑不足，制约了产业发展。"大别山天然荒废油茶林资源高效综合利用项目"（以下简称"大别山油茶项目"）为大别山区油茶产业发展提供技术支撑和技术服务，对推动大别山区油茶产业开发、促进乡村振兴、推动湖北省油茶产业高质量发展具有十分重要的现实意义。

11.2.2 项目简介

"大别山油茶项目"的承担团队为黄冈师范学院生物与农业资源学院"油茶种质改良与高效栽培创新"科研团队，成员7人，其中，4人具有博士学历、3人具有教授职称。"大别山油茶项目"依托实验室仪器设备值2000万元，主要有高速冷冻离心机（Z-16K）、超低温冰箱（MDF-392）、高速台式离心机（TGL-18C-C）、超纯水仪（GenPare）、离子色谱仪（ICS-3000）、高压液相色谱仪（Waters2695）、原子吸收分光光度计（日立Z-2700）、全自动定氮仪、紫外可见分光光度计（V-530）、荧光定量PCR仪（ABI7500）、梯度PCR仪（Bio-Rad Mycycler）、电泳仪（六一）、全自动凝胶成像分析系统（Bio-rad）、超净工作台（SWCJ-2FD）、生化培养箱（SPX-150BS）、制冰机（XB70）、恒温培养摇床（HZQ-X160）、超声波清洗器（SK3300H）、三目摄影生物显微镜（DME）、体视显微镜（XTS3011）、全自动手提式灭菌器（YXQ-LS-18SI）、植物生长人工气候室（杭州微松）、恒温磁力搅拌器（85-2）、毛细管电泳系统等。

"大别山油茶项目"启动资金200万元，主要用于土地流转、设备购置、劳动力雇用和业务材料采购等。

土地流转费100万元。建设大别山油茶高效栽培成果转化与油茶产业科技扶贫综合示范基地，面积2000亩，每年每亩支付给农户土地流转费250元，2年合计100万元。

安装水肥一体化精准施肥系统设备费40万元，其中，22千瓦高压水泵2台4万元、2台自动过滤系统3.6万元（每台1.8万元）、自动控制系统2.6万元、电缆线1000米2万元、蓄水池3个3.6万元、搅拌系统2套3.4万元、泵房一间30平方米4.5万元、PE管道5000米15万元、闸阀50个1.7万元。

材料事务费33万元。其中，消耗材料费（资料费）25万元：组织培养药品

2.6 万元、分子标记实验药品 3.4 万元、分析土壤样品 300 个 3 万元、油茶植物样品 200 个 3 万元、实验室药品外常用耗材 3 万元、油茶高效专用配方肥及叶面肥原料 10 万元（尿素 15 吨 3 万元、硫酸钾 10 吨 3 万元、磷酸二氢钾 2 吨 1.2 万元、硼肥 2 吨 1.6 万元、钼酸铵 1 吨 1.2 万元）。油茶基因测序 4 万元、油茶含油率和活性成分测试样品 100 个 3 万元。

人力资源费 21 万元。其中，科研助理两年工资共计 7.2 万元、科研辅助人员劳务性费用 2 万元、"油茶高效栽培成果转化与油茶产业科技扶贫综合示范基地"投入农民工 600 个共计 6 万元、天然荒废油茶林改造基地投入劳工 500 个共计 5 万元。聘请 2~3 名油茶专家现场指导，专家咨询费 0.8 万元。

其他支出 6 万元。其中，会议费、差旅费和国际合作交流费 2 万元，管理费 4 万元。

后期随着项目规模逐步扩大，除了进一步争取政府投入、依托高校扶持，主要通过吸引风险投资等社会资金注入，同时项目的留存收益可以用于扩大再生产，实现良性循环，滚动发展，逐步覆盖大别山全境。

"大别山油茶项目"主要技术创新包括大别山油茶种质改良和栽培技术创新，包括"优良无性系筛选与鉴定、油茶分子标记技术体系建立、氮磷高效利用基因鉴定与克隆、优良无性品系扩繁、油茶高效栽培专用肥和花果调控叶面肥、水肥一体精准施肥系统"等研究，形成高效栽培技术标准，实现油茶种植的"良种＋良法"技术集成与优势组合，为大别山区和湖北省油茶产业发展提供技术支持。项目技术路线如图 11 – 11 所示。

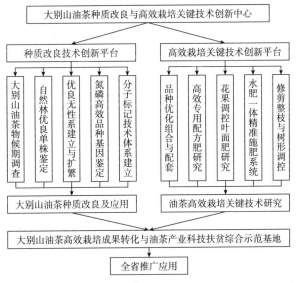

图 11 – 11　大别山天然荒废油茶林资源高效综合利用项目技术路线

11.2.3 项目建设内容

11.2.3.1 种质改良技术创新

通过油茶分子标记技术体系、油茶优良无性系建立、氮磷高效利用相关基因鉴定和克隆等技术选育和推广优良油茶新品种。

我国目前的油茶林主要为自然林或传统农家品种人工林，多为 20 世纪 70 年代从各地的自然林中通过选择培育的优良无性系或家系，高产高抗新品种少，广适性品种少，在选育的局部区域表现良好但引种至其他区域则表现不良，不能满足不同区域油茶生产的需求，单位面积产油量较低。统计数据显示，2016 年全国油茶的种植面积已经突破 6400 万亩，但年产茶油只有 50 余万吨，平均亩产茶油不到 10 千克。因此不断选育和推广优良新品种是加快油茶产业发展的核心。油茶是异花授粉植物，自然林中单株分化较大，系统地选择优良单株（即优树选育）是提高遗传增益最便利的育种方法。优良农家品种选育是根据当地群众在长期的生产实践中，对一些具有优良性状的类型进行群体或单株混合选择，从而形成适应该地区气候和环境的地方品种，这些品种一般是该地区的主栽品种。油茶杂交育种中亲和力的高低一般与亲缘关系的远近成反比。随着生物技术的发展及应用，分子标记辅助油茶育种技术开始应用，不但推进了油茶育种进程而且促进了定向育种的发展。分子标记除了可用于油茶遗传多样性分析之外，还可作为油茶分类及品种鉴定的有效手段。

项目通过对大别山油茶丰富的种质资源进行调查、收集、鉴定、保护和利用，并建立大别山油茶种质资源圃，为大别山乃至湖北省油茶种质创新和遗传改良提供种质资源。建立油茶分子标记鉴定技术体系，为湖北省乃至全国油茶品种（品系）分子辅助育种提供技术支持；开展重要功能基因（如氮、磷高效利用基因）的定位与克隆研究，为大别山油茶遗传改良奠定基础。

11.2.3.2 高效栽培关键技术创新

通过油茶高效专用配方肥和油茶花果调控叶面肥研发等，推广优质高效栽培技术。油茶栽培技术主要包括种植地的选择与整地、油茶品种选择与组合、肥水管理、修剪整形、病虫害防治等方面。油茶的种植条件比较特殊，温暖湿润且热量较为丰富的地区是油茶种植的首选地区。黄红土壤以及山地红壤是种植油茶的最优土壤类型，种植油茶的土壤 pH 值为 5.0~6.5 最宜，属于弱酸性土壤，而且土壤不能受到污染，排水较好。一般来说，亚热带的季风区由于气温相对较高，降水量较多，且土壤属于带有弱酸性质的土壤，比较适宜油茶的种植。

油茶品种的选择要以种植地的土壤条件以及气候条件为参考，根据当地的地质条件选择良种是保证油茶丰产的前提。油茶不仅要出油高，还需要速生、早结果，同时对抗病虫害方面提出了较高的要求。油茶在幼苗时期就需要及时浇水和施肥。随着苗木的生长，其对肥料的需要也在逐年增加。对油茶的修剪也是保证油茶增产增收的重要方式，油茶的修剪时间从每年的 11 月至次年的 2 月，修剪需要根据油茶生长的特点进行，要避免油茶的枝条受到伤害，修剪掉的主要是病枝、枯枝以及交叉枝。

大别山油茶项目针对油茶品种配套、精准施肥、花果调控、水肥一体、修剪整形等方面关键共性技术开展研究。品种优化组合与配套，可解决油茶自交不亲和及花期不遇导致的"千花一果"现象。油茶高效专用肥和油茶花果调控叶面肥技术研发，可大幅度提高油茶产量和效益，解决油茶产业发展中面临的"周期长、见效慢、效益低"等技术难题；与之配套的水肥一体精准施肥系统是其成果转化与应用，可实现科学施肥、精准施肥、节水灌溉、绿色高效栽培目标。修剪整形可改善油茶光照和通风，增强光合作用，提高产量。

11.2.3.3　大别山天然荒废油茶林改造

天然荒废林是指非人工直接栽植、由野生动物（包括鸟类）传播种子而形成的集中连片、呈自然生长状态的油茶林。其特点是面积大、分布广、无人管、无效益，多处山区（海拔 100 ~ 600 米）。项目对于天然荒废林的改造主要包括林分改造、整形修剪、土地复耕、合理施肥、高接换冠以及病虫害防治等手段。林分改造主要通过疏林补种的方式进行；整形修剪通过对枯枝残叶的修剪能创造更多的生长空间与通风环境，促进新枝叶生长，从而有利于增加产品。修剪遵循"因树修剪、因枝作形、去弱留强"的修剪原则，同时，背阴坡及冠下需要重剪，阳坡及树木中上则要轻剪。由于油茶吸收养分的根系距离地表 15 ~ 20 厘米，如果对油茶林进行垦复，可以使产品明显提升。垦复需要注意防止水土流失，全垦适宜在坡度 15°以下的山地开展，15°以上适合穴垦或者阶梯式的垦复。油茶生长阶段需要有足够的肥料作为养分才能保证高产，依据生长发育规律选择适宜的肥料。高接换冠则是选择立地条件较好的中壮龄油茶林进行高接换冠，将不结果的植株距离地面 70 厘米的位置截断，充分利用原有油茶树的枝干，应用大树嫁接法，嫁接高效、优质的品种，从而使油茶树冠得到改良，将产品提高。

大别山油茶项目组在大别山贫困村（麻城市顺河镇梅花山村）流转 2000 亩耕地，建设"大别山油茶成果转化与油茶产业科技扶贫综合示范"基地，为大别山革命老区油茶产业发展、科技扶贫和乡村振兴积累经验、探索路径、创新模式。基地建设目标有六项：一是科技扶贫示范基地。基地每年通过土地流转、劳务用工、小额信贷和入股分红为当地村民创收 90 万元，带动该村贫困人 100 人脱贫。二是科技研发示范基地。针对大别山和湖北省油茶产业发展重大需求、技术难题和关键技术开展协同创新、联合攻关。三是成果转化与产业推动示范基地。研发成果优先在基地快速转化和示范推广,辐射和带动大别山区应用油茶高效栽培技术成果10万亩、湖北省30万亩。四是新型职业农民技术培训和油茶技术科普基地。利用基地科技研发和示范推广优势,组织油茶种植大户和新型职业农民观摩学习,现场培训,把基地建设成大别山油茶特色产业科普基地,提高茶种植科技水平。五是绿色、有机、生态、高效现代农业示范基地。利用油茶花、山茶花、水果、生态种养殖以及乡村自然景观和农耕文化,研发和构建"油茶 + 生态种养殖 + 休闲体验 + 观光旅游"高效现代农业新模式。六是产学研融合、校地企共建示范基地。打造产学研、校地企相融合的特色品牌。

11.2.4 项目成效简介

"大别山油茶项目"已经在天然荒废油茶林资源综合利用和油茶高效栽培技术研究上取得了重要进展和阶段性成果,先后在大别山区指导建设油茶成果转化示范基地12个、面积8000亩,推广应用近10万亩,每年为贫困山区增收1.2亿元,带动建档立卡贫困户1250户3940人脱贫。

11.2.4.1 天然荒废油茶林资源开发利用技术成果

天然荒废油茶林是指由野生动物搬运传播油茶种子而形成的呈自然荒废状态的油茶林,老百姓称之为"野油茶"。其面积大、分布广、不结果、无效益。2015年,项目组对大别山区湖北省黄冈市辖区内天然荒废油茶林资源面积、分布、立地条件与生长现状等进行了详细调查,并对其利用价值进行了评价,结果表明,全市天然荒废油茶林资源面积约为70万亩,绝大部分沉睡山间,其中80%以上适合开发利用。项目组成功研发了天然荒废油茶林资源高效综合开发利用的方法和技术,形成了包括"快速成园、精准施肥、修剪整形、嫁接转化、生态养殖"等技术体系,成果获得2018年湖北省政府发展研究三等奖。该成果表明:天然荒废油茶林资源开发利用具有周期短、见效快,投资小、效益大的优点。近五年来,项目组在大别山深度贫困市麻城市(顺河镇、乘马岗镇和龟山镇)共建立天然荒废油茶林资源高效综合开发利用示范基地12个、面积8000亩;辐射带动和指导湖北省贫困地区近8万亩同类资源得到开发利用,每年为贫困山区增收8000余万元,带动建档立卡贫困户1250户3940人脱贫(见图11 - 12);培训油茶种植大户及新型职业农民5840人次。正当各级扶贫工作队冥思苦想产业扶贫路径时,高效开发天然荒废油茶林资源,唤醒沉睡深山的摇钱树,让人眼前一亮,"蓦然回首,那人却在灯火阑珊处"。2017年3月15日,湖北省委常委、省军区政委、麻城市脱贫攻坚总指挥冯晓林将军在麻城市精准扶贫工作推进会上,对项目负责人胡孝明油茶产业扶贫给予了充分肯定和表扬。本成果可为湖北省近300万亩天然荒废油茶林资源开发利用提供技术支撑与经验借鉴,对推动湖北省油茶产业发展和产业扶贫具有十分重要的现实意义。湖北卫视、《中国教育报》、《湖北日报》等十余家媒体对本成果进行了宣传报道。

图 11 - 12 大别山（麻城市）天然荒废油茶林资源

11.2.4.2 油茶高效栽培技术集成研究取得阶段成果

为解决油茶产业面临的"周期长、见效慢"等技术难题，项目组开展了油茶高效栽培技术集成研发，围绕土壤耕作、营养诊断、精准施肥、修枝整形进行技术研究与集成，取得了阶段性成果。研发基地位于蕲春县管窑镇江凉村，面积 224 亩，之前为长满巴茅的荒坡地。2012 年栽种约 20 厘米长幼苗，第三年（2015 年）挂果见效（亩产值达到 800 元），第四年（2016 年）平均树高 1.8 米，单株结果高达 15 千克，亩产值达 2000 元。初步实现"四年进入盛果期、亩产值达两千元"的高效栽培目标（见图 11 - 13）。

图 11 - 13 油茶高效栽培技术集成研发基地——蕲春县江凉村

11.2.4.3 大别山油茶遗传改良研究进展顺利

项目组已经克隆获得了 5 个油茶高光效、养分高效利用相关基因，建立了油茶通过体细胞发生获得了再生植株的技术体系；建立了油茶 RNA 和 DNA 高效提取技术，为利用分子标记技术进行优良油茶品种的筛选和鉴定奠定了基础。此外，建立了油茶芽苗砧嫁接技术，并进行了部分优良无性系的快速繁殖（见图 11 -14 至图 11 -16）。

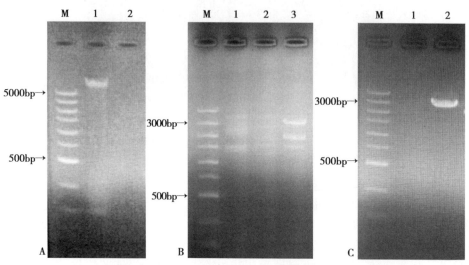

（A油茶叶片总DNA；B油茶FT基因的PCR扩增；C菌落PCR验证）

图 11 -14　油茶 FT 基因的克隆

图 11 -15　油茶通过体细胞胚胎发生获得再生植株（提供了油茶转基因的培养体系）

图 11 - 15　油茶通过体细胞胚胎发生获得再生植株（提供了油茶转基因的培养体系）（续）

图 11 - 16　油茶芽苗砧嫁接

11.2.4.4　基地建设成效显著

为了示范推广油茶高效栽培技术，推动湖北省油茶产业发展，项目负责人及其油茶创新团队注册成立了湖北景秀生态农林科技有限公司，并在大别山区贫困村麻城市顺河镇梅花山村流转耕地 2000 亩，全力打造"油茶高效栽培成果转化与科技扶贫"综合示范基地（见图 11 - 17）。2018 年 3 月，基地幼苗栽植任务完成，当年成活率高达 90%，长势良好。基地扶贫效果十分显著，即使在基地建设期，每年也可为当地农户创收 90 万元：土地流转费 40 万元、带动就业 40 万元（每年用工 4000 个）、小额信贷入股分红 10 万元。带动 38 户、116 人脱贫。进入收益期，每年至少可为当地农户创收 150 万元，且逐年增长。基地在黄冈市油茶产业发展中发挥了重要的示范与推动作用。

图 11 – 17 油茶高效栽培成果转化与科技扶贫综合示范基地（麻城市梅花山村）

11.2.4.5 驻村博士工作站开创成果转化新模式

为了加快成果转化，创新高校服务地方经济途径与方式，2019 年，项目组建立了首个驻村博士工作站进驻项目团队基地所在地——麻城市梅花山村，深入开展科学研究、成果转化和产业扶贫，把实验室建在田地间，把论文写在大地上，助力精准扶贫，促进乡村振兴（见图 11 – 18）。

图 11 – 18 驻村博士工作站揭牌

11.2.5　项目预期创新

"十四五"期间，国家将全面贯彻新发展理念，大力推进山区绿色发展和乡村振兴，大别山油茶项目正积极推进"油茶种质改良与高效栽培关键技术创新中心"建设，为大别山区甚至湖北省油茶科技研发和产业发展提供技术平台和科技支撑；建成大别山油茶种质资源圃，为大别山乃至湖北省油茶种质创新和遗传改良提供优良种质资源；建立油茶分子标记技术体系，为油茶分子育种提供技术支撑。

11.2.5.1　技术创新指标

建立油茶分子标记技术体系，筛选获得功能标记 2~3 个；鉴定和克隆氮磷高效利用相关基因 2~3 个，探究油茶氮磷高效利用作用机理，为培育氮磷高效利用新品种提供参考；研发油茶高效专用肥配方 4 套、油茶花果调控叶面肥配方 2 套；建成水肥一体精准施肥系统 1 套，面积 1200 亩；建设"大别山油茶高效栽培成果转化与科技扶贫综合示范基地"，面积 2000 亩，实现成果快速转化和推广应用；建立大别山区（黄冈市）境内重点油茶林物候期定点观察点 2~3 个，建立优良无性系繁殖圃 1 个，引进优良无性系 50 个，面积 10 亩；申报湖北省科技进步奖 1 项，申报专利 2~3 项。

11.2.5.2　经济效益指标

新增产值 6400 万元，新增利税 960 万元，促进科技投融资金额 1200 万元；促进产学研合作项目签约 5 个，签约资金共计 600 万元；引导新增在孵企业 3 家；培养高新技术企业 1 家；带动 5 家油茶专业合作社营业收入增长 30% 及以上。

11.2.5.3　社会效益指标

培训从事技术创新服务 600 人次；提供技术咨询/技术服务 800 人次；培训和指导农业科技服务 1200 人次；培训新型职业农民 2000 人次，带动脱贫 1000 人，培养大别山油茶栽培和深加工专门人才 1000 人。

11.3　两个案例的启示

"大别山食用菌项目"和"大别山油茶项目"虽然刚刚起步，但是很快就见成效，深受地方政府和农户的欢迎，呈现出较强的发展后劲，对于大别山绿色发展具有十分重要的意义。总结这两个项目不难发现一些共同的特征。

11.3.1　科技创新、变废为宝是根本驱动力

大别山食用菌项目的重要创新之处是提取适生性野生菌种并进行改良，使之能够进行规模化种植，方便在农户中推广；另外，菌棒是食用菌栽培的主要成本，菌棒材料成本的高低决定了栽培农户的种植利润，所以菌棒材料创新也是十分重要的技术。大别山食用菌项目正是找到了这个切入点，大别山有十分丰富的板栗树资源，以往农户种植板栗树主要为了采摘板栗果，大量的板栗果是鲜果直接上市，初期板栗果稀少的时候，栗农还有盈利空间，但是随着大别山人工种植板栗规模的扩大，板栗果市场竞争日益激烈，加上板栗保鲜技术一直没有很好解决，深加工技术也遭遇瓶颈。因此，每到板栗成熟季，大量板栗鲜果集中上市，价格低到"白菜价"，栗农基本无钱可赚。特别是近年来，随着青壮年农民外出务工，农村用工成本急剧上升，板栗成熟季，外出务工农民不愿回乡采摘，雇用劳动力则入不敷出。有时留守老人、小孩勉强上山采摘，通常采用竹竿敲打的方法，由于板栗有坚硬的荆棘外壳，经常造成伤人事件，严重的造成伤亡事故。所以每到板栗采收季，板栗种植地政府和外出务工的家人都提心吊胆，担心采摘板栗伤人。导致大量板栗树平时缺乏管护，产量逐步降低，甚至出现无人采摘，废弃山间。有的地方栗农开始毁林改种，原来大别山地区主打的扶贫产业眼看化为泡影。这时栗蘑的引种恰逢其时，栗蘑既是广受欢迎的食材，还具有极强的抗癌的药物作用，在日本特别受欢迎。栗蘑的菌棒材料正是大别山丰富的板栗树枝及其果壳等废弃物，所以栗蘑的种植不仅有自身的价值，而且挖掘了板栗种植的附加值，一举两得，具有十分广阔的发展前景。另外，"大别山食用菌项目"团队正在积极研发，拓展栗蘑菌棒材料来源，目前初步取得进展，除了板栗壳和树枝外，阔叶乔木和灌木薪柴都可以用作菌棒材料。有些适生性菌种的菌棒可以用大别山丰富的野生巴茅草材料，这种草在大别山分布广泛，可以在石缝等恶劣环境中生长，繁殖能力特别强。但是，这种野生草动物不喜欢吃，用作薪柴燃烧值不高，过去有的地方用其制作草棚顶盖，遮雨防晒，现在基本处于废弃状态，有时妨碍其他作物生长，还不得动用人力进行清除。因此，这种菌棒材料成本极低，"大别山食用菌项目"真正发挥了"变废为宝、点石成金"的转化作用。

大别山油茶项目的切入点也是大别山丰富的荒废油茶林资源，主要技术攻关是荒废油茶林高产改造技术，项目团队通过分子技术和传统的嫁接技术，将野生低产油茶林进行改造，达到速生、高产的效果，这也是一种"变废为宝"的绿色技术，这种技术对种植户的技术要求不高，劳动强度也不大，可以充分利用山区闲置的老年劳动力和妇女劳动力，大幅提高大别山地区劳动生产率，是山区乡村振兴的根本驱动力。

11.3.2 基于项目驱动的"高校＋地方政府＋农户"模式

"大别山食用菌项目"和"大别山油茶项目"两个绿色发展案例均为项目驱动，这并非偶然，而是新发展理念下山区绿色发展的有效模式。

首先，高校是绿色发展的创新主体。高校特别是地方高校是区域内人才高地，思想智库；是区域知识创造、积累与传播的重要基地，是最接地气的科技创新、技术转移和成果转化的重要平台，是传播科学精神、科学道德以及精神文明和文化建设的主要阵地，是振兴区域经济文化和推动社会进步的关键因素。同时，服务区域经济社会发展，是地方高校生存的根本，区域经济快速发展也要求地方高校相应提高人才培养层次、扩大教育规模、提升科技创新能力。高校在服务区域经济社会发展过程中，自身也不断发展壮大，形成特色，打造高水平的富有地方特色的学科平台。在国家创新驱动战略和"双循环新格局"的指引下，地方高校越来越深度融入当地生产、生活，开展接地气的科研和成果转化，形成自身的办学特色和目标定位，这是新时代高等教育发展的新趋势，是地区绿色发展的新机遇。

其次，地方政府是协调主体。科技成果转化有三种途径：一是成果所有人推广；二是企业购买；三是政府撮合。事实上，前两种可以归为一类，就是通过市场转化。市场的作用机理就是"看不见的手"，这就意味着通过市场转化的科技成果必须有一个重要的特征，就是成果的经济价值，如此才能激发买卖双方交易的热情。即便如此，通过市场推动的成果转化仍然需要政府的支持，比如，知识产权保护和交易秩序的维护等。对于见效慢、周期长、社会效益大于经济效益的成果转化，通常市场会失灵。这时就必须要政府"看得见的手"发挥作用，协调利益相关方，甚至亲自上阵，购买成果。绿色生产和绿色消费技术正是后者，它的逻辑起点是社会效益，延伸价值才是经济效益，通常都见效慢、周期长。比如"大别山食用菌项目"和"大别山油茶项目"，两者都受作物生长周期的制约，特别是油茶，从种植到挂果通常需要 5 年时间，速生技术改造后仍然需要 3 年的时间挂果。所以这两个项目都是地方政府全力推进，协调基础设施建设、土地流转、专项资金扶持、金融信贷、资产租赁、技术推广等。

再次，农户是绿色发展主体。中共中央、国务院印发《乡村振兴战略规划（2018—2022 年）》提出的总要求是"产业兴旺、生态宜居、乡风文明、治理有效、生活富裕"，建立健全城乡融合发展体制机制和政策体系，统筹推进农村经济建设、政治建设、文化建设、社会建设、生态文明建设和党的建设，加快推进乡村治理体系和治理能力现代化，加快推进农业农村现代化，走中国特色社会主义乡村振兴道路，让农业成为有奔头的产业，让农民成为有吸引力的职业，让农村成为安居乐业的美丽家园。上面千根线，下面一根针，乡村振兴、绿色发展全部要靠农户落地落实。"大别山食用菌项目"和"大别山油茶项目"均依赖农户参与，需要农户出劳动力、土地和部分设施，更关键的是需要农户熟悉相应的种植技术，并且严格按照技术规程操作，如此才能保证项目产出的规模和质量。绿色种植、降低排放、循环利用等环节均需要农户理解和参与。可以说缺少农户的参与，就不会有乡村绿色发展。

最后，项目是打通三大主体，实现相互开放、共享成果的载体。"大别山食用菌项目"和"大别山油茶项目"之所以成功，得益于项目化运作。这两个项目的关键技术都是项目负责人早期的成果，项目负责人发表过很多文章，也获得过不少奖励，但是缺乏转化的动力。2018 年，在全国教育大会上，习近平总书记就深化教育评价改革进行了集中论述，要求坚决克服唯分数、唯升学、唯文凭、唯论文、唯帽子的顽瘴痼疾。2020 年 8 月，习近平总书记在中南海主持召开经济社会领域专家座谈会时指出，"新时代改革开放和社会主义现代化建设的丰富实践是理论和政策研究的'富矿'"，希望广大理论工作者"从国情出发，从中国实践中来、到中国实践中去，把论文写在祖国大地上，使理论和政策创新符合中国实际、具有中国特色"。在国家教育评价制度改革的指引下，高校教师以服务地方经济社会发展为己任，高度重视成果转化。"大别山食用菌项目"和"大别山油茶项目"正是在这种大背景下启动实施，项目实施后得到各级政府的大力支持，中央、省、市、县、乡镇五级政府都参与进来，中央和省主要是通过项目资金的方式给予资助，市、县、乡镇主要领导亲临现场站台支持，协调土地、资金、农户合作等。由于项目化运作，打通了多种财政渠道之间的分隔，得以集中多方财力、物力和人力，做大做强项目。另外，项目将高校、农户和产品上、下游产业连接起来，共同打造产业，共享产业发展成果。

可见，通过项目将高校（科研院所）、地方政府、农户联合起来，是推进山区绿色发展的有效模式。

11.3.3 大别山地区绿色发展的路径是一二三产业融合发展

"大别山食用菌项目"和"大别山油茶项目"均属于林下经济，林下经济投入少、见效快、易操作、潜力大。发展林下经济，对缩短林业经济周期，增加林业附加值，促进林业可持续发展，开辟农民增收渠道，发展循环经济，巩固生态建设成果，都具有重要意义。可以这么说，发展林下经济让大地增绿、农民增收、企业增效、财政增源。

发展林下经济是个系统工程，林草、林药、林牧、林禽等形式多样、内容复杂，最重要的是科学选择具体操作的突破口。

11.3.3.1　林禽模式

在速生林下种植牧草或保留自然生长的杂草，在周边地区围栏，养殖柴鸡、鹅等家禽，树木为家禽遮阴，是家禽的天然"氧吧"，通风降温，便于防疫，十分有利于家禽的生长，而放牧的家禽吃草吃虫不啃树皮，粪便肥林地，与林木形成良性生物循环链。在林地建立禽舍省时省料省遮阳网，投资少；远离村庄没有污染，环境好；禽粪给树施肥营养多；林地生产的禽产品市场好、价格高，属于绿色无公害禽产品。

11.3.3.2　林畜模式

林地养畜有两种模式：一是放牧，即林间种植牧草可发展奶牛、肉用羊、肉兔等养殖业。速生杨树的叶子、种植的牧草及树下可食用的杂草都可用来饲喂牛、羊、兔等。林地养殖解决了农区养羊、养牛的无运动场的矛盾，有利于家畜的生长、繁育；同时为畜群提供了优越的生活环境，有利于防疫。二是舍饲饲养家畜如林地养殖肉猪，由于林地有树冠遮阴，夏季温度比外界气温平均低 2℃ ~ 3℃，比普通封闭畜舍平均低 4℃ ~ 8℃，更适宜家畜的生长。

11.3.3.3　林菜模式

林木与蔬菜间作种植，是一种经济效益较高的模式。林下可种植菠菜、辣椒、甘蓝、洋葱、大蒜等蔬菜，一般亩年收入可达 700 ~ 1200 元。

11.3.3.4　林草模式

该模式特点是在退耕还林的速生林下种植牧草或保留自然生长的杂草，树木的生长对牧草的影响不大，饲草收割后，饲喂畜禽。一般来说，1 亩林地能够收获牧草 600 千克，可得 300 元的经济收入。

11.3.3.5　林菌模式

在速生林下间作种植食用菌，是解决大面积闲置林下土地的最有效手段。食用菌生性喜荫，林地内通风、凉爽，为食用菌生长提供了适宜的环境条件，可降低生产成本，简化栽培程序，提高产量，为食用菌产业的发展提供了广阔的生产空间，而食用菌采摘后的废料又是树木生长的有机肥料，一举两得。

11.3.3.6　林药模式

林间空地适合间种金银花、白芍、板蓝根等药材，对这些药材实行半野化栽培，管理起来相对简单。据调查，林下种植中药材每亩年收入可达 500 ~ 700 元。

11.3.3.7　林油模式

林下种植大豆、花生等油料作物也是一个好路子。油料作物属于浅根作物，不与林木争肥争水，覆盖地表可防止水土流失，可改良土壤，秸秆还田又可增加土壤有机质含量。

11.3.3.8　林粮模式

这种模式适用于 1 ~ 2 年树龄的速生林，此时树木小，遮光少，对农作物的影响小，林下可种棉花、小麦、绿豆、大豆、甘薯等农作物。

　　发展林下经济，必须与林业产业化建设、农业产业结构调整、推进循环经济、扶贫开发和社会主义新农村建设等内容融合在一起，推动一二三产业融合发展，不断挖掘产业的附加值，延长产业链条，提高经济效益。

　　要积极培育适宜林下种植、林下养殖的新品种和好品种，不断提高林产品产量和质量，为社会提供丰富的绿色健康的林产品。集中力量，引进和培育有实力、讲诚信、影响力大、辐射力强的龙头企业，并通过龙头企业辐射带动，引导农户组建林业专业合作社组织，建立市场销售网络。引导农民开展合作经营，提高林下经济的组织化水平、抗风险能力和市场竞争力。要重点研发林产品采集加工新技术、新工艺，延长林下经济产业链，提升产业素质和产品附加值，增加农民收入。要建立信息发布平台，完善各种咨询渠道，及时提供政策法律、市场信息等咨询服务，为农民发展林下经济创造良好条件。

第 12 章 促进大别山地区绿色发展战略实施的政策建议

黄冈生态文明指数在全省排位靠前，生态文化建设在全国都具有优势。黄冈绿色 GDP 增长率在大别山地区居于领先地位，生产要素的投入产出效率亦居大别山地区前列。但是，从生态与经济发展的一般规律分析，黄冈仍然处于"倒 U 形曲线"的左侧，这些优势恰恰说明黄冈的经济发展水平比较落后，经济形态以原生态为主。这种生态文明和绿色经济不具有可持续性，极容易步入"高增长高排放、先污染后治理"的传统发展模式。为此，必须创新大别山地区绿色发展的机制体制，从生态经济、生态环境、生态文化、生态社会、生态制度五个方面同步推进绿色发展战略。首要环节是探讨生态经济绿色发展路径，抓住武汉城市圈同城化机遇，借力科技支撑，利用生态补偿和碳排放权市场资本，大力发展现代制造业；以全域旅游为切入点，全面提升服务产业比重；依托大别山地区"农、林、牧"天然优势，大力发展农产品加工和贸易，实现三次产业融合发展；深入挖掘大别山丰富太阳能、风能、沼气生物质能等绿色能源，合理开采沙、石等矿产资源，有序推进土地进入武汉同城化交易市场；全面推进黄冈绿色资源产业化，传统产业绿色化改革，推进黄冈步入高质量发展的快车道。

12.1 组织机构创新，明确全社会绿色发展责任

建设各类型绿色创新示范经营主体（绿色农业产业升级示范企业、绿色农业发展示范企业、绿色产业兴旺示范企业、绿色高效益竞争力品牌提升示范企业），带动地区绿色经济产业长效发展。通过实施新型农业经营主体培育，鼓励通过多种形式开展适度规模经营，培育发展合作化家庭农场，提升农民专业合作社规范化经营水平，鼓励扶持农民专业合作联合社的持续稳健发展。不断培育绿色有机

农业产业化龙头企业，鼓励建立现代企业管理制度。鼓励多元工商资本适度投资、规模化经营的绿色农业项目，为投资群体提供区域性、系统性合作解决方案，与当地农户形成互惠共建共赢的产业共同体。加快扩大新型经营主体承担涉农项目规模，建立新型绿色经营主体支持政策体系和信用评价体系，落实财政、税收、土地、信贷、保险、政府采购、生态补偿等支持政策。

调整优化产业结构，发展特色绿色经济模式，鼓励培育多种经营商业模式，根据各地资源优势规划建设一批以绿色、环保为基础，以专业化、规模化、高质量、优结构、高增效为结构的现代农业发展龙头企业。以提升壮大一批、培育发展一批、引进嫁接一批、实现绿色生态发展的龙头企业为导向，逐步扩大建立多元市场经济，开放绿色产能政策。加强农村金融基础设施建设，积极发展村镇银行、小额贷款等金融机构，建立农民专业合作资金互助机构和资金互助合作社等多层次支持现代绿色发展的金融组织体系。落实中央关于地方政府增加绿色发展企业信贷投入措施，创新绿色生态、绿色发展、绿色经济企业的融资平台及产品，优先推动地方绿色发展龙头企业融资政策，加强龙头企业增加绿色发展，生态发展产业的投资，形成龙头企业的示范效应带动其他各类小微经营体的快速发展，形成绿色可持续的经济循环模式。

农村合作组织是相对静态的实体组织和动态活动组织的结合体。在农业生产中为了完成特定的生产目标、执行特定的合作组织职能、结成一致的利益共同体是农村合作组织的特性和目的。农村合作组织的根本功能是为组织成员搭建功能性平台，形成协同发展和利益联结机制的协调整合壮大发展的过程。

纵观近代以来我国的农村合作组织形成"家庭→家族→宗族""个体商户→联合会→行业协会""家庭→企业→产业"三种历史变迁形成的过程。家庭是最基础、最不可替代的社会功能的组成单元，维持了人类再生产中必需物质资料的根本力量和基本要素。农村合作组织是农民利益与意志的完全吻合体系，是合作成员协调生产与社会信息等事物的自治组织力量。

当前的农村合作组织承担着政治、经济、社会等事务服务于成员内部。政治事务是宣传国家农业相关政策，推广和指导农业科技知识，促进成员内部与同业之间技术交流形成了团结互助。经济事物是支持成员内部与企业组织间形成各种合作经济和其他经济的活动，保障了组织成员的财产利益，承担着协调和服务的职能，对社会经济建设起着关键性作用。社会事物是管理成员内合理利用自然资源进行经济生产活动。

因此，鼓励基层两委加强农村合作组织建设，实现两委与农村合作组织自治关系。完善明晰土地产权，为农村合作经济组织坚实基础。发展农村专业技术协会，强化土地和农产品中介组织管理监督，建立农村合作组织的维权功能和司法保障机制。

从国际发展绿色创新趋势来看，绿色发展是指生态化的现代发展，它不仅涵盖了农业的工业化，还涉及经济发展的可持续以及自然生态功能的环保和资源的高效开发利用。在农业生物工程技术中的基因工程、细胞工程、生物酶转化、工程发酵功能等，以环保有机生态方式生产的农副产品称为"生态食品""健康食品""绿色食品""有机食品"，以现代农业技术开发种植而无公害的农产品称为有机食品和生态类食品，因此将生态农业发展也称为"绿色农业""生态农业""有机农业"。

生态农业基础是一种完全不用生物化合成的化肥农药动植物生长调节剂和饲料添加剂的农业生产体系，鄂东大别山农业之前在发展上片面地追求农产品的数量，给农业生产带来了严重的资源破坏和环境污染。因此，在现代化生态农业的趋势下以洁净的土地为基础，再生产洁净的生态食品，提高农产品品质的市场竞争力，突破农副产品发展的经济瓶颈，走上绿色农业可持续经济发展道路。

建立绿色农产品认证制度，制定生态标签，发展有机农业，保护农业环境，减少化肥农药的施（使）用及其他农业生产方式对环境所造成的污染。充分发挥动植物微生物和人类的相互作用，依靠可利用的自然资源提高自然生态系统的效率和质量。制定建立相应绿色食品认证等级机制体制，制定统一生态标签并有相关管理机构统一执行管理实施。

建立绿色发展生态的激励机制和保障体系，实现多元绿色产业资源的可持续利用。在理论上，可持续发展是在不同空间尺度区域内的需要部位和削弱其他区域满足需求的能力，同时在满足后代人需求的前提下合理开发使用当代人所需。因此，就要求社会管理部门严格管理和提高资源利用技术，保护好自然资源，调整好经济政策，建立完善的发展机制。

大力宣传和推广绿色生态发展的相关科学知识，健全完善绿色生态发展保护的法律法规，编制好长远绿色生态发展规划。从鄂东大别山实际出发，首先从农业及经济生产发展的观念、技术、制度上改变和更新，建立相应的政策调整、生态保护发展的法律法规以适应绿色生态发展的长远规划，使绿色生态发展植入人心，落实在实际生产行动中。

加大绿色生态发展的经济结构调整力度，增加对生态资源保护的投入，完善对绿色生态企业发展的扶持政策。当前，鄂东大别山地区绿色生态发展在经济市场上获得的利益不明显，企业利润率不高，政府应及时重点调整政策、资金、税收及绿色生态企业发展的补贴和优惠政策，使现代化绿色生态企业大力发展才能突破经济转型的大盘。

倡导绿色生态的时尚产品，提高产品产业的产值。转变消费市场观念，创造良好的经济消费前景，不断培养多元的消费群体和经济体系。

制定完善的生态环境和绿色发展的法律法规：禁止高毒排放和使用，生物农药高残留，环境污染的农副食品生产、流通，建立农业病虫害防治的社会化服务体系，控制农副产品的生物化生产和产品保护；强制关闭生产高污染环境的生物企业，优化产业升级改造，减少各类生产环境污染。

12.2 考核机制创新，激活全社会绿色发展潜力

在明晰绿色产业发展定位中根据各地不同的现状，从经济结构上调整整体地区发展方向，规划以"红色大别山，绿色大别山，生态大别山，发展大别山，富裕大别山"为总目标的规划路径。

鄂东大别山地区围绕区域内农村集体资产权能创新，发展新型农业经营主体建设；以发展绿色经济金融扶贫为振兴基础，激活市场各类农民创业，实施乡村振兴美丽乡村战略；从产业规划到监管施政，全面推行进行各级"河长制"绿色产业规划；公共检验检测一门办理改革；从创新实践深度总结制定系统的产业绿色发展规划，以实现全域改革增进人民群众福祉的行政创新，增强基础农业经济的内生动能效益，实现区域产业多元化互动互补共同发展为目标。

加强标准化体系建设，促进绿色资源加工业发展，从总体上提高大别山地区绿色产品的质量与市场竞争力，加速科技进步与人力资本存量积累，努力提升技术水平与人力素质，为大别山地区绿色资源开发提供最为重要的要素支撑。加强市场体系建设和营销创新，做大宣传、创大品牌，不仅要为优秀的企业塑形，而且要铸魂，形成经济建设与社会贡献为楷模扩大影响。

在绿色发展项目以及外界环境既定的情况下，地方绿色发展的推进取决于地方政府、市场、社会、企业在绿色文明建设中的互动机制。创新绿色发展机制，推进生态治理现代化建设，各地基层政府应按照服务型政府的要求，强化服务与治理职能，逐步实现由过去的办和管，向服务绿色现代化转变。革命老区各项产业的发展应该按照社会主义市场经济的内在要求，在保障社会效益与主动担负社会责任的前提下，建构城市与乡村绿色发展的协同机制，建立和完善依法运营、富有活力的绿色发展产业体制与市场体制。

加强生态环境建设，实施以水土保持为主的生态修复工程。加强农村水生态保护工程建设，实行以水污染防治为主的生态修复工程。加大工业区域垃圾处理和污染物排放力度，实施工业点源的综合治理。弥补因保护生态环境所付出的经

济代价，建立生态保护和资源开发补偿机制。

尊重经营发展主体意愿，切实发挥绿色发展经济主体作用，避免政府代替企业做主，形成共商共建、群策群力、共建共享的经济与社会和谐发展局面；此外，要强化政府宏观规划引领。抓紧制定鄂东大别山地区的绿色发展总体规划和专项发展规划方案，推动形成区域一体、多规合一的大别山绿色战略发展路径的规划体系；注重分类实施。顺应市场经济供需的发展规律和趋势变化，按照分类推进、协调发展、特色保护、产业融合、聚焦优化升级的思路，打造具有鲜明特色的鄂东大别山"富春山居图"；把握时代节奏力度，坚持稳中求进工作总基调，谋定而后动；避免形象无异、急于求成的高仿模式，避免举债过高的无差异化特色，避免强迫命令式形象工程盆景式产业集聚发展。

深挖乡村特色资源为基础，以乡村休闲旅游为脉络，以商业配套，特产为核心，高质量的服务为保障，进行综合生态休闲旅游开发。

实现工、农、商的一二三产业融合，产业经济结构的多元化发展。在有限的地域空间内，将现代农业生产、居民生活、游客游憩、生态康养的空间等功能板块规划组合，并建立一种相互依存互补的能动性经济关系，规避"追尾巴""照镜子"式的方式，实现现代复合型乡村旅游的可持续发展的核心经济驱动。

"农耕区 + 体验配套 + 衍生产业区"，作为乡村的原住居民、新搬迁居民、游客的共同活动空间，在充分考虑原住居民的经营收入持续增收的同时，还要保证外来客群陆续的输入，既要有相对完善的内外部交通条件，又要有合理充裕的开发空间和有吸引力的农耕景观和文化等作为匹配的延伸服务，所以要充分发挥小农居民的民宿特色和化整为零的营销方式进行探索推进整体运作模式。

实现乡村特色旅游业的出发点是主张以一种可以让企业参与、城市元素与现代乡村文化融合、多元共建的"开发运营"方式，创新新农村产业发展，促进产业加速变革、保障农民经营收入稳步增长和新农村建设稳步推进探索循环的小农参与的现代经济新路径，在规避"中等收入陷阱"，重塑"美丽中国"的美丽乡村、美丽小镇的同时也将精准扶贫后的"返贫"抑制在小农精神贫困和经济贫困的困境。

在实施农户参与的发展路径中：一方面，强调多元参与者和原住居民的合作，坚持农民合作社的主体地位，农民合作社利用其与农民天然的利益联结机制，不仅是个体小农能参与到乡村振兴及精准扶贫的建设过程，还能让农户学习到现代农业生产技术的先进，而且给农户带来资产收益的增长。另一方面，强调城乡之间经济的互动联结，秉持经济开放、共建经营思维，着力解决村民、游客、政府、投资者、开发者、运营者及其他利益相关参与主体的利益诉求。乡村的生态文化旅游空间规划是生产生活娱乐"人本"空间构建，因此，在规划和实施方面注重满足基本消费需求，更为消费者提高引导型特色乡村文化的理念和现代生态文明的传播。

农地功能转型：从最初的农产品生产转销转型为集生产、加工、展示、销售、观光、体验为一体的复合功能。经济模式转型，从单一的农业生产模式转成"互联网＋农业＋N"的经济模式；农业产业转型，从单一农产品种植产业链转变为综合的产业链，从低端生产向高极化体验端转移；农产品价值转型，从早期的农产品产量质量和经济收益不高到拓展新的价值空间（绿色认证、农产体验、采摘、土地共享、家畜认养等），实现现代乡村农业的经济、生态、生活的收益价值。

12.3　政府采购创新，引领全社会绿色发展方向

自党的十八大以来，我国的社会经济已经进入到一个全新的发展阶段，同时也是社会经济环境各种经济结构调整的重要时期。为了更好地满足人民日益增长的美好生活需求，需要全方位推动经济增长方式的转变，有效促进社会经济环境的可持续发展，政府需积极地探索和推进绿色采购这一措施。鄂东大别山地区黄冈市政府根据实际情况，可以采取以下途径和方法建立政府绿色采购制度：

第一，完善适应绿色发展的相关法律法规，为全面推行政府绿色采购提供适应的制度保障。从主体、责任、绿色采购标准、采购清单、采购监管、效用测评的制定与发布方面进行明确规定。

第二，建立绿色采购标准和公布绿色采购清单目录，以环境绿色认证、产品标志、产品测评等制度为标准，按行业、产品、品类制定绿色采购清单。

第三，公开公示绿色采购信息，完善采购监督机制。制定公开产品相关环境信息的规范，并公布政府绿色采购的实际执行情况，建立人大和公众等对政府绿色采购的监督机制。

第四，突出地方政府服务化机制，通过多种方式带动地方企业绿色发展，促进地方经济发展。

第五，降低采购投标门槛，为中小企业参与政府采购提供机会。推动中小企业在实体经济中的发展，扩大就业，有效促进鄂东大别山一二三产业融合发展。

第六，实行节能和自主创新优购政策，引导市场经济绿色可持续发展。

12.4　生态补偿创新，拓宽绿色发展的资金渠道

鄂东大别山地区是我国重点自然生态功能区之一，生态地位重要，但局部地区生态依然脆弱，该地区是长江、淮河两大水系的分水岭和南北气候的交汇点，是 25 个国家重点生态功能区之一和长江淮河中下游地区重要的生态屏障，但该区域属于典型的生态脆弱，水土流失较为严重，河道逐年淤积，滑坡、泥石流等自然灾害频发。该区域生态脆弱，大部分被禁止或限制开发。因此，针对性地建立大别山地区生态补偿制度不可或缺。

当前鄂东大别山地区的森林自然生态效益补偿标准、湿地保护补助标准、珍稀种植资源培育补助标准、人口易地安置补助标准等偏低，要通过理论创新来进一步探讨大别山区域的经济发展水平相适应的生态补偿标准；构建基于碳权、水权、排放配额、再生能源配额等方面的生态补偿制度；探索建立绿色可持续的行业产业性、区域协调性的生态补偿制度；探索由社会资本参与的生态补偿机制，建立健全公众参与的民主化决策机制，公开接受公众的权利监督。

国家环保局对黄冈市"大别山试验区"可获得生态补偿问题进行了全面探讨与评估，从 2009 年起连续三年获得国家重点生态功能区转移支付资金 2 亿多元，对保护和改善"大别山试验区"生态环境起到了重要作用。黄冈在区域生态补偿研究方面走在了其他地区的前列。明确了生态补偿过程中"谁补偿谁、补偿多少、补偿方式及实现保障"等核心问题，对黄冈生态补偿从理论研究到实践探索过渡具有重要的理论意义与现实意义。创新生态补偿机制为"大别山试验区"走生态文明之路指明了方向、成为了"大别山试验区"经济与生态环境协调发展的必然要求、为"大别山试验区"主体功能定位奠定了坚实的基础。

坚持生态惠民、利民、为民，建立大别山国家公园，将大别山地区作为生态综合性补偿试点先行先试，科学界定补偿范围、种类和标准，从制度、政策和技术等层面加强指导支持，促进各方资源有效整合，构建覆盖森林、湿地、水源等生态资源的补偿机制。同时，探索产业扶贫、技术支持、项目援建、碳交易等多元化、市场化的补偿方式。

建立与"鄂东大别山试验区"相适应的生态补偿运行机制与政策，坚持以科学发展观为指导思想，以保护自然生态环境、促进人与自然和谐可持续发展，增加人类福祉建设为目的，以落实生态环境保护责任、厘清相关各方利益关系为核心，以推进"大别山试验区"的生态建设、促进区域内主体功能实现、协调

区域发展为主线，以体制创新、政策创新、科技创新、产业创新、监管创新为动力，着力完善分类生态补偿的标准体系，创新解决生态补偿问题的方法和途径，优化各级政府对生态补偿的调控和措施，充分发挥市场机制作用，推动"大别山试验区"社会经济走生态和谐、生产持续、生活富裕的绿色可持续发展道路。

坚持公平补偿，科学合理原则；坚持动态补偿，透明长效原则；坚持差异补偿，责权一致原则；坚持分类补偿，逐步推动原则；坚持协商补偿，共同发展原则；建立健全生态补偿机制的途径与措施。

建立健全生态补偿的公共政策。各级政府要形成固定的、多渠道的生态补偿资金来源。从政府财政转移支付项目中增加分类生态补偿科目清单，建立有利于清晰的生态保护和建设的财政转移支付制度。财政转移支付增加的生态补偿清单明细项目，用于自然保护区、主体生态功能区发展额建设补偿（如对自然生态退化严重的农村地区进行恢复补偿）。制定分区指导政策，增加对"大别山试验区"的补贴力度。建立不同激励环境保护财政补贴等级制度，增加对生态环境保护成绩显著地区的补助。实施财政分类管理，调整优化政策财政支出结构，提高生态补偿专项资金使用效率和基本的资金要求。

明确生态补偿的范围和重点领域。生态补偿的范围是各级主体功能区规划和农业生态环境建设功能区规划中确定的禁止开发区域（禁止准入）和限制开发区域（限制准入）。建立完善的生态补偿评估系统制度框架，明确各类补偿对象及标准的多元化补偿方式，补偿资金的效益的评估和奖惩机制体系。分类多元的生态补偿重点支持流域间农业水资源利用的生态补偿、重点生态公益林生态补偿、农业面源污染防治和农村饮用水保护生态补偿及重要绿色农业区域生态功能区建设生态补偿等领域。构建完善的"大别山试验区"生态补偿试点工作，加强自然生态主体功能的生态补偿规范机制，积极推动农业资源高效、环保、开发的生态补偿机制。

积极探索市场化的生态补偿模式。完善水、地、林、矿、气等各种资源税（费）的征收与使用管理办法，加大各项资源税（费）用于生态补偿的占比，重点向落后贫困地区、重要生态主体功能区、水源地和基本保护区支付政策倾斜。充分发挥"鄂东大别山试验区"的体制机制优势，积极探索农业资源使（取）用权、排污权交易等市场化的农业生态补偿模式，探索征收生态环境补偿税。科学编制流域和区域相结合的水资源配置方案，完善农业资源有偿使用与分类补偿制度。

制定生态补偿的产业扶持政策。要抓住"两型社会"完善农村承包地"三权分置"制度，在依法保护集体所有权和农户承包权基础上，平等保护土地经营权。建立农村产权交易平台，加强土地经营权流转和规模经营的管理服务。加强农用地用途管制，确保农地农用。结合鄂东大别山地区实际生产情况，探索绿色农业财政转移支付、政策支持和技术支持等多形式、多样化的多元补偿方式，促进农业生产的优化转型升级。保障农业经济发展的绿色化、环保化标准的同时，促进新型旅游产业、康养产业、高科技环保产业的稳健落地发展，形成长效的造血式补偿机制。

12.5　发展现代农业，带动三次产业绿色化发展

大别山汇集自然优势、人文优势和产业优势于一体的国家地理标志保护产品 52 个，居全国地级市首位，拥有农业"三品一标"数量达 415 个，省级以上重点龙头企业获省以上名牌产品、驰名商标达 57 个，"一村一品"专业村达 281 个。要按照"资金集合、产业集中、要素集中、效益显著"的要求，充分发挥自然资源优势，建设了一批现代绿色农业示范园区和绿色农产品加工园区。带动了地区内粮食、油料、茶业、中医药、奶牛、畜禽、棉纺织、水产、森工、农产品物流十大产业发展和上下游关联产业有机融合，不仅增加了农民财政收入，也拉动了农产品的经济发展。

发展农村电商。农村电子商务是推进电子商务与农产品融合发展的有力载体，是"大众创业、万众创新"在农村的具体实践，营造了农村的消费环境，也促进了现代农业技术、带动农民增收。在紧抓"互联网＋"的时代机遇，大力推进互联网与农产品深度融合，充分发挥淘宝·黄冈馆、阿里巴巴红安产业带、黄冈买菜网等电子商务平台作用，抢抓市校合作契机，拓宽农产品销售渠道。统计数据显示，2015 年鄂东大别山地区以电子商务交易额突破 400 亿元，网络零售额近 60 亿元，创建国家电子商务进农村示范县 6 个（红安县、麻城市、英山县、黄梅县、罗田县、蕲春县），省级电子商务示范基地 2 个（红安新型产业园、黄梅小池中部商贸物流园），省级电子商务示范企业 3 家，已投入使用的县级农村电子商务运营中心 6 个，村级电子商务综合服务站超过 700 家。在阿里巴巴举办的"2015 年度农村淘宝年度颁奖大会"上，蕲春县荣获 2015 年度"农村淘宝全国 20 强"佳绩。黄冈市政府与阿里巴巴、京东、百度、苏宁、1 号店等电商巨头签署发展战略规划，建设黄冈产业带、地方馆、区域分公司，为大力发展鄂东大别山绿色经济注入新鲜"血液"。

利用好国家各项政策叠加效应，同步推进农村环境集中整治和健康乡村建设，加快"厕所革命"、宅院和公共空间整治及农村污水和垃圾处理设施建设，

不断提高农村人居环境水平和卫生健康保障水平。在实施乡村振兴战略规划时，进一步加大对老区贫困县和新脱贫县的支持力度，率先开展振兴扶持，让老区成为安居乐业的美丽家园，不断提升老区人民的获得感、幸福感、安全感、自豪感。

地方农业发展必须依赖有组织、有计划的管理，将分散的小农户集中起来才能形成规模效益。扶持培育龙头企业，可以集中充分利用当地的自然资源优势，推行绿色农业新技术，笼络一批高新技术人才深入一线，将产品生产、加工、流通、销售过程进行规范，形成一条完整的产业链。龙头企业还必须树立绿色品牌意识，努力将当地的有技术优势或环境优势的农产品打造成为地标品牌、绿色驰名商标。这样有助于当地生产的绿色产品拓宽销路。由于单个小农很难提升市场知名度，加之市场信息的不对称，一般农户都不会轻易尝试种植出售绿色农产品，同时龙头企业也会有技术溢出效益，单个农户没有经济实力聘请专业农业专家、配备农业高新设备，不可能独立开展绿色小农生产，而龙头企业由于其具备雄厚的财力支撑、专业技术团队的支持，可深入地方，因地制宜地开展测土配方施肥，修建农田水利设施，普及先进农学知识，扩散绿色农业技术，其带头示范作用必将辐射整个黄冈市。

绿色农产品由于投入成本比普通农产品高，特别是时令鲜蔬，运往外地的费用昂贵，而且由于外地消费者可能对产品产生不了解、不信任，短短几天，成本高昂的绿色食品就会变成打折促销商品或者废品。所以在现阶段，在绿色食品市场尚未成熟的初期，绿色农产品最明智的销售对象就是当地的居民。这是由于处于当地，农产品供应方对市场信息熟悉，可随时随地了解产品适销情况，便于及时调整促销战略且运输成本较低，成本的削减可以使产品定价下调，便于拓展销路。利用地产地销经营方式，同时有利于信息调查和反馈，绿色食品企业可以深入市场，组织消费者调查活动，了解其购买意向和存在的疑虑。当绿色农产品企业成熟壮大后，可以开始对外拓展市场。

配套服务设施既包括农业基础设施，农田水利建设等硬件设备的完备；又需要"三农"政策的落实完善，农业服务水平的提高，农业金融贷款途径的拓宽和贷款的条件放宽等软件提高。社会配套服务设施的提高有利于提高农业生产效率，目前绿色农业尚不成熟，全国绿色农业示范点推行的成功主要在于其政策的优待力度远大于普通的农业生产基地，如此，这些地方才能放开手脚，毫无阻碍地投入必须生产要素，大力发展绿色农业。想要在全国普遍推行绿色农业就必须效仿示范点，提高农业政策优惠力度，农业财政投入加强，完善必要水利设施，建立基层单位深入农村，组织农户宣传和普及绿色农业知识和惠农政策，让农民敢踏出绿色农业的第一步。

农业从业人员素质普遍偏低是"鄂东大别山"地区绿色农业发展的一大阻碍。由于地缘因素在"鄂东大别山"地区内从事农业生产的人员多为滞留在农村的剩余劳动力，农户中同时存在大量的兼业户，说明现在农业在农村被逐渐边缘化。由于偏人力的农业生产耗费时间精力，边际成本大，但是产出效益不高，以农业生产创收缺乏吸引力，所以也极少有受过较好教育的新一代离城返乡从事农业生产。基于现状，一方面政府应该组织开展农业技术普及活动，定期派遣农业技术人员上门提供技术支持，加大绿色农业宣传力度，组织农业从业人员培训，提高绿色农业补贴；另一方面利用丰厚的政策优势吸收外部资金注入，吸引更多受过良好教育的新一代青年投身农村，从事农业生产，因为只有这些人才具备与时俱进的学习和接受能力。

　　深入推进农村集体产权制度改革，在"三权分置"为基础保障"三农"基本权益的前提下，推动"三农"将资源变资产、资金变股金、农民变股东，发展多种以股份合作形式的新型经营主体。在完善农民对农村集体资产股份的占有、收益、有偿退出的同时深入研究农民合法的抵押、担保、继承等权能和管理办法。研究制定农村集体经济组织法，充实农村集体产权权能。鼓励经济实力强的农村集体组织建立发展专业合作社辐射带动周边村庄多元参与共同发展。发挥基层村党组织对集体经济组织的领导核心作用，防止内部少数人控制和外部资本侵占集体资产现象，进行有效预防权力寻租和变相产权转嫁。

　　从改善小农户基本农业生产设施条件入手，提高个体小农抵御自然风险带来的农业损失的能力。一是发展多样化的联合与合作，提升小农户组织化的合作程度；二是鼓励现代农业发展的新型经营主体与小农户建立契约型、股权型、利益联结机制，带动小农户以专业化生产为合作方式，提高小农户自我发展能力；三是健全农业社会化服务体系，大力培育新型服务主体，加快发展"一站式"农业生产性服务业；四是鼓励工商资本企业租赁农户承包地，在用途监管和风险防范机制上健全企业资格审查、项目审核、风险保障金监管制度，维护小农户权益，从长期效益保障绿色小农经济模式的稳健发展。

　　按党中央国务院的统一部署纲领，严格执行组织规划。各级政府加强基层服务意识，以实干、实效为行动准则，杜绝"文件垃圾""数据垃圾"的形式主义。充分发挥政府财政和公共财政的资金撬动作用，充分发挥市场"四两拨千斤"的作用。同时规范各级变相的举债融资建设，在激活市场经营主体上因地制宜、循序渐进，不盲目"大跃进"。发挥农地"三权分置"的政策效用，赋予"三农"各项基本权力，同时禁止一切违规乡村宅基地交易，特别是利用农地建设别墅和会馆等。进行农村集体产权合作化的同时，预防"内部人和外部资本侵占"的非粮非农的乱象，正确运用资本下乡服务"三农"。解决"三农"问题资本下乡的项目上提高各级部门对各类"三农"金融服务的风险管控能力和水平。预防投资方的"跑路""烂尾"项目，确保基层弱势"三农"的财产安全。

扩大现代绿色农业投资发展方向——观光农业和红色旅游形成互补产业。在发展自然生态旅游，低碳休闲度假，绿色生态农业示范建设，生态农产品生产销售，生态环保房产项目开发等相关中小特色企业发展资源配置上，重点培育投资绿色生态旅游业、低碳休闲度假产业的可持续发展的自然生态景观观光，绿色生态农业园观光，生态技术产业观光，低碳生态旅馆民宿，生态保健和疗养等产业；促进特色生态餐饮以生产销售绿色有机农产品，实现观光体验加采摘，鱼虾自我捕捉等销售形式作为特色经营；自然生态农业示范产业可以通过生态系统、持续经营、物质循环、食物链、立体种养等理论和技术，形成各种生态农业模式，提高农业效益和附加值的深加工和销售。

建立绿色产业评估指标——支持绿色清洁生产投资建设，建立新型绿色循环低碳产业投资发展机制，鼓励扶持老旧企业进行工艺技术装备的升级改造以符合现代绿色经济发展要求；实施生产企业环评"守信激励，失信严惩"的工商信用监察机制；构建完善的标准环评措施进行量化，设立具体生产制造产业环评目录，加快绿色产业基础设施的建设，切实保障绿色产业投资群体的市场导向经济收益率，同时建制完善有效控制投资环境带来的市场风险。

鄂东大别山地区要按照"资金集合、产业集中、要素聚集、效益显著"的要求，充分发挥地缘的农业资源优势，提高土地综合利用率，建设一批现代农业示范园区和农产品加工园区以带动地区的十大产业发展和上下游关联产业有机融合。

12.6　发展全域旅游，促进绿色资源产业化发展

鄂东大别山地区应依托农村自然森林景观、现代田园风光、山水生态资源、历史民俗人文特色，围绕铁路、高速公路、国道沿线和大别山旅游风景区周边创建美丽乡村示范带和示范片，开展旅游名镇、旅游名街、旅游名村创建活动，开通农村文化旅游频道，推动了乡村旅游的蓬勃发展。如罗田县认定为全国休闲农业与乡村旅游示范县、英山县茶园观光带被认定为中国美丽田园，英山县乌云山村被认定为 2014 年中国最美休闲乡村，红安七里坪镇跻身全省首批旅游名镇，罗田圣人堂等 13 个村被列为全省百家旅游名村。据统计，2015 年全市乡村旅游接待人数 816 万人次，实现营收 50 亿元，创造就业 20 万人，带动就业 60 余万人。

鄂东大别山地区不仅文化底蕴深厚，而且有光辉的革命业绩，这既是大别山经济发展的载体，也是社会和谐发展的优势，更是区域经济可持续绿色发展的驱动要素。

大别山山脉绵绵，河网湖泊密布，既有名山古刹又有秀山澄湖；既有众多文化古迹，又有丰富的革命纪念遗址；从目前不完全统计数量上看：森林 6 座、自然生态名胜景区 8 处、古文化遗址 533 处、著名佛寺古塔 48 座、革命历史遗址 385 处、文物保护单位 496 处，这不仅是鄂东大别山丰富的宝藏资源，也是文化传承、发扬的魂魄。

以自然生态景观和文化资源为依托，结合农村民俗文化，绿色农业生产形成具有特色的人文环境，既实现了乡村振兴奔小康，也符合社会主义现代化经济可持续发展的要求；既满足了城乡一体化，也缩短了二元经济的差距；从经济发展模式来看，在满足消费者亲近自然、体验农耕、了解历史文化、求新求异、休闲娱乐的基础上，也形成了一种新型的绿色经济产业；在追求精神层面上，满足了消费者回归自然，拥抱绿色的同时接受传统爱国教育，缅怀历史。

在"五位一体"的基础上充分发掘大别山试验区的自然资源优势，统筹"五大发展理念"相结合，坚持扶贫开发与生态保护相结合同步推进。坚持环保、绿色、高效的经济发展之路。合理布局农产品生产与加工企业的区位结构。布局一体化农产品产销结构，打造"鄂东大别山效应""鄂东大别山名片"式特色产业。组织产业协会深入探索适合大别山试验区的农产品培育实验，形成多元化交叉的农业经营，带动农户积极参与实现富裕大别山的目标。

发掘和保护城市文化资源，增强文化关联性。文化资源是一个地区历史记忆的承载，记载了当地的沧桑巨变，承载着当地的荣辱过程，展示着当地的精神面貌。充分挖掘和保护大别山的文化资源，不仅可以增强城市的文化底蕴，丰富大别山实验区的文化内涵，使其文化充满魅力，同时可以让人们在感受其文化历史变迁的过程中珍惜当下的发展成果，并展望未来，培养当地居民的主人翁意识和历史使命感及责任感。大别山区历史悠久，丰富的历史遗迹承载了该区域的兴衰，尤其是革命前辈创造出许多不可磨灭的记忆。政府主管部门应加强对这些文化遗产的保护，尤其是在该区域规划发展的过程中，既要保持历史古迹独特性，也要寻找出这些古遗迹之间的关系，加强发掘，统一规划，增强它们之间的相互影响。

把旅游与地方文化紧密结合，使之更彰显文化内涵，突出异质性、群众参与性和民族性。发展地方文化特色的旅游是一种投资少、见效快的旅游开发项目。大别山区有丰富的旅游资源和前辈留下的丰厚的文化底蕴及浓郁的风土人情，其应根据自身资源特点、区位条件和交通优势，在逐步构建以"绿色景点""红色旅游""茶文化"和"古文化"为核心品牌的区域旅游一体化的基础上，紧紧围绕"红""绿"旅游资源做文章，以旅游创新路。

大别山区红色文化和生态资源优势突出，但知名度和品牌效应不足，要想打造红色文化与生态优良的旅游小镇，必须通过各种宣传媒介对其进行有效的宣传和科学推介，增强其知名度和美誉度。将其精髓深入挖掘出来，尤其是它艰苦卓绝的革命斗争精神，可以通过红歌、电影电视、地方话剧等形式展现出来，以提升大别山区红色文化品牌特色和知名度。

在建设"鄂东大别山"旅游公路的基础的同时，加快建设连接重要旅游景区的公路，增强大别山地区内旅游的可进入性。加快建设旅游集散地、景区、村落内的交通、水利、能源、供电、通信、污水垃圾处理、环境监测、停车场、旅游安全、公厕、物流、信息网络等基础设施。

结合现有自然生态资源及历史文化资源，按绿色发展规划，立足于高起点、高标准建设、高品质运营，发挥政策引导作用，加大绿色经济建设的招商引资力度，建设一批具有示范带动效应和产业拉动作用的重大旅游项目进行"鄂东大别山"经济梯度推进、有序进行、规模长效的循环发展。

在麻城创建中国优秀旅游城市目的地和红安、罗田、英山、大悟创建旅游强县的基础上，以红安七里坪镇、罗田九资河镇、胜利镇、英山杨柳镇、草盘镇、蕲春蕲州镇、麻城龟山镇、团风回龙山镇、大悟宣化店镇、孝昌小河镇为重点，开展生态文化旅游创建工作。同时着力建设一批旅游名村。

在加强旅游资源整合的基础上，以重点旅游景点为依托，构建"鄂东大别山"四大主题旅游线路：红色革命旅游线路、自然生态旅游线路、特色医药文化旅游线路、乡村民俗传承旅游线路。

着力完善配套的旅游要素，以延伸旅游产业链条为基础，推动旅游产业合理聚集，培育新型旅游产业集群的空间发展。建设扶持一批具有核心竞争力的特色餐饮业、精品旅游节目、旅游节庆等民俗村，农业示范园、旅游商品生产企业、旅游装备等旅游工业，形成具有竞争力的产业高级化集群项目。

以培训为基础、吸纳为重点、引进为补充，努力提高大别山区旅游从业人员专业水平，加强旅游服务质量。

扩大区域旅游合作主体的参与力度，实现互利共赢，快速推进"鄂东大别山试验区"红色文化产业、自然生态产业、休闲度假产业、乡村民俗文化产业、特色医药种养发扬的一体化进程。在市场经济竞争均衡的环境下，不仅是资源禀赋条件的优越性，更是在资源整合、市场客源共享的先发竞争优势。

鄂东大别山试验区内的特色类历史村庄、传统自然村庄、区域内的少数民族村寨、自然生态景观丰富的村庄、历史文化悠久的村庄。这类具有自然历史的村落是发展乡村旅游的重要载体。在规划上要统筹保护，充分利用，合理开发，有效发展，彰显特色村庄的真实性和完整性，在新时代的美丽乡村建设中延续自然村庄村民的传统建筑风格、村庄风貌、空间形态、民俗文化，充分体现基层社区自治的、和谐富裕的优越制度。

发展绿色旅游产业的五大客源保障，因此，需要进一步对客源市场进行细分，各个击破，发掘最大的客源市场潜力，具体如下：

传统观光旅游市场：农村生态的自然景色和富有乡村野趣的农村生活，对久居城市的人有着巨大的吸引力，农业观光旅游是集田园自然景观和现代农业于一体，满足游客回归大自然的基础需求。鄂东大别山地区可以发展现代农场的形式，以瓜果蔬菜、花卉苗木以及各种动物养殖，使游客在参观的同时也可以品尝和购买新鲜的农副产品。

都市蓝领度假休闲市场：都市的环境和工作压力需要释放，城市的人则会利用周末或假期来近郊度假，以放松紧绷的神经，尤其对都市蓝领层极有吸引力，乡村优美的自然环境和独特的农耕文化满足他们贴近自然的同时，也能体验现代农业生产种植的心理需求，可以通过建设一些体验农业技术园，度假农场及旅游度假村等项目产业，让都市人享受现代化乡村生活的惬意。

体验农耕文化学生市场：中小学基础文化中农耕文化的教育已有发展的趋势和潮流。学习农耕文化对城市的青少年而言不仅增长了见识，开阔了视野，还是提高综合能力的有效途径之一。随着现代教育的发展，学校及家长都很重视孩子的综合知识培育，因此，开发中小学生农耕文化教育上的市场潜力巨大。

"知青"的怀旧市场：当代很多生活在城市的高龄人，在青年时期经历了"知青下乡"，后迁居，随着社会经济的发展，有的人回忆曾在农村的朴素生活，并渴望回到故地重温昔日情景。在我国，"知青下乡"时期的人数非常多，这群人对当年农村自然环境有着不一样的感情。目前曾经的"下乡知青"现已事业有成，并具备很高的消费能力，满足老知青的愿望能让他们旧地重游更是一个可造的市场。

"网红主播"传播市场：从"雷探长""穷游"等一些时尚的低碳畅游倡导者用自己的亲身体验和在线视频传播的方式揭示地域文化的神秘和"文明的冲突"。新时代的自媒体是现代化信息传播的一股新力量，在促进经济绿色发展的时代中，快时尚的视频、图片、文字占据了人们对事物的认知和热度支撑力量。因此，在经济快速发展的激流中应及时准确地把握和搭载市场传播的"便车"，将绿色经济升级的梯队快速地推进到稳健的步调中。

总之，革命老区振兴发展之路是一项系统工程，需要多方面的努力。其中，绿色文化建设应是推进革命老区振兴走绿色发展之路的先导，理应先行。绿色发展项目是革命老区振兴走绿色发展之路的具体内容与载体，应切合实际进行认真规划。绿色发展机制是推进革命老区振兴走绿色发展之路的运行机制，应从地方治理现代化视角建构生态治理机制，推进生态治理现代化发展。通过这些基本的途径，革命老区选择的绿色发展之路方能更好更快地推动脱贫振兴顺利完成。当然，革命老区以绿色发展推动脱贫振兴还应与协调发展、创新发展、开放发展和共享发展结合起来共同推动，绿色发展之路才能获得更多的发展空间和更好的发展前景。

参考文献

［1］Allen A O, Feddema J J. Wetland Loss and Substitution by the Section404 Permit Program in Southern California, USA ［J］. Environmental Management, 1996, 20 (22), 263 – 274.

［2］Bienabe E, Hearne R R. Public Preferences for Biodiversity Conservation and Scenic Beauty with in a Frame Work of Environmental Services Payments ［J］. Forest Policy and Economics, 2006 (09), 335 – 348.

［3］Grossman G. M. , Krueger A. B. Environmental Impacts of a North American Free Trade Agreement ［R］. NBER Working Paper, 1991.

［4］Howard T. Odum. Environmental Accounting: Emergy and Environmental Decision Making ［M］. New York: Wiley, 1996.

［5］Koenig S, Simianer H. Approaches to the Management of Inbreeding and Relationship in the German Holstein Dairy Cattle Population ［J］. Livestock Science, 2006, 103 (01): 40 – 53.

［6］N Kosoy, M Martinez – Tuna, R Muradian, J Martinez – Alier. Payments for Environmental Services in Watersheds: Insights from a Comparative Study of Three Cases in Central America ［J］. Ecological Economics, 2007, 61 (s2): 446 – 455.

［7］Neera M, Singh. Payments for Ecosystem Services and the Gift Paradigm: Sharing the Burden and Joy of Environmental Care ［J］. Ecological Economics, 2015 (02): 141 – 162.

［8］Pagiola S, Arcenas A, Platais G. Can Payments for Environmental Services Help Reduce Poverty? An Exploration of the Issues and the Evidence to Date from Latin America ［J］. World Development, 2005, 33 (02): 237 – 253.

［9］Pearce D W, Hamilton K, Atkinson G. Measuring Sustainable Development: Progress on Indicators ［J］. Environment and Development Economics, 1989 (01): 85 – 101.

［10］Robert Costanza, Sven Erik Jørgensen. Understanding and Solving Environmental Problems in the 21st Century —toward a New, Integrated Hard Problem Science ［M］. New York: Elsevier Ltd, 2002.

［11］Salzman J, Bennett G, Carroll N. et al. The Global Status and Trends of Payments for Ecosystem Services ［J］. Nature Sustainability Volume, 2018（01）: 136 − 144.

［12］Sierra R , Russman E. On the Efficiency of Environmental Service Payments: A Forest Conservation Assessment in the Osa Peninsula ［J］. Costa Rica. Ecological Economics, 2006, 21（01）: 131 − 141.

［13］Unite Nation. Integrated Environmental and Economic Accounting: An Operational Manual ［R］. 2000.

［14］Wallander S, Hand M. Measuring the Impact of the Environmental Quality Incentives Program（EQIP）on Irrigation Efficiency and Water Conservation ［C］// Agricultural and Applied Economics Association. Agricultural and Applied Economics Association's 2011 AAEA &NAREA Joint Annual Meeting. Pittsburgh: AAEA, 2011.

［15］William Nordhaus, James Tobin . Is Growth Obsolete. A Chapter in Economic Research: Retrospect and Prospect ［J］. Economic Growth, 1972（05）: 1 − 80.

［16］白慧仁, 孙波 . 山西新型工业化模式下能源工业结构调整探析 ［J］. 生产力研究, 2005（11）: 191 − 192 + 226.

［17］白晶 . 城市旅游竞争力分析与评价研究——以长春市为例 ［D］. 哈尔滨: 东北师范大学, 2006.

［18］曹东, 赵学涛, 杨威杉 . 中国绿色经济发展和机制政策创新研究 ［J］. 中国人口·资源与环境, 2012（05）: 48 − 54.

［19］曹执令 . 湖南省区域农业竞争力比较研究 ［J］. 经济地理, 2012 （02）: 139 − 142.

［20］曾珍香 . 可持续发展的系统分析与评价 ［M］. 北京: 科学出版社, 2000.

［21］程惠芳, 陆嘉俊 . 知识资本对工业企业全要素生产率影响的实证分析 ［J］. 经济研究, 2014, 49（05）: 174 − 187.

［22］邓远建, 肖锐, 严立冬 . 绿色农业产地环境的生态补偿政策绩效评价 ［J］. 中国人口·资源与环境, 2015（01）: 120 − 126.

［23］丁恩俊, 谢德体 . 国内外农业面源污染研究综述 ［J］. 中国农学通报, 2008, 24（11）: 180 − 184.

［24］丁杨 . 发展中国家典型环境服务付费实践案例分析——肯尼亚的经验

与启示 [J]．资源开发与市场，2017，33（1）：74－79＋99.

［25］鄂州市委全面深化改革委员会．鄂州市建立系统化生态价值体系
[N]．湖北日报，2019－07－10.

［26］冯军宁．面向绿色发展的区域生态补偿机制研究——以张家口为例
[D]．北京：首都经济贸易大学，2018.

［27］冯守尊，陈胜，汪云霞．赤道原则——银行业可持续发展的最佳实践
[M]．上海：上海交通大学出版社，2011.

［28］冯翔，高俊．从全新视角看国外区域旅游合作研究 [J]．旅游学刊，
2013，28（04）：57－66.

［29］冯之浚，周荣．低碳经济：中国实现绿色发展的根本途径 [J]．中国
人口·资源与环境，2010，20（04）：1－7.

［30］扶云涛．大别山区产业结构调整研究 [D]．咸阳：西北农林科技大
学，2010.

［31］韩晶，蓝庆新．中国工业绿化度测算及影响因素研究 [J]．中国人
口·资源与环境，2012，22（05）：101－107.

［32］郝春旭，赵艺柯，何玥，李赞，董战峰．基于利益相关者的赤水河流
域市场化生态补偿机制设计 [J]．生态经济，2019，35（02）：168－173.

［33］郝江俊．提高村民环境意识　探索科学发展模式——江苏省建湖县南
庄村发展小循环经济调查 [C]//中国环境科学学会.2007中国环境科学学会学
术年会优秀论文集（上卷）．中国环境科学学会：中国环境科学学会，2007.

［34］何焱林．林粮套作　粮丰茶茂 [J]．耕作与栽培，1988（03）：23.

［35］胡鞍钢，沈若萌．生态文明建设先行者：中国森林建设之路（1949—
2013）[J]．清华大学学报（哲学社会科学版），2014（04）：63－72＋171.

［36］黄木易，岳文泽，方斌，冯少茹．1970－2015年大别山区生态服务价
值尺度响应特征及地理探测机制 [J]．地理学报，2019，74（09）：1904－
1920.

［37］黄永林．黄冈红色文化资源特质与文化产业发展 [J]．湖北大学学报
（哲学社会科学版），2014，41（02）：48－52＋148.

［38］蒋毓琪，杨怡康．基于选择实验视角的浑河流域森林生态补偿意愿的
实证研究 [J]．林业经济，2020，42（01）：61－68.

［39］蒋云云．湖南省农业绿色发展水平测度及发展路径研究 [D]．长沙：
湖南农业大学，2018.

［40］柯利华．黄冈冲刺千亿大健康产业 [N]．湖北日报，2019－
11－15（018）.

［41］柯利华．红色名胜省内第一黄冈首提"红色大遗址"战略［N］．楚天时报，2013 - 06 - 14.

［42］李国志．森林生态补偿研究进展［J］．林业经济，2019，41（01）：33 - 41.

［43］李晗．大别山地区绿色能源产业发展研究［D］．武汉：湖北工业大学，2012.

［44］李慧明，欣欣．环境与经济如何双赢：环境库兹涅茨曲线引发的思考［J］．南开学报，2003（1）：58 - 64.

［45］李廉水，鲍怡发，刘军．智能化对中国制造业全要素生产率的影响研究［J］．科学学研究，2020，38（04）：609 - 618 + 722.

［46］李宁．湖北省市县科技创新能力评价及提升路径研究［D］．武汉：武汉理工大学，2016.

［47］李寿德，柯大钢．环境外部性起源理论研究述评［J］．经济理论与经济管理，2000（05）：63 - 66.

［48］李子彬．深圳精神之探讨："进无止境——纪念深圳特区成立40周年暨企业精神高峰论坛"［R］．深圳，2020.

［49］厉以宁．对发展低碳绿色经济的九点看法［J］．理论学习，2014（11）：42 - 43.

［50］连玉明．中国生态文明发展报告［M］．北京：当代中国出版社，2014.

［51］连玉明．绿色新政［M］．北京：中信出版社，2015.

［52］梁吉义．林果地粮经立体种植生态农业模式与案例［J］．科学种养，2018（09）：60 - 62.

［53］梁太波．论可持续发展法律制度的创建［J］．广西大学学报（哲学社会科学版），2003（02）：50 - 53.

［54］林伯强，蒋竺均．中国二氧化碳的环境库兹涅茨曲线预测及影响因素分析［J］．管理世界，2009（04）：27 - 36.

［55］刘璨，张敏新．森林生态补偿问题研究进展［J］．南京林业大学学报（自然科学版），2019，43（05）：149 - 155.

［56］刘春艳．湖北省"生态优先绿色发展"之路研究［D］．武汉：中共湖北省委党校，2015.

［57］刘刚．淮河流域桐柏大别山区植被退化机制与生态修复模式［D］．泰安：山东农业大学，2010.

［58］刘濛．国外绿色农业发展及对中国的启示［J］．世界农业，2013

（01）：95 – 98 + 101.

［59］刘学敏．英国伯丁顿社区发展循环经济的启示［N］．中国经济时报，2005 – 02 – 28.

［60］刘雪荣．革命老区跨越发展新路［J］．中国经验，2013（S2）：68.

［61］毛显强，钟瑜，张胜．生态补偿的理论探讨［J］．中国人口·资源与环境，2002（04）：40 – 43.

［62］宁方馨．大别山连片特困区相对资源承载力评价［D］．北京：首都师范大学，2014.

［63］彭旖旎．鄂豫皖三省政协聚焦大别山区生态补偿机制［EB/OL］．http：//ah. anhuinews. com/system/2017/09/13/007710075. shtml? vhfrpegdxufrsrgt.

［64］评论员．破“观念陈旧”之冰，突“项目支撑不力”之围——三论以思想破冰引领发展突围［N］．黄冈日报，2021 – 05 – 16（001）.

［65］评论员．破“精神懈怠”之冰，突“发展气场不足”之围——一论以思想破冰引领发展突围［N］．黄冈日报，2021 – 05 – 14（001）.

［66］评论员．破“固步自封”之冰，突“县域经济不强”之围——六论以思想破冰引领发展突围［N］．黄冈日报，2021 – 05 – 19（001）.

［67］评论员．破“思想保守”之冰，突“营商环境不优”之围——五论以思想破冰引领发展突围［N］．黄冈日报，2021 – 05 – 18（001）.

［68］秦学．特殊区域旅游合作与发展的经验启示：以粤港澳区域为例［J］．经济地理，2010，30（04）：697 – 703.

［69］沈薇，王德平，朱山川，朱琳敏．农村一二三产业融合路径探索——基于江油市新安镇的案例分析［J］．安徽农业科学，2018，46（25）：194 – 196.

［70］舒远招，杨月如．绿色消费的哲学意蕴［J］．消费经济，2001（06）：16 – 18.

［71］苏芳，宋妮妮，马静，阚立娜，冯俊华．生态脆弱区居民环境意识的影响因素研究——以甘肃省为例［J］．干旱区资源与环境，2020，34（05）：9 – 14.

［72］苏明．中国农村基础教育的财政支持政策研究［J］．经济研究参考，2002（25）：29 – 48.

［73］唐承财，郑倩倩，王晓迪，邹兆莎．基于两山理论的传统村落旅游业绿色发展模式探讨［J］．干旱区资源与环境，2019，33（02）：203 – 208.

［74］田义超，白晓永，黄远林，张强，陶进，张亚丽．基于生态系统服务价值的赤水河流域生态补偿标准核算［J］．农业机械学报，2019，50（11）：312 – 322.

［75］汪凌志．基于能值分析的黄石市绿色 GDP 核算［J］．湖北理工学院学报（人文社会科学版），2018，35（04）：32-38.

［76］王彬彬，李晓燕．生态补偿的制度建构：政府和市场有效融合［J］．政治学研究，2015（05）：67-81.

［77］王国灿．世界银行在浙江省钱塘江流域小城镇水环境治理项目中的表现与支持经验研究［J］．中国国际财经（中英文），2017（02）：111-113.

［78］王慧茹，陈柏秀，陈克春，陈晓兰，蒋元方．稻虾连作高产高效典型经验［J］．科学养鱼，2019（08）：24-25.

［79］王景波．基于非期望产出 SBM 模型的全要素能源效率测算［J］．统计与决策，2016（17）：120-123.

［80］王前进，王希群，陆诗雷，等．生态补偿的经济学理论基础及中国的实践［J］．林业经济，2019，41（01）：4-24.

［81］王树华．长江经济带跨省域生态补偿机制的构建［J］．改革，2014（06）：32-34.

［82］王文彬．"猪—沼—鱼"生态养殖［J］．新农业，2010（03）：53-54.

［83］王志纲．"深圳奇迹"背后的逻辑与密码．在"进无止境——纪念深圳特区成立 40 周年暨企业精神高峰论坛"的演讲［R］．深圳，2020.

［84］魏后凯．对促进农村可持续发展的战略思考［J］．环境保护，2015（17）：16-19.

［85］文物考古一席谈．黄冈市红色文化资源概述［EB/OL］．https：//baijiahao. baidu. com/s? id = 1615740759789349419&wfr = spider&for = pc. 2018-10-31.

［86］文晓辉，韦罗成，车鹏．绿色发展理念下住龙"红色文化小镇"发展路径实践研究［J］．神州文化，2018（35）：43.

［87］吴强，张合平．森林生态补偿标准体系研究［J］．中南林业科技大学学报，2017，37（09）：99-103+117.

［88］伍国勇，董蕊，于法稳．小流域生态补偿标准测算——基于生态服务功能价值法［J］．生态经济，2019，35（12）：210-214+229.

［89］向国成，邝劲松，邝嫦娥．绿色发展促进共同富裕的内在机理与实现路径［J］．郑州大学学报（哲学社会科学版），2018，51（06）：71-76.

［90］谢高地，张彩霞，张昌顺，肖玉，鲁春霞．中国生态系统服务的价值［J］．资源科学，2015，37（09）：1740-1746.

［91］谢高地，张彩霞，张雷明，陈文辉，李士美．基于单位面积价值当量因子的生态系统服务价值化方法改进［J］．自然资源学报，2015，30（08）：1243-1254.

［92］徐素波，王耀东，耿晓媛．生态补偿：理论综述与研究展望［J］．林业经济，2020，42（3）：14-26.

［93］严立冬，陈光炬，刘加林，等．生态资本构成要素解析——基于生态经济学文献的综述［J］．中南财经政法大学学报，2010（05）：3-9.

［94］颜俊儒，梁国平．新时代革命老区脱贫振兴的绿色之路［J］．研究报告，2018（21）：4-5.

［95］杨朝飞．绿色发展与环境保护［J］．理论视野，2015（12）：35-36.

［96］杨万平，袁晓玲．环境库兹涅茨曲线假说在中国的经验研究［J］．长江流域资源与环境，2009，18（08）：704-710.

［97］杨小军，纪雪云，徐晋涛．政府赎买生态公益林补偿机制研究——基于农民接受意愿（WTA）的调查［J］．林业经济，2016，38（07）：67-73.

［98］杨晓辉，钟坚龙．乡村振兴视角下革命老区发展路径探析"红色引领与绿色发展［J］．福州党校学报，2018（04）：51-55.

［99］尹向飞，欧阳峣．中国全要素生产率再估计及不同经济增长模式下的可持续性比较［J］．数量经济技术经济研究，2019（08）：72-91.

［100］尹向飞．新框架核算下中国省级绿色 GDP 增长时空演变及驱动研究［J/OL］．经济地理，2021-02-05.

［101］余华阳．打通"产加销"促进农业全产业链融合——江西丰城三产融合发展实践与探索［J］．农村工作通讯，2019（11）：44-46.

［102］张化楠，接玉梅，葛颜祥，郑云辰．流域禁止和限制开发区农户生态补偿受偿意愿的差异性分析［J］．软科学，2019，33（12）：121-126.

［103］张小刚．绿色经济与城市群可持续发展的理论与实践［M］．湘潭：湘潭大学出版社，2011.

［104］张晓．中国环境政策的总体评价［J］．中国社会科学，1999（03）：88-99.

［105］张越，谭灵芝，鲁明中．发达国家再生资源产业激励政策类型及作用机制［J］．现代经济探讨，2015（02）：88-92.

［106］张正斌，王大生，陈兆波，孙传范，徐萍．中国从"红色革命"到"黑色革命"再到"绿色革命"的百年三大跨越［J］．中国生态农业学报，2011（01）：187-192.

［107］兆利辉．基于 SEEA-2012 的综合绿色 GDP 核算体系构建研究——以湖南省为例［D］．长沙：中南林业科技大学，2017.

［108］赵国庆，胡俊芳，张丽娟．麦—棉—瓜高产高效配套栽培技术［J］．河南农业，2015（05）：43.

［109］赵细康，李建民，王金营，周春旗．环境库兹涅茨曲线及在中国的检验［J］．南开经济研究，2005（03）：48－54.

［110］赵雪雁，李巍，王学良．生态补偿研究中的几个关键问题［J］．中国人口·资源与环境，2012，22（02）：1－7.

［111］郑云辰，葛颜祥，接玉梅，张化楠．流域多元化生态补偿分析框架：补偿主体视角［J］．中国人口·资源与环境，2019，29（07）：131－139.

［112］职天杨．武汉理工大学襄阳研究生院何时动工，传来最新消息！［EB/OL］．http：//xiangyang. cjyun. org/p/271181. html.

［113］中国绿色国民经济核算体系框架研究课题组．中国资源环境经济核算体系框架［Z］．2004.

附录1 国务院办公厅关于健全 生态保护补偿机制的意见

国办发〔2016〕31号

各省、自治区、直辖市人民政府，国务院各部委、各直属机构：

实施生态保护补偿是调动各方积极性、保护好生态环境的重要手段，是生态文明制度建设的重要内容。近年来，各地区、各有关部门有序推进生态保护补偿机制建设，取得了阶段性进展。但总体看，生态保护补偿的范围仍然偏小、标准偏低，保护者和受益者良性互动的体制机制尚不完善，一定程度上影响了生态环境保护措施行动的成效。为进一步健全生态保护补偿机制，加快推进生态文明建设，经党中央、国务院同意，现提出以下意见：

一、总体要求

（一）指导思想。全面贯彻党的十八大和十八届三中、四中、五中全会精神，深入贯彻习近平总书记系列重要讲话精神，坚持"四个全面"战略布局，牢固树立创新、协调、绿色、开放、共享的发展理念，按照党中央、国务院决策部署，不断完善转移支付制度，探索建立多元化生态保护补偿机制，逐步扩大补偿范围，合理提高补偿标准，有效调动全社会参与生态环境保护的积极性，促进生态文明建设迈上新台阶。

（二）基本原则。

权责统一、合理补偿。谁受益、谁补偿。科学界定保护者与受益者权利义务，推进生态保护补偿标准体系和沟通协调平台建设，加快形成受益者付费、保护者得到合理补偿的运行机制。

政府主导、社会参与。发挥政府对生态环境保护的主导作用，加强制度建设，完善法规政策，创新体制机制，拓宽补偿渠道，通过经济、法律等手段，加大政府购买服务力度，引导社会公众积极参与。

统筹兼顾、转型发展。将生态保护补偿与实施主体功能区规划、西部大开发战略和集中连片特困地区脱贫攻坚等有机结合，逐步提高重点生态功能区等区域基本公共服务水平，促进其转型绿色发展。

试点先行、稳步实施。将试点先行与逐步推广、分类补偿与综合补偿有机结合，大胆探索，稳步推进不同领域、区域生态保护补偿机制建设，不断提升生态保护成效。

（三）目标任务。到 2020 年，实现森林、草原、湿地、荒漠、海洋、水流、耕地等重点领域和禁止开发区域、重点生态功能区等重要区域生态保护补偿全覆盖，补偿水平与经济社会发展状况相适应，跨地区、跨流域补偿试点示范取得明显进展，多元化补偿机制初步建立，基本建立符合我国国情的生态保护补偿制度体系，促进形成绿色生产方式和生活方式。

二、分领域重点任务

（四）森林。健全国家和地方公益林补偿标准动态调整机制。完善以政府购买服务为主的公益林管护机制。合理安排停止天然林商业性采伐补助奖励资金。（国家林业局、财政部、国家发展改革委负责）

（五）草原。扩大退牧还草工程实施范围，适时研究提高补助标准，逐步加大对人工饲草地和牲畜棚圈建设的支持力度。实施新一轮草原生态保护补助奖励政策，根据牧区发展和中央财力状况，合理提高禁牧补助和草畜平衡奖励标准。充实草原管护公益岗位。（农业部、财政部、国家发展改革委负责）

（六）湿地。稳步推进退耕还湿试点，适时扩大试点范围。探索建立湿地生态效益补偿制度，率先在国家级湿地自然保护区、国际重要湿地、国家重要湿地开展补偿试点。（国家林业局、农业部、水利部、国家海洋局、环境保护部、住房城乡建设部、财政部、国家发展改革委负责）

（七）荒漠。开展沙化土地封禁保护试点，将生态保护补偿作为试点重要内容。加强沙区资源和生态系统保护，完善以政府购买服务为主的管护机制。研究制定鼓励社会力量参与防沙治沙的政策措施，切实保障相关权益。（国家林业局、农业部、财政部、国家发展改革委负责）

（八）海洋。完善捕捞渔民转产转业补助政策，提高转产转业补助标准。继续执行海洋伏季休渔渔民低保制度。健全增殖放流和水产养殖生态环境修复补助政策。研究建立国家级海洋自然保护区、海洋特别保护区生态保护补偿制度。（农业部、国家海洋局、水利部、环境保护部、财政部、国家发展改革委负责）

（九）水流。在江河源头区、集中式饮用水水源地、重要河流敏感河段和水生态修复治理区、水产种质资源保护区、水土流失重点预防区和重点治理区、大江大河重要蓄滞洪区以及具有重要饮用水源或重要生态功能的湖泊，全面开展生态保护补偿，适当提高补偿标准。加大水土保持生态效益补偿资金筹集力度。

（水利部、环境保护部、住房城乡建设部、农业部、财政部、国家发展改革委负责）

（十）耕地。完善耕地保护补偿制度。建立以绿色生态为导向的农业生态治理补贴制度，对在地下水漏斗区、重金属污染区、生态严重退化地区实施耕地轮作休耕的农民给予资金补助。扩大新一轮退耕还林还草规模，逐步将25度以上陡坡地退出基本农田，纳入退耕还林还草补助范围。研究制定鼓励引导农民施用有机肥料和低毒生物农药的补助政策。（国土资源部、农业部、环境保护部、水利部、国家林业局、住房城乡建设部、财政部、国家发展改革委负责）

三、推进体制机制创新

（十一）建立稳定投入机制。多渠道筹措资金，加大生态保护补偿力度。中央财政考虑不同区域生态功能因素和支出成本差异，通过提高均衡性转移支付系数等方式，逐步增加对重点生态功能区的转移支付。中央预算内投资对重点生态功能区内的基础设施和基本公共服务设施建设予以倾斜。各省级人民政府要完善省以下转移支付制度，建立省级生态保护补偿资金投入机制，加大对省级重点生态功能区域的支持力度。完善森林、草原、海洋、渔业、自然文化遗产等资源收费基金和各类资源有偿使用收入的征收管理办法，逐步扩大资源税征收范围，允许相关收入用于开展相关领域生态保护补偿。完善生态保护成效与资金分配挂钩的激励约束机制，加强对生态保护补偿资金使用的监督管理。（财政部、国家发展改革委会同国土资源部、环境保护部、住房城乡建设部、水利部、农业部、税务总局、国家林业局、国家海洋局负责）

（十二）完善重点生态区域补偿机制。继续推进生态保护补偿试点示范，统筹各类补偿资金，探索综合性补偿办法。划定并严守生态保护红线，研究制定相关生态保护补偿政策。健全国家级自然保护区、世界文化自然遗产、国家级风景名胜区、国家森林公园和国家地质公园等各类禁止开发区域的生态保护补偿政策。将青藏高原等重要生态屏障作为开展生态保护补偿的重点区域。将生态保护补偿作为建立国家公园体制试点的重要内容。（国家发展改革委、财政部会同环境保护部、国土资源部、住房城乡建设部、水利部、农业部、国家林业局、国务院扶贫办负责）

（十三）推进横向生态保护补偿。研究制定以地方补偿为主、中央财政给予支持的横向生态保护补偿机制办法。鼓励受益地区与保护生态地区、流域下游与上游通过资金补偿、对口协作、产业转移、人才培训、共建园区等方式建立横向补偿关系。鼓励在具有重要生态功能、水资源供需矛盾突出、受各种污染危害或威胁严重的典型流域开展横向生态保护补偿试点。在长江、黄河等重要河流探索开展横向生态保护补偿试点。继续推进南水北调中线工程水源区对口支援、新安江水环境生态补偿试点，推动在京津冀水源涵养区、广西广东九洲江、福建广东汀江—韩江、江西广东东江、云南贵州广西广东西江等开展跨地区生态保护补偿试点。（财政部会同国家发展改革委、国土资源部、环境保护部、住房城乡建设部、水利部、农业部、国家林业局、国家海洋局负责）

（十四）健全配套制度体系。加快建立生态保护补偿标准体系，根据各领域、不同类型地区特点，以生态产品产出能力为基础，完善测算方法，分别制定补偿标准。加强森林、草原、耕地等生态监测能力建设，完善重点生态功能区、全国重要江河湖泊水功能区、跨省流域断面水量水质国家重点监控点位布局和自动监测网络，制定和完善监测评估指标体系。研究建立生态保护补偿统计指标体系和信息发布制度。加强生态保护补偿效益评估，积极培育生态服务价值评估机构。健全自然资源资产产权制度，建立统一的确权登记系统和权责明确的产权体系。强化科技支撑，深化生态保护补偿理论和生态服务价值等课题研究。（国家发展改革委、财政部会同国土资源部、环境保护部、住房城乡建设部、水利部、农业部、国家林业局、国家海洋局、国家统计局负责）

（十五）创新政策协同机制。研究建立生态环境损害赔偿、生态产品市场交易与生态保护补偿协同推进生态环境保护的新机制。稳妥有序开展生态环境损害赔偿制度改革试点，加快形成损害生态者赔偿的运行机制。健全生态保护市场体系，完善生态产品价格形成机制，使保护者通过生态产品的交易获得收益，发挥市场机制促进生态保护的积极作用。建立用水权、排污权、碳排放权初始分配制度，完善有偿使用、预算管理、投融资机制，培育和发展交易平台。探索地区间、流域间、流域上下游等水权交易方式。推进重点流域、重点区域排污权交易，扩大排污权有偿使用和交易试点。逐步建立碳排放权交易制度。建立统一的绿色产品标准、认证、标识等体系，完善落实对绿色产品研发生产、运输配送、购买使用的财税金融支持和政府采购等政策。（国家发展改革委、财政部、环境保护部会同国土资源部、住房城乡建设部、水利部、税务总局、国家林业局、农业部、国家能源局、国家海洋局负责）

（十六）结合生态保护补偿推进精准脱贫。在生存条件差、生态系统重要、需要保护修复的地区，结合生态环境保护和治理，探索生态脱贫新路子。生态保护补偿资金、国家重大生态工程项目和资金按照精准扶贫、精准脱贫的要求向贫困地区倾斜，向建档立卡贫困人口倾斜。重点生态功能区转移支付要考虑贫困地区实际状况，加大投入力度，扩大实施范围。加大贫困地区新一轮退耕还林还草力度，合理调整基本农田保有量。开展贫困地区生态综合补偿试点，创新资金使用方式，利用生态保护补偿和生态保护工程资金使当地有劳动能力的部分贫困人口转为生态保护人员。对在贫困地区开发水电、矿产资源占用集体土地的,试行给原住居民集体股权方式进行补偿。(财政部、国家发展改革委、国务院扶贫办会同国土资源部、环境保护部、水利部、农业部、国家林业局、国家能源局负责)

(十七)加快推进法制建设。研究制定生态保护补偿条例。鼓励各地出台相关法规或规范性文件,不断推进生态保护补偿制度化和法制化。加快推进环境保护税立法。(国家发展改革委、财政部、国务院法制办会同国土资源部、环境保护部、住房城乡建设部、水利部、农业部、税务总局、国家林业局、国家海洋局、国家统计局、国家能源局负责)

四、加强组织实施

(十八)强化组织领导。建立由国家发展改革委、财政部会同有关部门组成的部际协调机制,加强跨行政区域生态保护补偿指导协调,组织开展政策实施效果评估,研究解决生态保护补偿机制建设中的重大问题,加强对各项任务的统筹推进和落实。地方各级人民政府要把健全生态保护补偿机制作为推进生态文明建设的重要抓手,列入重要议事日程,明确目标任务,制定科学合理的考核评价体系,实行补偿资金与考核结果挂钩的奖惩制度。及时总结试点情况,提炼可复制可推广的试点经验。

(十九)加强督促落实。各地区、各有关部门要根据本意见要求,结合实际情况,抓紧制定具体实施意见和配套文件。国家发展改革委、财政部要会同有关部门对落实本意见的情况进行监督检查和跟踪分析,每年向国务院报告。各级审计、监察部门要依法加强审计和监察。切实做好环境保护督察工作,督察行动和结果要同生态保护补偿工作有机结合。对生态保护补偿工作落实不力的,启动追责机制。

(二十)加强舆论宣传。加强生态保护补偿政策解读,及时回应社会关切。充分发挥新闻媒体作用,依托现代信息技术,通过典型示范、展览展示、经验交流等形式,引导全社会树立生态产品有价、保护生态人人有责的意识,自觉抵制不良行为,营造珍惜环境、保护生态的良好氛围。

国务院办公厅
2016 年 4 月 28 日

附录2　森林生态系统服务功能评估规范

GB/T 38582—2020

森林生态系统服务功能评估规范

1　范围

本标准规定了森林生态系统服务功能评估的术语和定义、基本要求、数据来源、评估指标体系、分布式测算方法、评估公式。

本标准适用于森林生态系统服务功能评估工作。

本标准不适用于林地自身价值。

2　规范性引用文件

下列文件对于本文件的应用是必不可少的。凡是注日期的引用文件，仅注日期的版本适用于本文件。凡是不注日期的引用文件，其最新版本（包括所有的修改单）适用于本文件。

GB/T 33027　森林生态系统长期定位观测方法

GB/T 35377　森林生态系统长期定位观测指标体系

LY/T 1721　森林生态系统服务功能评估规范

3　术语和定义

LY/T 1721 界定的以及下列术语和定义适用于本文件。

3.1　森林生态系统服务功能 forest ecosystem services

人类从森林生态系统中获得的各种惠益。

3.2　森林生态系统服务功能评估 assessment of forest ecosystem services

采用森林生态系统长期连续定位观测数据、森林资源清查数据及社会公共数据对森林生态系统支持服务（3.3）、调节服务（3.4）、供给服务（3.5）、文化服务（3.6）进行评估。

3.3　支持服务 supporting services

森林生态系统土壤形成、养分循环和初级生产等一系列对于所有其他森林生态系统服务的生产必不可少的服务。

3.4　调节服务 regulating services

人类从气候调节、疾病调控、水资源调节、净化水质和授粉等森林生态系统调节作用中获得的各种惠益。

3.5　供给服务 provisioning services

人类从森林生态系统获得的食物、淡水、薪材、生化药剂和遗传资源等各种产品。

3.6　文化服务 cultural services

人类从森林生态系统获得的精神与宗教，消遣与生态旅游、美学、灵感、教育、故土情结和文化遗产等方面的非物质惠益。

3.7　林木养分固持 forest nutrient retention

林木在大气、土壤和降水中吸收 N、P、K 等营养元素并贮存在体内的功能。

3.8　农田防护 farmland protection

森林保护耕地免受风蚀沙埋，改善农田小气候，促进农作物稳产高产的功能。

3.9　防风固沙 windbreak and sand fixation

森林通过控制和固定流沙以达到改善沙漠化土地的功能。

3.10　物种资源保育 conservation of species resources

森林生态系统为动植物的繁育、生物工艺的基因以及遗传信息等起到保育作用的功能。

3.11　森林康养 forest health care

森林生态系统为人类提供森林医疗、疗养、康复、保健、养生、休闲、游憩和度假等消除疲劳、愉悦身心、有益健康的功能。

3.12　森林生态系统服务修正系数 forest ecosystem services correction coefficient

评估目标林分生物量等因子与同一评估单元内实测林分生物量等因子的比值。

3.13　分布式测算方法 distributed and calculation measure

将一个异质化的森林资源整体按照行政区划、林分类型（优势树种组）、起源、林龄等不同分布式级别，划分为相对独立的、均质化的评估测算单元，并将这些单元分别处理最后汇总得出结论的一种测算方法。

3.14 林木产品供给 supply of forest products

森林提供食物类、药材类、油料类、材料类等林木产品的功能。

3.15 应税污染物当量 taxable pollutant equivalent

根据应税污染物排放对环境的有害程度以及处理的技术经济性，衡量不同应税污染物对环境污染的综合性指标或者计量单位。

3.16 等效替代法 equal service substitution

在保证某项生态系统服务效果相同的前提下，将深奥的、复杂的、不易测算的自然过程和社会效果用等效的、简单的、易于测算的自然过程和社会效果来代替的评估方法。

3.17 权重当量平衡法 equivalent weighting equilibrium

定量评价某一物理问题和物理过程采用各分量在总量中所占权重而使其归一化量值相对平衡并具备可比性的测算方法。

4 基本要求

4.1 评估对象仅限于森林生态系统。

4.2 评估应科学合理，在规定的指标体系下开展森林生态系统服务功能评估工作。

5 数据来源

根据我国森林生态系统研究现状，本标准在森林生态系统服务功能评估中最大限度地使用森林生态站长期连续观测的实测数据，以保证评估结果的准确性。

本标准所用数据主要有三个来源：

a）森林生态要素全指标体系连续观测与清查（简称"森林生态连清"）数据集，具体按照 GB/T 33027 和 GB/T 35377 的规定；

b）森林资源连续清查数据集或森林资源二类调查数据集；

c）权威机构公布的社会公共资源数据集。

6 评估指标体系

森林生态系统服务功能测算评估指标体系见附录2：图1，各功能类别评估数据汇总见附录2：表 A（表 A.1 至表 A.9），物种资源保育功能评估数据汇总参见附录2：表 B（表 B.1 至表 B.4），净化水质和滞尘功能评估参见中华人民共和国环境保护税法（2018）中的"环境保护税税目税额表"以及"应税污染物和当量值表"。

7 分布式测算方法

分布式测算方法的具体思路为：

a）将一个异质化的森林资源整体按照行政区划分为 N 个一级测算单元；

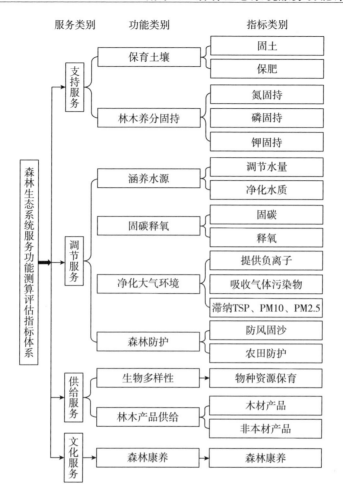

服务类别　　功能类别　　　　　指标类别

图 1　森林生态系统服务功能测算评估指标体系

b）每个一级测算单元按照林分类型（优势树种组）划分成 M 个二级测算单元（经济林、竹林和灌木林按照林分类型对待）；

c）每个二级测算单元按照起源分为天然林和人工林 2 个三级测算单元；

d）每个三级测算单元按照林龄组划分为幼龄林、中龄林、近熟林、成熟林、过熟林 5 个四级测算单元；

e）再结合不同立地条件的对比观测，最终确定多个相对独立的、均质化的生态系统服务评估测算单元，最后汇总得出结果（如图 2 所示）。

8　评估公式

森林生态系统服务功能物质量评估公式及参数设置见附录 2：表 1 和附录 2：

表 C，森林生态系统服务功能价值量评估公式及参数设置见附录 2：表 2。

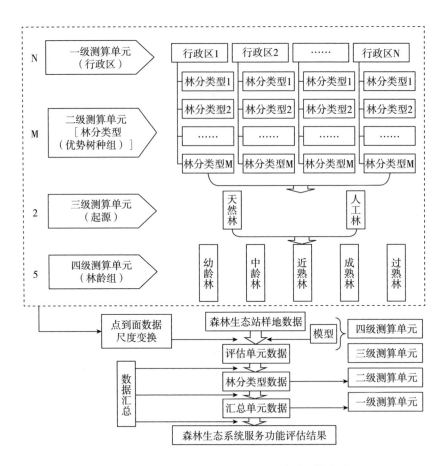

图 2　森林生态系统服务功能评估分布式测算方法

表1 森林生态系统服务功能物质量评估公式及参数设置

服务类别	功能类别	指标类别	计算公式和参数说明
支持服务	保育土壤	固土	$G_{固土} = A \times (X_2 - X_1) \times F$ 式中：$G_{固土}$为评估林分年固土量，单位为 $t \cdot a^{-1}$；A 为林分面积，单位为 hm^2；X_2 为无林地土壤侵蚀模数，单位为 $t \cdot hm^{-2} \cdot a^{-1}$；$X_1$ 为实测林分有林地土壤侵蚀模数，单位为 $t \cdot hm^{-2} \cdot a^{-1}$；F 为森林生态系统服务修正系数（见附录C）
		减少氮流失	$G_N = A \times N \times (X_2 - X_1) \times F$ 式中：G_N为评估林分因固持土壤而减少的氮流失量，单位为 $t \cdot a^{-1}$；N 为实测林分中土壤含氮量，单位为%
		减少磷流失	$G_P = A \times P \times (X_2 - X_1) \times F$ 式中：G_P为评估林分因固持土壤而减少的磷流失量，单位为 $t \cdot a^{-1}$；P 为实测林分中土壤含磷量，单位为%
		减少钾流失	$G_K = A \times K \times (X_2 - X_1) \times F$ 式中：G_K为评估林分因固持土壤而减少的钾流失量，单位为 $t \cdot a^{-1}$；K 为实测林分中土壤含钾量，单位为%
		减少有机质流失	$G_{有机质} = A \times M \times (X_2 - X_1) \times F$ 式中：$G_{有机质}$为评估林分因固持土壤而减少的有机质流失量，单位为 $t \cdot a^{-1}$；M 为实测林分中土壤含有机质量，单位为%
	林木养分固持	氮固持	$G_氮 = A \times N_{营养} \times B_年 \times F$ 式中：$G_氮$为评估林分年氮固持量，单位为 $t \cdot a^{-1}$；A 为林分面积，单位为 hm^2；$N_{营养}$为实测林木氮元素含量，%；$B_年$为实测林分净生产力，单位为 $t \cdot hm^{-2} \cdot a^{-1}$；F 为森林生态系统服务修正系数（下同）
		磷固持	$G_磷 = A \times P_{营养} \times B_年 \times F$ 式中：$G_磷$为评估林分年磷固持量，单位为 $t \cdot a^{-1}$；$P_{营养}$为实测林磷元素含量，单位为%
		钾固持	$G_钾 = A \times K_{营养} \times B_年 \times F$ 式中：$G_钾$为评估林分年钾固持量，单位为 $t \cdot a^{-1}$；$K_{营养}$为实测林钾元素含量，单位为%

续表

服务类别	功能类别	指标类别	计算公式和参数说明
调节服务	涵养水源	调节水量	$G_{调} = 10A \times (P_水 - E - C) \times F$ 式中:$G_{调}$ 为评估林分年调节水量,单位为 $m^3 \cdot a^{-1}$;A 为林分面积,单位为 hm^{-2};$P_水$ 为实测林外降水量,单位为 $mm \cdot a^{-1}$;E 为实测林分蒸散量,单位为 $mm \cdot a^{-1}$;C 为实测林分地表快速径流量,单位为 $mm \cdot a^{-1}$;F 为森林生态系统服务修正系数(下同)
		净化水质	$G_{净} = 10A \times (P_水 - E - C) \times F$ 式中:$G_{净}$ 为评估林分年净化水质量,单位为 $m^3 \cdot a^{-1}$
	固碳释氧	固碳（植被固碳）	$G_碳 = G_{植被固碳} + G_{土壤固碳}$;$G_{植被固碳} = 1.63R_碳 \times A \times B_年 \times F$ 式中:$G_碳$ 为评估林分生态系统年固碳量,单位为 $t \cdot a^{-1}$;$G_{植被固碳}$ 为评估林分植被年固碳量,单位为 $t \cdot a^{-1}$;$G_{土壤固碳}$ 为评估林分对应的土壤年固碳量,单位为 $t \cdot a^{-1}$;$R_碳$ 为二氧化碳中的含量,为 27.27%;A 为林分面积,单位为 hm^2;$B_年$ 为实测林分净生产力,单位为 $t \cdot hm^{-2} \cdot a^{-1}$;F 为森林生态系统服务修正系数(下同)
		固碳（土壤固碳）	$G_{土壤固碳} = A \times S_{土壤} \times F$ 式中:$G_{土壤固碳}$ 为评估林分对应的土壤年固碳量,单位为 $t \cdot hm^{-2} \cdot a^{-1}$;A 为林分面积,单位为 hm^2;$S_{土壤}$ 为单位面积实测土壤年固碳量,单位为 $t \cdot hm^{-2} \cdot a^{-1}$;F 为森林生态系统服务修正系数
		释氧	$G_氧 = 1.19A \times B_年 \times F$ 式中:$G_氧$ 为评估林分年释氧量,单位为 $t \cdot a^{-1}$;A 为林分面积,单位为 hm^2;$B_年$ 为实测林分净生产力,单位为 $t \cdot hm^{-2} \cdot a^{-1}$;F 为森林生态系统服务修正系数
	净化大气环境	提供负离子	$G_{负离子} = 5.256 \times 10^{15} Q_{负离子} \times A \times H \times F/L$ 式中:$G_{负离子}$ 为评估林分年提供负离子数,单位为个 $\cdot a^{-1}$;$Q_{负离子}$ 为实测林分负离子浓度,单位为个 $\cdot cm^{-3}$;A 为林分面积,单位为 hm^2;H 为实测林分高度,单位为 m;F 为森林生态系统服务修正系数;L 为负离子寿命,单位为 min
		吸收气体污染物（吸收二氧化硫）	$G_{二氧化硫} = Q_{二氧化硫} \times A \times F/1000$ 式中:$G_{二氧化硫}$ 为评估林分年吸收二氧化硫量,单位为 $t \cdot a^{-1}$;$Q_{二氧化硫}$ 为单位面积实测林分吸收二氧化硫量,单位为 $kg \cdot hm^2 \cdot a^{-1}$;A 为林分面积,单位为 hm^2;F 为森林生态系统服务修正系数(下同)

续表

服务类别	功能类别	指标类别	计算公式和参数说明
调节服务	净化大气环境	吸收气体污染物 — 吸收氟化物	$G_{氟化物} = Q_{氟化物} \times A \times F/1000$ 式中：$G_{氟化物}$ 为评估林分年吸收氟化物量，单位为 $kg \cdot hm^{-2} \cdot a^{-1}$；$Q_{氟化物}$ 为单位面积实测林分吸收氟化物量，单位为 $kg \cdot hm^{-2} \cdot a^{-1}$
		吸收气体污染物 — 吸收氮氧化物	$G_{氮氧化物} = Q_{氮氧化物} \times A \times F/1000$ 式中：$G_{氮氧化物}$ 为评估林分年吸收氮氧化物量，单位为 $t \cdot a^{-1}$；$Q_{氮氧化物}$ 为单位面积实测林分年吸收氮氧化物量，单位为 $kg \cdot hm^{-2} \cdot a^{-1}$
		滞尘 — 滞纳 TSP	$G_{TSP} = Q_{TSP} \times A \times F/1000$ 式中：G_{TSP} 为评估林分年潜在滞纳 TSP（总悬浮颗粒物）量，单位为 $t \cdot a^{-1}$；Q_{TSP} 为实测林分单位面积年潜在滞纳 TSP 量，单位为 $kg \cdot hm^{-2} \cdot a^{-1}$；$A$ 为林分面积，单位为 hm^2；F 为森林生态服务修正系数（下同）
		滞尘 — 滞纳 PM10	$G_{PM10} = 10 \times Q_{PM10} \times A \times n \times F \times LAI$ 式中：G_{PM10} 为评估林分年潜在滞纳 PM10（直径 $\leq 10\,\mu m$ 的可吸入颗粒物）的量，单位为 $g \cdot m^{-2} \cdot a^{-1}$；$n$ 为年洗脱次数；LAI 为叶面积指数；Q_{PM10} 为实测林分单位面积滞纳 PM10 的量，单位为 $g \cdot m^{-2}$
		滞尘 — 滞纳 PM2.5	$G_{PM2.5} = 10 \times G_{PM2.5} \times A \times n \times F \times LAI$ 式中：$G_{PM2.5}$ 为评估林分年潜在滞纳 PM2.5（直径 $\leq 2.5\,\mu m$ 的可入肺颗粒物）的量，单位为 $kg \cdot a^{-1}$；$Q_{PM2.5}$ 为实测林分单位面积滞纳 PM2.5 的量，单位为 $g \cdot m^{-2}$
	森林防护	防风固沙	$G_{防风固沙} = A_{防风固沙} \times (Y_2 - Y_1) \times F$ 式中：$G_{防风固沙}$ 为评估林分防风固沙量，单位为 $t \cdot a^{-1}$；$A_{防风固沙}$ 为防风固沙面积，单位为 hm^2；Y_1 为有林地风蚀模数，单位为 $t \cdot hm^{-2} \cdot a^{-1}$；$Y_2$ 为无林地风蚀模数，单位为 $t \cdot hm^{-2} \cdot a^{-1}$；$F$ 为森林生态服务修正系数
森林生态系统服务修正系数			$FES-CC = \dfrac{B_c}{B_o} = \dfrac{BEF \times V}{B_o}$ 式中：$FES-CC$ 为森林生态系统服务修正系数；B_c 为评估林分的生物量，单位为 $kg \cdot m^{-3}$；B_o 为实测林分的生物量，单位为 $kg \cdot m^{-3}$；BEF 为蓄积量与生物量的转换因子；V 为评估林分的蓄积量，单位为 m^3

表2 森林生态系统服务功能价值量评估公式及参数设置

服务类别	功能类别	指标类别	计算公式和参数说明
支持服务	保育土壤	固土	$U_{固土} = G_{固土} \times C_{土}/\rho$ 式中：$U_{固土}$ 为评估林分年固土价值，单位为元 · a^{-1}；$G_{固土}$ 为评估林分年固土量，单位 t · a^{-1}；$C_{土}$ 为挖取和运输单位体积土方所需费用，单位为元 · m^3；ρ 为土壤容重，单位为 g · cm^{-3}
		保肥（减少氮流失 / 减少磷流失 / 减少钾流失 / 减少有机质流失）	$U_{肥} = G_N \times C_1/R_1 + G_P \times C_2/R_2 + G_k \times C_2/R_3 + G_{有机质} \times C_3$ 式中：$U_{肥}$ 为评估林分年固肥价值，单位为元 · a^{-1}；G_N 为评估林分固持土壤而减少的氮流失量，单位为 t · a^{-1}；C_1 为磷酸二铵肥价格，单位为元 · t^{-1}；R_1 为磷酸二铵肥含氮量，%；G_P 为评估林分固持土壤而减少的磷流失量，单位为 t · a^{-1}；R_2 为磷酸二铵化肥含磷量，%；G_K 为评估林分固持土壤而减少的钾流失量，单位为 t · a^{-1}；C_2 为氯化钾化肥价格，单位为元 · t^{-1}；R_3 为氯化钾化肥含钾量，%；$G_{有机质}$ 为评估林分固持土壤而减少的有机质流失量，单位为 t · a^{-1}；C_3 为有机质价格，单位为元 · t^{-1}
	林木养分固持	氮固持	$U_氮 = G_氮 \times C_1$ 式中：$U_氮$ 为评估林分年氮固持价值，单位为元 · a^{-1}；$G_氮$ 为评估林分年氮固持量，单位为 t · a^{-1}；C_1 为磷酸二铵化肥价格，单位为元 · t^{-1}（下同）
		磷固持	$U_磷 = G_磷 \times C_1$ 式中：$U_磷$ 为评估林分年磷固持价值，单位为元 · a^{-1}；$G_磷$ 为评估林分年磷固持量，单位为 t · a^{-1}
		钾固持	$U_钾 = G_钾 \times C_2$ 式中：$U_钾$ 为评估林分年钾固持价值，单位为元 · a^{-1}；$G_钾$ 为评估林分年钾固持量，单位为 t · a^{-1}；C_2 为氯化钾化肥价格，单位为元 · t^{-1}

续表

服务类别	功能类别	指标类别	计算公式和参数说明
调节服务	涵养水源	调节水量	$U_调 = G_调 \times C_库$ 式中：$U_调$ 为评估林分年调节水量价值，单位为元·a^{-1}；$G_调$ 为评估林分年调节水量，单位为 m^3·a^{-1}；$C_库$ 为水资源市场交易价格，单位为元·m^{-3}
		净化水质	$U_净 = G_净 \times K_水$ 式中：$U_净$ 为评估林分年净化水质价值，单位为元·a^{-1}；$G_净$ 为评估林分年净化水质量，单位为 m^3·a^{-1}；$K_水$ 为水的净化费用，单位为元·m^{-3}·a^{-1}
	固碳释氧	固碳	$U_碳 = G_碳 \times C_碳$ 式中：$U_碳$ 为评估林分年固碳价值，单位为元·a^{-1}；$G_碳$ 为评估林分生态系统潜在年固碳量，单位为 t·a^{-1}；$C_碳$ 为固碳价格，单位为元·t^{-1}
		释氧	$U_氧 = G_氧 \times C_氧$ 式中：$U_氧$ 为评估林分年释放氧气价值，单位为元·a^{-1}；$G_氧$ 为评估林分年释放氧气量，单位为 t·a^{-1}；$C_氧$ 为氧气价格，单位为元·t^{-1}
	净化大气环境	提供负离子	$U_{负离子} = 5.256 \times 10^{15} \times A \times H \times F \times K_{负离子} \times (Q_{负离子} - 600)/L$ 式中：$U_{负离子}$ 为评估林分年提供负离子价值，单位为元·a^{-1}；A 为林分面积，单位为 hm^2；H 为实测林分高度，单位为 m；F 为森林生态系统服务修正系数；$K_{负离子}$ 为负离子生产费用，单位为元·个$^{-1}$；$Q_{负离子}$ 为实测林分负离子浓度，单位为个·cm^{-3}；L 为负离子寿命，单位为 min
		吸收气体污染物 吸收二氧化硫	$U_{二氧化硫} = G_{二氧化硫} \times K_{二氧化硫}$ 式中：$U_{二氧化硫}$ 为评估林分年吸收二氧化硫价值，单位为元·a^{-1}；$G_{二氧化硫}$ 为评估林分年吸收二氧化硫量，单位为 t·a^{-1}；$K_{二氧化硫}$ 为二氧化硫的治理费用，单位为元·kg^{-1}
		吸收氟化物	$U_{氟化物} = G_{氟化物} \times K_{氟化物}$ 式中：$U_{氟化物}$ 为评估林分年吸收氟化物价值，单位为元·a^{-1}；$G_{氟化物}$ 为评估林分年吸收氟化物量，单位为元·a^{-1}；$K_{氟化物}$ 为氟化物治理费用，单位为元·kg^{-1}

续表

服务类别	功能类别	指标类别	计算公式和参数说明
		吸收氮氧化物	$U_{氮氧化物} = G_{氮氧化物} \times K_{氮氧化物}$ 式中：$G_{氮氧化物}$为评估林分年吸收氮氧化物价值，单位为元·a^{-1}；$G_{氮氧化物}$为评估林分年吸收氮氧化物量，单位为t·a^{-1}；$K_{氮氧化物}$为氮氧化物治理费用，单位为元·kg^{-1}
		滞纳TSP	$U_{滞尘} = (G_{TSP} - G_{PM10} - G_{PM2.5}) \times k_{TSP} + U_{PM1.0} + U_{PM2.5}$ 式中：$U_{滞尘}$为评估林分年潜在滞纳PM10的值，单位为元·a^{-1}；G_{TSP}为评估林分年潜在滞纳TSP量，单位为t·a^{-1}；$G_{PM2.5}$为评估林分年潜在滞纳PM2.5的量，单位为kg·a^{-1}；U_{PM10}为评估林分年潜在滞纳PM10的价值，单位为元·a^{-1}；$U_{PM2.5}$为评估林分年潜在滞纳PM2.5的价值，单位为元·a^{-1}（下同）
	净化大气环境	滞纳PM10	$U_{PM10} = C_{PM10} \times G_{PM10}$ 式中：C_{PM10}为PM10清理费用，单位为元·kg^{-1}
		滞纳PM2.5	$U_{PM2.5} = C_{PM2.5} \times G_{PM2.5}$ 式中：$C_{PM2.5}$为PM2.5清理费用，单位为元·kg^{-1}
调节服务	森林防护	防风固沙	$U_{防风固沙} = K_{防风固沙} \times G_{防风固沙}$ 式中：$U_{防风固沙}$为评估林分年防风固沙功能的价值，单位为元·a^{-1}；$K_{防风固沙}$为固沙成本，单位为元·t^{-1}；$G_{防风固沙}$为评估林分年防风固沙物质量，单位为t·a^{-1}
		农田防护	$U_{农田防护} = K_a \times V_a \times m_a \times A_农$ 式中：$U_{农田防护}$为评估林分农田防护功能的价值，单位为元·a^{-1}；K_a为平均1hm^{2}农田防护林能够实现农田防护面积19hm^2；V_a为农田防护林面积，单位为hm^2；$A_农$为农作物，牧草平均增产量，单位为kg·hm^{-2}·a^{-1}；m_a为农作物，牧草的价格，单位为元·kg^{-1}

续表

服务类别	功能类别	指标类别	计算公式和参数说明
	生物多样性	物种资源保育	$$U_{生} = (1 + \sum_{m=1}^{x} E_m \times 0.1 + \sum_{n=1}^{y} B_n \times 0.1 + \sum_{r=1}^{x} O_r \times 0.1) \times S_{生} \times A$$ 式中：$U_{生}$ 为评估林分年物种资源保育价值，单位为元；E_m 为评估林分（或区域）内物种 m 的珍稀濒危指数（见表 B.1）；B_n 为评估林分（或区域）内物种 n 的特有种指数（见表 B.2）；O_r 为评估林分（或区域）内物种 r 的古树年龄指数（见表 B.3），单位为元；x 为计算珍稀濒危物种数量；y 为计算特有种物种数量；r 为计算古树物种数量；$S_{生}$ 为单位面积物种资源保育价值（见表 B.4），单位为元·hm^{-2}·a^{-1}；A 为林分面积，单位为 hm^2
供给服务	林木产品供给	木材产品	$$U_{木材产品} = \sum_{i}^{n} (A_i \times S_i \times U_i)(i = 1,2,3,\cdots,n)$$ 式中：$U_{木材产品}$ 为区域内年木材产品价值，单位为元·a^{-1}；A_i 为第 i 种木材产品面积，单位为 hm^2；S_i 为第 i 种木材产品单位面积蓄积量，单位为 m^3·hm^{-2}·a^{-1}；U_i 为第 i 种木材产品市场价格，单位为元·m^{-3}
		非木材产品	$$U_{非木材产品} = \sum_{j}^{n} (A_j \times V_j \times P_j)(j = 1,2,3,\cdots,n)$$ 式中：$U_{非木材产品}$ 为区域内年非木材产品价值，单位为元·a^{-1}；A_j 为第 j 种非木材产品种植面积，单位为 hm^2；V_j 为第 j 种非木材产品单位面积产品产量，单位为 kg·hm^{-2}·a^{-1}；P_j 为第 j 种非木材产品市场价格，单位为元·kg^{-1}
文化服务	森林康养		$$U_r = 0.8U_k$$ 式中：U_r 为区域内年森林康养价值，单位为元·a^{-1}；U_k 为各行政区林业旅游与休闲产业及森林康复疗养产业的价值，包括旅游收入、直接带动的其他产业的产值，单位为元·a^{-1}；k 为行政区个数；0.8 为森林公司接待游客量和创造的旅游产值约占全国森林旅游总规模的 80%

附录 A
（规范性附录）
森林生态系统服务功能评估数据汇总表

表 A.1 至表 A.9 给出了森林生态系统服务功能的各项评估数据。

表 A.1 保育土壤功能评估数据汇总表

项目	单位	林分类型 1/林龄					林分类型 2/林龄					……					林分类型 n/林龄				
		幼龄林	中龄林	近熟林	成熟林	过熟林	幼龄林	中龄林	近熟林	成熟林	过熟林	幼龄林	中龄林	近熟林	成熟林	过熟林	幼龄林	中龄林	近熟林	成熟林	过熟林
林分面积	hm^2																				
有林地土壤侵蚀模数	$t \cdot hm^{-2} \cdot a^{-1}$																				
无林地土壤侵蚀模数	$t \cdot hm^{-2} \cdot a^{-1}$																				
林地土壤容重	$g \cdot cm^{-3}$																				
林地土壤含氮量	%																				
林地土壤含磷量	%																				
林地土壤含钾量	%																				
林地土壤有机质含量	%																				
林分年固土量	$t \cdot a^{-1}$																				

续表

项目	单位	林分类型1/林龄					林分类型2/林龄					……	林分类型n/林龄				
		幼龄林	中龄林	近熟林	成熟林	过熟林	幼龄林	中龄林	近熟林	成熟林	过熟林		幼龄林	中龄林	近熟林	成熟林	过熟林
林分年固土价值	元·a⁻¹																
林分年减少氮损失量	t·a⁻¹																
林分年减少磷损失量	t·a⁻¹																
林分年减少钾损失量	t·a⁻¹																
林分年减少有机质损失量	t·a⁻¹																
林分年保肥价值	元·a⁻¹																
林分年保育土壤总价值	元·a⁻¹																

表 A.2 林木养分固持功能评估数据汇总表

项目	单位	林分类型1/林龄					林分类型2/林龄					……	林分类型n/林龄				
		幼龄林	中龄林	近熟林	成熟林	过熟林	幼龄林	中龄林	近熟林	成熟林	过熟林		幼龄林	中龄林	近熟林	成熟林	过熟林
林分面积	hm²																
林分净生产力	t·hm⁻²·a⁻¹																
林木含氮量	%																
林木含磷量	%																
林木含钾量	%																

续表

项目	单位	林分类型 1/林龄					林分类型 2/林龄					……					林分类型 n/林龄				
		幼龄林	中龄林	近熟林	成熟林	过熟林	幼龄林	中龄林	近熟林	成熟林	过熟林	幼龄林	中龄林	近熟林	成熟林	过熟林	幼龄林	中龄林	近熟林	成熟林	过熟林
林分年固持氮量	$t \cdot a^{-1}$																				
林分年固持磷量	$t \cdot a^{-1}$																				
林分年固持钾量	$t \cdot a^{-1}$																				
林木养分固持总价值	$元 \cdot a^{-1}$																				

表 A.3　涵养水源功能评估数据汇总表

项目	单位	林分类型 1/林龄					林分类型 2/林龄					……					林分类型 n/林龄				
		幼龄林	中龄林	近熟林	成熟林	过熟林	幼龄林	中龄林	近熟林	成熟林	过熟林	幼龄林	中龄林	近熟林	成熟林	过熟林	幼龄林	中龄林	近熟林	成熟林	过熟林
林分面积	hm^2																				
年降水量	$mm \cdot a^{-1}$																				
林分年蒸散量	$mm \cdot a^{-1}$																				
快速地表径流量	$mm \cdot a^{-1}$																				
林分调节水量	$m^3 \cdot a^{-1}$																				
林分净化水质	$m^3 \cdot a^{-1}$																				
林分净调节水量价值	$元 \cdot a^{-1}$																				
林分净化水量价值	$元 \cdot a^{-1}$																				
涵养水源总价值	$元 \cdot a^{-1}$																				

表 A.4　固碳释氧功能评估数据汇总表

项目	单位	林分类型1/林龄					林分类型2/林龄					……	林分类型 n/林龄				
		幼龄林	中龄林	近熟林	成熟林	过熟林	幼龄林	中龄林	近熟林	成熟林	过熟林		幼龄林	中龄林	近熟林	成熟林	过熟林
林分面积	hm^2																
林分净生产力	$t \cdot hm^{-2} \cdot a^{-1}$																
单位面积林分年土壤固碳量	$t \cdot hm^{-2} \cdot a^{-1}$																
植被和土壤年固碳量	$t \cdot a^{-1}$																
植被和土壤年固碳价值	$元 \cdot a^{-1}$																
林分年释氧量	$t \cdot a^{-1}$																
林分年释氧价值	$元 \cdot a^{-1}$																
林分年固碳释氧总价值	$元 \cdot a^{-1}$																

表 A.5　净化大气环境功能评估数据汇总表

项目	单位	林分类型1/林龄					林分类型2/林龄					……	林分类型 n/林龄				
		幼龄林	中龄林	近熟林	成熟林	过熟林	幼龄林	中龄林	近熟林	成熟林	过熟林		幼龄林	中龄林	近熟林	成熟林	过熟林
林分面积	hm^2																
林分负离子浓度	$个 \cdot cm^{-3}$																
单位面积林分年吸收二氧化硫量	$kg \cdot hm^{-2} \cdot a^{-1}$																

续表

项目	单位	林分类型 1/林龄					林分类型 2/林龄					……					林分类型 n/林龄				
		幼龄林	中龄林	近熟林	成熟林	过熟林	幼龄林	中龄林	近熟林	成熟林	过熟林	幼龄林	中龄林	近熟林	成熟林	过熟林	幼龄林	中龄林	近熟林	成熟林	过熟林
单位面积林分年吸收氟化物量	$kg \cdot hm^{-2} \cdot a^{-1}$																				
单位面积林分年吸收氮氧化物量	$kg \cdot hm^{-2} \cdot a^{-1}$																				
单位面积林分年滞尘量	$kg \cdot hm^{-2} \cdot a^{-1}$																				
林分年提供负离子数	$个 \cdot a^{-1}$																				
林分年提供负离子价值	$元 \cdot a^{-1}$																				
林分年吸收二氧化硫量	$kg \cdot a^{-1}$																				
林分年吸收二氧化硫价值	$元 \cdot a^{-1}$																				
林分年吸收氟化物量	$kg \cdot a^{-1}$																				
林分年吸收氟化物价值	$元 \cdot a^{-1}$																				
林分年吸收氮氧化物量	$kg \cdot a^{-1}$																				
林分年吸收氮氧化物价值	$元 \cdot a^{-1}$																				
林分年潜在滞纳 TSP 量	$kg \cdot a^{-1}$																				
林分年潜在滞纳 TSP 价值	$元 \cdot a^{-1}$																				
林分年潜在滞纳 PM 10 量	$kg \cdot a^{-1}$																				
林分年潜在滞纳 PM 10 价值	$元 \cdot a^{-1}$																				
林分年潜在滞纳 PM 2.5 量	$kg \cdot a^{-1}$																				
林分年潜在滞纳 PM 2.5 价值	$元 \cdot a^{-1}$																				
林分净化大气环境总价值	$元 \cdot a^{-1}$																				

表 A.6 森林防护功能评估数据汇总表

项目	单位	林分类型1/林龄					林分类型2/林龄					……	林分类型n/林龄				
		幼龄林	中龄林	近熟林	成熟林	过熟林	幼龄林	中龄林	近熟林	成熟林	过熟林		幼龄林	中龄林	近熟林	成熟林	过熟林
农田防护林面积	hm^2																
防风固沙林面积	hm^2																
农作物、牧草等平均增产量	$kg \cdot hm^{-2} \cdot a^{-1}$																
农作物、牧草等价格	$元 \cdot kg^{-1}$																
固沙成本	$元 \cdot t^{-1}$																
年防风固沙量	$t \cdot hm^{-2} \cdot a^{-1}$																
农田防护价值	$元 \cdot a^{-1}$																
防风固沙价值	$元 \cdot a^{-1}$																

表 A.7 物种资源保育功能评估数据汇总表

项目	单位	林分类型1/林龄					林分类型2/林龄					……	林分类型n/林龄				
		幼龄林	中龄林	近熟林	成熟林	过熟林	幼龄林	中龄林	近熟林	成熟林	过熟林		幼龄林	中龄林	近熟林	成熟林	过熟林
面积	hm^2																
Shannon – Wiener 多样性指数																	
珍稀濒危指数																	
特有种指数																	
古树年龄指数																	
单位面积年物种资源保育价值	$元 \cdot hm^{-2} \cdot a^{-1}$																
物种资源保育总年价值	$元 \cdot a^{-1}$																

表 A.8　森林康养功能评估数据汇总表

项目	单位	类型1	类型2	类型3	……	类型n
旅游收入	元·a^{-1}					
森林康复疗养产业的产值	元·a^{-1}					
直接带动其他产业的产值	元·a^{-1}					
森林康养总产值	元·a^{-1}					

表 A.9　提供林产品功能评估数据汇总表

项目	单位	类型1	类型2	类型3	……	类型n
木材产品面积	hm^2					
木材产品单位面积蓄积量	m^3·hm^{-2}·a^{-1}					
木材产品市场价格	元·m^{-3}					
非木材产品种植面积	hm^2					
非木材产品单位面积产量	kg·hm^{-2}·a^{-1}					
非木材产品市场价格	元·kg^{-1}					
区域内木材产品价值	元·a^{-1}					
区域内非木材产品价值	元·a^{-1}					

附录2：表 B
（资料性附录）
物种资源保育功能评估数据汇总表

表 B.1 至表 B.4 给出了物种资源保育功能的各项评估数据。

表 B.1　濒危指数体系

濒危指数	濒危等级	物种种类
4	极危	
3	濒危	参见《中国物种红色名录》
2	易危	第一卷：红色名录
1	近危	

表 B.2　特有种指数体系

特有种指数	分布范围
4	仅限于范围不大的山峰或特殊的自然地理环境下分布
3	仅限于某些较大的自然地理环境下分布的类群，如仅分布于较大的海岛（岛屿）、高原、若干个山脉等
2	仅限于某个大陆分布的分类群
1	至少在 2 个大陆都有分布的分类群
0	世界广布的分类群

表 B.3　Shannon – Wiener 指数等级划分及其价值

等级	Shannon – Wiener 多样性指数	单位/（元·hm^{-2}·a^{-1}）
1	指数≥6	50000
2	5≤指数<6	40000
3	4≤指数<5	30000
4	3≤指数<4	20000
5	2≤指数<3	10000
6	1≤指数<2	5000
7	指数<1	3000

表 B.4　古树年龄指数体系

古树年龄	指数等级	来源及依据
100 ~ 299 年	1	参见全国绿化委员会、国家林业局文件《关于开展古树名木普查建档工作的通知》
300 ~ 499 年	2	
≥500 年	3	

附录2：表C
（规范性附录）
其他说明

C.1　森林生态系统服务功能评估中，由物质量向价值量转换时，除了评估公式中涉及的测算方法外，采用了应税污染物当量、等效替代法和权重当量平衡法。同时，部分价格参数并非评估年价格参数，因此，需要使用价格参数转换系

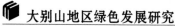

数（D）将非评估年份价格参数换算为评估年份价格参数以计算各项功能价值量的现价。

$$D = (1 + d_{n+1})(1 + d_{n+2})\cdots(1 + d_m)$$

$$d = (D_r + L_r)/2$$

式中：d 为价格指数；n 为价格参数可获得年份，单位为年；m 为评估年份，单位为年；D_r 为银行的平均存款利率，%；L_r 为银行的平均贷款利率，%。

C. 2 保育土壤及固碳功能野外实测中涉及土层有效深度，当土层深度 <1 米时，以实际测量值为准；当土层深度 ≥1 米时，土层深度取值 1 米。

附录3 湖北长江经济带产业绿色发展专项规划（摘录）

第二章 总体要求和目标

第一节 指导思想

全面贯彻落实党的十八大和十八届三中、四中、五中、六中全会精神，深入贯彻习近平总书记系列重要讲话精神和治国理政新理念新思想新战略，认真落实党中央、国务院决策部署，紧紧围绕统筹推进"五位一体"总体布局和协调推进"四个全面"战略布局，牢固树立创新、协调、绿色、开放、共享的发展理念，以供给侧结构性改革为主线，以提高发展质量和效益为中心，以传统产业绿色化改造为重点，以绿色科技创新为支撑，以法规标准制度建设为保障，紧紧围绕资源能源利用效率和清洁生产水平提升，实施绿色示范工程，加快构建产业绿色发展体系，建立健全产业绿色发展长效机制，提高绿色国际竞争力，走高效、清洁、低碳、循环、安全的绿色发展道路，努力把湖北长江经济带建成创新驱动引领区、绿色产业集聚区、智能制造先行区。

第二节 基本原则

1. 生态优先，绿色发展。牢固树立保护生态环境就是保护生产力、改善生态环境就是发展生产力的理念，强化资源环境承载约束，坚持存量调整优化和增量严格准入相结合，发挥区域比较优势，引导产业合理布局，走经济发展和生态绿色的双赢之路。

2. 创新驱动，转型升级。大力实施创新驱动发展战略，将绿色发展理念贯彻始终，加快科技创新、制度创新，培育新技术、新产业、新业态、新模式，提高全要素生产率，推进发展方式转变、核心动力转换和经济结构调整，实现产业服务化、高端化、智能化、低碳化、安全化发展。

3. 开放协作，区域联动。深度融入国家"一带一路"倡议和长江经济带战略，加快长江中游城市群建设，建立产业协作发展机制，打造世界级产业集群。全面推进"一主两副多极"城市带动战略，建立完善省内区域产业联动机制，加快重点产业集聚化、规模化、体系化、高端化发展。

第三节　战略定位

1. 创新驱动引领区。加快实施创新驱动战略，发挥人才、科技资源密集优势，大力推进大众创业、万众创新，激发创新主体活力，探索区域综合集成创新模式，提高创新成果转化率，打造全国创新驱动引领区。

2. 绿色产业集聚区。加快构建传统产业转型升级和战略性新兴产业双发力、先进制造业与现代服务业双驱动、实体经济与虚拟经济双促进、一二三产业融合发展的产业绿色发展体系，打造长江经济带绿色产业集聚区。

3. 智能制造先行区。发挥新一代信息技术的渗透作用和贯通作用，紧跟制造业数字化、网络化、智能化、服务化的发展趋势，加快实施"互联网＋制造"行动计划，重构生产模式和组织方式，打造全国智能制造先行区。

第四节　发展目标

到 2020 年，战略性新兴产业占比明显提高，现代服务业对一、二产业发展支撑能力更强，能源利用效率、资源利用水平、清洁生产水平大幅提升，绿色产业发展体系初步建立（相关指标见表 1）。

表 1　湖北长江经济带产业绿色发展指标体系

类别	指标	2015 年现状值	2020 年目标值
产业转型升级	规模以上工业增加值年均增速（％）	8.6	8
	服务业增加值占 GDP 比重（％）	43.1	48
	制造业增加值率提高（％）	—	累计提高 2 个百分点
	农产品加工产值与农业总产值比	2.45	3
	战略性新兴产业占 GDP 比重（％）	8.5	17

续表

类别	指标		2015年现状值	2020年目标值
自主创新能力	每万人口发明专利拥有量		4.3	10
	研发与实验发展（R&D）经费投入强度（%）		1.92	2.2
	国家级企业技术中心工程实验室数量（家）		76	90
资源利用	单位GDP二氧化碳排放降低（%）		20.1	19.5
	六大高耗能产业①增加值占规模以上工业比重（%）		26.8	21.8
	单位工业增加值用水量五年累计降幅（%）		61	30
	万元GDP能耗降低		≤0.56	下降16%
	工业固体废弃物综合利用率（%）		76	79
	非化石能源占一次能源消费比重（%）		≥13	≥15.5
环境保护	主要污染物排放强度（千克/万元GDP）	化学需氧量	4.1	3.8
		二氧化硫	2.5	2.2
		氨氮	0.47	0.45
		氮氧化物	2.3	2.1

到2030年，绿色发展产业体系全面建成，湖北成为长江经济带的绿色增长极、促进中部地区崛起发展的"重要战略支点"和支撑长江经济带的"龙腰"。

第三章　强化资源环境约束

以资源环境承载能力为约束，做好产业准入限制，着力化解重化工等污染型产业沿江布局的困境，推动长江经济带产业绿色发展，维护长江生态安全。

第一节　开展资源环境评价

与《湖北省主体功能区规划》相衔接，在全省开展水资源、土地资源、环境容量、生态系统脆弱性、生态系统重要性、自然灾害危险性等资源环境承载能力评价（评价方法及结果见附件1），评价情况如下：

1. 水资源评价。我省人均可利用水资源总体丰富，但空间分布不均衡，局

---

① 钢铁、有色金属、建材、石化、化工和电力行业。

部地区缺水严重。缺水区域主要分布在十堰茅箭区、荆门掇刀区、沙洋县、黄石下陆区、黄石西塞山区、黄梅县、襄阳樊城区、枣阳市、孝感孝南区、安陆市、云梦县、随州曾都区、广水市、随县等市县，要引导发展低耗节水型产业。

2. 土地资源评价。我省可利用土地资源主要集中在江汉平原地区，大别山、幕府山、秦巴山、武陵山四大片区土地资源匮乏，开发条件较差，具体包括宜城市、十堰郧阳区、丹江口市、京山县、当阳市、利川市、宜恩县等市县，要引导发展节地型产业，提高单位用地产出效率。

3. 环境容量评价。我省生态环境总体较好，局部地区环境容量超载，主要集中在武汉市、襄阳市、宜昌市、十堰市的主城区，要做好污染防治，发展环境友好型产业。

4. 生态脆弱性评价。鄂西圈整体属于生态脆弱区，鄂东北区域的麻城、广水、大悟、红安、罗田、英山等市县生态环境较为脆弱，要引导发展生态绿色产业，尽量避免大开发、大建设。

5. 生态重要性评价。生态重要性较强的地区主要分布在神农架林区、十堰郧阳区、竹溪县、保康县、兴山县、巴东县、建始县、恩施市、咸丰县、宜恩县、鹤峰县、五峰县、长阳县、洪湖市、赤壁市、咸宁咸安区、鄂州梁子湖区17 个市县，要在做好生态环境保护、维护生态系统多样性的前提下，适度发展相应产业。

6. 自然灾害评价。全省自然灾害严重的地区集中在神农架林区、十堰郧阳区、丹江口市、房县、巴东县、秭归县、通山县 7 个市县，要科学规划产业园区选址，尽量避免地质灾害敏感区。

在各因素评价基础上，开展全省资源环境承载能力综合评价。综合评价显示，资源环境承载能力超载区域和临界超载区域大多属于我省重点开发区，是主要的产业集聚区。这表明，在经济增长和人口集聚的同时，资源环境承载压力明显加重，亟须建立产业发展约束机制，实现绿色和可持续发展。

第二节 强化产业发展约束

1. 严格执行国家产业政策。对《国务院关于实行市场准入负面清单制度的意见》（国发〔2015〕55 号）列入禁止准入的十七类产业项目、生产行为要严格禁止，加快淘汰落后的生产工艺装备和产品项目，加快淘汰污染严重的企业；对列入限制准入的二十二类产业项目、生产行为，要严格执行准入条件，未经许可，不得从事相关的生产经营活动。《产业结构调整指导目录》（2013 年修正版）明确的鼓励类、限制类、淘汰类，要进行分类管控，加强投资项目管理，推进产业结构调整。

2. 严格执行我省长江经济带发展要求。认真执行我省长江经济带产业绿色发展的要求，即：严禁在长江干流及主要支流岸线 1 公里范围内新建布局重化工及造纸行业项目；超过 1 公里不足 15 公里范围内的新建项目，要在环保、安全等方面从严控制。

3. 强化资源环境因子对产业发展的约束。根据资源环境承载能力评价结果，按照水资源缺乏地区、土地资源缺乏地区、环境容量超载地区、生态脆弱性和生态重要性地区、自然灾害易发地区等不同类型，与国家的相关产业准入政策相衔接，与我省节水、节地和生态环保的相关政策文件相衔接，明确湖北长江经济带特定区域的产业禁止、限制进入的领域（见表2）。

表2　湖北长江经济带资源环境因子产业发展约束

资源环境因子类型	涉及县市	禁止、限制进入产业领域
水资源缺乏地区	茅箭区、掇刀区、沙洋县、下陆区、西塞山区、黄梅县、樊城区、枣阳市、孝南区、安陆市、云梦县、曾都区、广水市、随县	1. 禁止大规模水电开发、火（核）电发电项目； 2. 禁止粮食转乙醇、食用植物油料转化生物燃料项目； 3. 禁止填湖造景、造地的旅游项目、房地产项目； 4. 限制发展黑色金属冶炼及压延加工、有色金属冶炼及压延加工、非金属矿物制品、石油加工及炼焦、化学原料制造、纺织（印染）、化学纤维制品、饮料制造、造纸及纸制品等高耗水产业以及纸浆原料林基地建设
土地资源缺乏地区	宜城市、郧阳区、丹江口市、京山县、当阳市、利川市、宜恩县	1. 禁止以物流中心、标准厂房、工业用地等名义建设商贸市场项目； 2. 限制发展占地面积大、产出效率低的产业； 3. 国家级开发区、高新区、省级产业园区以及其他类型的工业园区，新建项目投资强度必须达到省定要求
环境容量超载地区	武汉市、襄阳市、宜昌市、十堰市的主城区	1. 禁止发展石油加工、炼焦及核燃料加工业；化学原料制造业；非金属矿物制品业；黑色金属冶炼及压延加工业；有色金属冶炼及压延加工业；电力热力生产业等高耗能产业； 2. 禁止新建印染、电镀、酿造等污染严重的企业；禁止皮革或皮毛制造产业进入； 3. 限制新建煤炭及制品批发市场

续表

资源环境 因子类型	涉及县市	禁止、限制进入产业领域
生态脆弱、重要性地区	神农架林区、来凤县、咸丰县、宣恩县、巴东县、建始县、恩施市、鹤峰县、五峰县、长阳县、兴山县、夷陵区、谷城县、保康县、南漳县、郧阳区、丹江口、郧西县、竹山县、竹溪县、宜城市、钟祥市、麻城市、广水市、大悟县、红安县、罗田县、英山县、洪湖市、赤壁市、咸安区、梁子湖区	1. 禁止在水土流失区、水源涵养区等敏感区域新建旅游项目； 2. 限制发展易破坏生态植被的采矿、建材等产业；矿产资源开发项目必须进行环境影响评价并实施环境修复； 3. 限制发展黑色金属冶炼及压延加工业、有色金属冶炼及压延加工业、非金属矿物制品业、石油加工及炼焦业、电力热力生产业、化学原料及制品制造业、纺织（印染）业、化学纤维制品业、饮料制造业、造纸及纸制品等高耗水产业； 4. 生态脆弱区限制纸浆原料林基地建设
自然灾害易发地区	神农架林区、郧阳区、丹江口市、房县、巴东县、秭归县、通山县	1. 禁止在水土流失重点预防区、水土流失重点治理区新建或改扩建高耗水旅游设施项目； 2. 限制在地质灾害多发区域进行旅游项目开发； 3. 进行城镇和大中型水利、电力、铁路、公路、厂矿、工业区建设，必须进行地质灾害影响评价并做好自然灾害预防

第四章　加快产业转型升级

深入推进供给侧结构性改革，坚持用市场化、法制化方式去产能，完成"三去一降一补"① 重要任务。以提高质量和效益为中心，推进湖北产业发展由传统经济发展思维向"互联网＋"融合思维转变、由要素驱动向创新驱动为主转换、由生产为主向生产和服务融合转型，大力发展战略性新兴产业，推动传统产业转型升级，积极发展现代服务业及高效生态农业，构建产业绿色、安全发展体系。

第一节　大力发展战略性新兴产业

依托科技创新、制度创新双轮驱动，重点培育新一代信息技术、生物产业、绿色低碳、高端装备、新材料、数字创意等市场潜力大、引领作用强的六大战略

---

① 指"去产能、去库存、去杠杆、降成本、补短板"五大任务。

性新兴产业，增创经济发展新优势，打造新的支柱产业。

一、新一代信息技术产业

加快推进新一代信息技术产业的硬件、软件、平台和服务的一体化发展，按照突出特色、强化带动、巩固优势、迈向高端的思路，重点发展集成电路及新型显示、信息通信设备及智能终端、物联网、云计算及大数据等产业，努力扩大新一代信息技术在经济社会各领域的综合应用。

1. 集成电路及新型显示。推进国家存储器基地项目建设，以整机应用和信息消费需求为牵引，重点围绕存储器芯片，推动整机与芯片联动、硬件与软件结合、产品与服务融合发展，形成以芯片设计为引领、芯片制造为支撑、封装测试与材料为配套的较为完整的产业链。积极引导集成电路与新型显示、光通讯、北斗导航把握机遇快速发展，积极突破发展大尺寸面板，提升中小尺寸面板竞争力，提升新型显示产业能级。

2. 信息通信设备及智能终端。以国家数字家庭应用示范基地、全光网城市、宽带中国示范城市等项目建设为契机，加强智能终端、终端操作系统、应用软件与数字内容服务、软件分发的融合互动，促进移动智能终端向规模化、高端化、智能化和服务化方向推进。大力发展大尺寸预制棒、特种光纤、光接入系统、超高速率超大容量超长距离光通信传输设备、高端光电子核心芯片和器件等产品。加大系统设备软件核心和关键技术及平台的研发力度，增强系统设备向网络融合、下一代网络技术平滑演进的能力。密切关注量子通信发展，加强量子通信核心器件研究与技术储备，抢占量子通信技术及应用研究制高点。鼓励整机企业与芯片、器件、软件企业协作，加快智能手机、平板电脑、智能电视、可穿戴装备等各类智能终端研发及产业化。

3. 信息技术新业态新应用。重点支持物联网、云计算、大数据、软件和信息服务等新业态发展。加快建设"智慧湖北"示范工程，完善"楚天云"公共服务平台，推动公共信息资源开发共享，支持武汉建设"光谷云村"、国家地理空间信息云数据中心等云数据中心建设，推进云计算大数据与物联网、移动互联、北斗导航、智能汽车、智能制造在技术和服务等方面的创新应用和融合发展，推动信息技术新业态新应用向生产生活各领域深度渗透。

二、生物产业

顺应对生物技术产品、医疗健康服务消费需求大幅提升的趋势，发挥湖北生物资源和技术人才优势，巩固发展生物医药、生物制造产业，培育生物农业加快发展。

1. 生物医药。依托武汉国家生物产业基地，建设全国乃至国际重要的生物医药创新产品研发中心。重点突破以新型疫苗、单克隆抗体、基因工程药、多肽等为代表的生物医药的研发和产业化。加快开发具有重大多发性疾病防治需求的抗肿瘤、抗感染类创新化学药，鼓励行业清洁生产。推动现代中药与民族药高端制剂的国际化发展。着力推进医学影像设备、可穿戴诊疗设备和组织工程材料等高端医疗器械的生产与应用。

2. 生物制造。加快提高酶工程、发酵工程、工业生物催化技术等生物制造技术水平和应用能力，促进清洁生产和循环经济发展，促进湖北生物制造业的升级换代和规模化发展。强化对现有酶种、菌种及发酵工艺的改造和升级，加快发展新型生物基产品、发酵产品的产业化与推广应用，重点提升氨基酸、维生素、核黄素等大宗发酵产品的产业自主创新能力和国际化发展水平。提升绿色生物工艺应用水平，大力推进在食品、化工、轻纺、能源等领域的应用示范，有效降低原材料、水资源及能源消耗，减少污染排放。

3. 生物农业。围绕粮食安全、生态改善、现代农业发展等重大需求，重点发展生物育种产业和绿色农用生物制品产业，推动湖北农业生产绿色转型。研制和推广一批优质高产、营养安全的农业动植物新品种，形成一批以企业为主的生物育种创新平台，健全湖北生物种业产业链。加快推进一批新型动物疫苗、生物兽药、生物农药、动植物营养品等重点农用生物制品产业化过程。

三、高端装备制造产业

以重大技术突破和重大发展需求为基础，推进装备制造业智能化、信息化、服务化进程，加快发展智能制造装备、海洋工程装备和航天航空及卫星应用等产业。

1. 智能制造装备。突破智能控制、智能传感、高精密减速机、高性能伺服电机等核心技术，推进成套装备创新发展和应用。大力发展工业机器人、高档数控装备、增材制造装备及高功率激光装备、智能物流及仓储装备、智能传感与控制装备。

2. 海洋工程装备。推进海洋工程装备及高技术船舶高端化、差异化发展，加快打造我国船舶和海工装备产业发展"第四极"。巩固发展高端海工船舶、海洋平台建造基地，船舶配套设备及海洋工程装备通用设备制造基地，海洋工程装备专用设备制造基地，重点建设海上核动力平台基地、船舶和海洋工程装备研发设计中心，船舶和海洋工程装备公共检测服务平台。

3. 航天航空及卫星应用。大力推进武汉国家航天产业基地、国家卫星产业国际创新园、国家地球空间信息产业化基地等重大项目和基础工程建设，打造全国一流的航空产业基地、航空产业新城、地理空间信息名城。优先发展新型运载火箭及发射服务、卫星平台及载荷、空间信息应用、地面及终端设备制造等领域的关键技术及相关产业，带动和辐射上下游的航空运营业、航空服务业及航空关联产业发展。加快低轨宽带卫星、低轨窄带卫星、空间信息应用及车联网、船联网、工程机械联网等卫星应用服务体系项目的建设布局。加快发展地理信息系统、卫星导航、遥感系统、移动道路测量设备等技术、产品及应用。支持企业开展以应用和服务为导向的商业模式创新，完善上游地球空间信息数据获取、中游数据处理加工与运营服务、下游系统集成及应用服务的产业链。

四、新材料产业

1. 高性能金属材料。巩固冷轧硅钢、高强汽车板、高速重轨、高性能工程结构钢等优势产品地位。围绕国家重大工程急需及产业发展急需，重点开发热轧超高强钢、高强薄钢板、高速铁路车轴钢、航空航天用超高强度钢、核电高温合金等高端特殊钢。

2. 高端化工新材料。促进新领域精细化工、高端化学品材料向产业链中高端延伸，优化品种结构，加快升级换代。大力推进乙烯系高分子材料产业链的发展，重点开发特种工程塑料、特种合成橡胶、聚酯及涤纶纤维等乙烯系列先进高分子材料。

3. 电子信息功能材料。重点发展通信用光电子材料与集成技术、微电子材料、新型电池用能量电子材料等信息新材料。完善新型石英晶体、塑料光纤、浅海光缆等光通信材料产业链。优化发展印制电路板专用化学材料、柔性电路板基材、电子浆料等电子材料产业链。

4. 新型无机非金属材料。积极开发新型功能材料、高性能结构材料和先进复合材料，壮大新型无机非金属材料产业规模，实现新型无机非金属材料产业提档升级。重点发展中高档液晶显示玻璃基片、无铅低熔封接玻璃、锗锑硒玻璃、压延微晶玻璃、零膨胀微晶玻璃、激光玻璃、长波红外玻璃等。

5. 前沿新材料。积极培育新能源、生态环境、生物高分子和纳米等前沿新材料产业。重点发展硅基太阳能与薄膜太阳能电池材料、太阳能光电转换材料、热电材料等新能源材料。重点开发高效吸收、吸附、固化、催化转化、汽车尾气净化材料等关键材料及技术。

五、绿色低碳产业

重点发展高效节能、先进环保、资源循环利用等领域，积极开发新能源及其系统技术，推动新能源汽车产业规模化，推进绿色低碳从产品生产向装备和服务延伸、从外围向核心突破、从中低端向中高端迈进。

1. 高效节能。加快高效节能关键技术、核心材料和关键设备的研发和系统集成，推进节能技术装备升级换代和服务模式创新。积极培育提供咨询设计、工程施工、运营维护等综合节能专业服务的市场主体，大力推行合同能源管理，实施燃煤锅炉节能环保综合提升、余热余压余气综合利用、建筑节能改造等重大工程。推进化石能源近零消耗建筑技术产业化，大力推广应用节能门窗、绿色节能建材等产品。

2. 先进环保。集中突破废水、雾霾、土壤农药残留、水体及土壤重金属污染等领域污染防治关键共性技术，实施土壤修复、大气治理、水污染专项治理等工程。强化先进环保成套装备制造能力，推广先进环保技术装备在冶金、化工、建筑材料、食品制造等重点领域的应用。加快建立和完善第三方治理模式，大力推进污染集中治理的专业化、市场化、社会化运营，提升先进环保服务水平。

3. 资源循环利用。实施循环发展引领计划和循环经济重点工程，着力构建循环型产业体系。大力推动共伴生矿和尾矿及大宗工业固体废弃物综合利用，提升"城市矿产"开发利用水平，推动构建废弃物逆向物流交易平台，完善再生资源回收体系，积极开展新品种废弃物回收利用，发展再制造产业。加强农林废弃物及农林产品加工副产物资源化利用，推进废旧农膜、农药包装物、灌溉器材等回收利用。加快推进城市餐厨废弃物、建筑垃圾、园林废弃物、城镇污泥等城市低值废弃物资源化利用，鼓励利用现有大型新型干法水泥窑无害化协同处理固体废弃物。

4. 新能源。加快发展高效光电光热、大型风电、高效储能、分布式能源、能源互联网等，创造条件发展核能利用，大力发展太阳能集成应用技术，推动实施新型高性能太阳能电池产业化项目。积极推动多种形式的新能源综合利用，突破风光互补、高效储能等新能源电力技术，有序推进全钒液流电池等电站级储能材料和装备研制。加速融合储能、微网应用分布式能源发展，大力推动多能互补集成优化示范工程建设。建设以可再生能源为主体的"源—网—荷—储—用"协调发展、集成互补的能源互联网，发展能源生产大数据精准预测、调度与运维技术，建立能源生产运行的监测、管理和调度信息公共服务网络，促进能源生产消费智能化。

5. 新能源汽车。重点突破驱动电机、控制系统、储能系统、信息系统等新能源汽车关键零部件研发，推动插电式混合动力汽车和纯电动汽车产业规模化。鼓励互联网企业参与新能源汽车产业研发和运营服务，探索新商业模式。突破快速充电等关键技术研发，合理布局建设充电设施，促进新能源汽车规模化运用。

六、数字创意产业

大力发展数字文化和创意设计产业，培育一批创新型数字创意企业和若干在国内有影响力的文化创意产业集群，促进数字创意产业蓬勃发展。

1. 数字文化。发挥荆楚特色文化资源优势，推动传统媒体与新兴媒体融合发展，大力发展数字内容产业，积极培育移动多媒体、网络广播电视、电子出版物等新业态，兼顾发展影视制作、工艺美术、演艺娱乐、动漫游戏等文化创意产业。

2. 创意设计。支持创意设计与工业、时尚、建筑、城市规划、广告等融合发展。积极发展时装、珠宝等时尚设计产业，建设时装"智"造基地，打造"武汉·中国宝谷"文化品牌。打造以综合交通、低碳建筑、水环境、地下空间、循环经济、节能和新能源等工程设计咨询为重点的绿色低碳产业集群。努力提升广告创意产业竞争力，以广告产业孵化基地、广告创作基地为载体，推进广告产业创新发展、融合发展、差异化发展，构建新型广告产业生态圈。

专栏1　战略性新兴产业集群

武汉市	武汉光通信产业；武汉集成电路产业；武汉中小尺寸显示面板产业；武汉云计算、大数据产业；武汉生物制药研发；武汉生物育种产业；武汉生物制剂及诊疗；武汉高档数控机床；武汉海洋工程装备及高技术船舶产业；武汉北斗导航产业；武汉激光装备产业；武汉商业航天产业；武汉通用航空产业；武汉精品钢材产业；武汉高性能化工新材料产业；武汉复合新材料产业；武汉生物基材料产业；武汉先进环保装备及治理产业；武汉再制造产业；武汉新能源汽车产业
孝感市	孝感商业航天产业；孝感生物基材料产业
鄂州市	鄂州葛店生物制药产业
黄冈市	黄冈高效节能装备产业
咸宁市	咸宁应急产业；电子信息产业；咸宁节能环保产业及绿色清洁能源产业；新型非金属材料产业
潜江市	潜江（中国）光纤产业
天门市	天门市医药产业
宜昌市	宜昌云计算、大数据产业；宜昌生物制药产业；宜昌高性能化工新材料产业；宜昌复合新材料产业
荆州市	荆州海洋工程装备及高技术船舶产业；荆州生物育种产业
荆门市	荆门通用航空产业；荆门装备制造产业

续表

襄阳市	襄阳高档数控机床产业；襄阳通用航空产业；襄阳高效节能装备产业；襄阳再制造产业；襄阳城市矿产产业；襄阳新能源汽车产业；襄阳市云计算、大数据产业
十堰市	新能源汽车产业集群；生物医药产业集群；新材料新能源产业集群
随州市	新能源产业；新能源汽车产业；光电子信息产业；生物医药产业；应急产业

第二节　升级改造传统制造业

全面落实《中国制造 2025 湖北行动纲要》，推进"双九双十"行动，加强供给侧结构性改革，增强持续增长动力。推动制造业向创新驱动型、质量效益型、绿色安全型、智能融合型、生产服务型转变，不断提升制造业整体实力和竞争力。

1. 汽车。加强乘用车、商用车产品系列化开发，推进专用汽车差异化、高端化发展，积极发展汽车服务业，打造形成世界级汽车产业集群。进一步拓展自主品牌乘用车市场，提升商用车国际竞争力，大力发展新能源汽车。提高产业配套水平，以总成配套为突破口，逐步融入全球采购体系，推进动力系统、前端集成系统、制动系统、汽车电子等关键零部件与整车的同步研发、同步生产、同步模块化供货，提升零部件本地配套率。

2. 钢铁、有色。以关键技术突破、智能化能力提升、绿色安全化转型为重点，提升高牌号冷轧硅钢和高档汽车面板制造水平，围绕航空航天、高铁、核电、船舶等领域对特种金属功能材料和高端金属结构材料的需求，大力发展高品质特殊钢、高性能合金。依托行业龙头企业，利用物联网、云计算等新一代信息技术、实现能耗实时监控和过程智能管控，提升研发设计、生产制造各环节信息化与自动化水平。充分发挥长江黄金水道优势，加快兼并重组步伐，推动钢铁企业沿江合理布局。发展和运用节能、节水、环保等技术，构建冶金循环经济产业链。支持钢结构产业集群及钢材加工物流配送中心建设。

3. 石化化工。坚持炼化一体化、生产精细化、物料循环化、产品高端化、产业园区化的发展方向，推动产业集聚化、高端化、精细化发展。建设千万吨级智慧炼厂，着力延伸乙烯下游产业链。推进磷化工、煤化工、盐化工绿色发展，加快淘汰落后产能，提升行业集中度和清洁生产水平。加快发展精细化工和化工新材料行业，重点发展工程塑料、特种橡胶等先进高分子材料。科学规划园区布局，推进危险化学品企业搬迁改造入园，提升园区环保水平，严格园区安全管理，推进园区循环化改造，推进"两化"深度融合，完善园区配套服务。

4. 建材。大力发展"四新两高"①，推进水泥、玻璃产能等量或减量置换，推进结构调整，优化产业结构和空间布局。促进建材产业与建筑业融合发展，大力发展部品化、标准化、模块化、系列化的新型绿色节能建材。引导行业龙头企业向主动承接工程项目，开展总集成总承包服务、系统维护和管理运营等一体化服务转变。

　　5. 食品。以"绿色、安全、特色"为主题，以绿色有机食品、地理标志食品、功能营养食品、品牌休闲食品为重点，实施品牌战略，提升产品知名度和产业集中度。提高农副产品加工转化率和食品制造的精细化率。完善原料检验、在线检测、成品质量等检测设施和手段，健全质量可追溯体系和食品工业企业诚信体系。

　　6. 轻纺。坚持培育自主品牌和引进知名品牌相结合，承接产业转移，开拓国内外市场，做强一批在国内外有竞争力的产业集群、骨干企业、知名品牌和有地方特色的轻纺产品。发展智能家电等发展潜力巨大的轻工行业。支持服装设计和品牌建设，带动"棉纺—印染—面料—服装"产业链整体素质提升。围绕新材料、新技术、新商业模式应用，培育新的增长点，延长服装、家用和产业用纺织品三条产业链。支持无纺布等特色产业研发平台建设，扩展无纺布应用领域。

专栏2　传统制造业产业集群

武汉市	武汉汽车及零部件产业；武汉精品钢材产业；武汉石化产业；武汉食品加工产业；武汉高端家电产业
黄石市	黄石城市矿产产业；黄石精品钢材产业；黄石模具产业；黄石（阳新）化工医药产业；黄石（阳新）汽车零部件产业；黄石下陆区铜冶炼及深加工产业；黄石服装产业
孝感市	孝感电子机械产业；孝感（云梦）塑料包装产业；孝感（高新区、汉川）纺织服装产业；孝感（云梦）皮草产业集群产业；孝感（孝南）现代森工产业
鄂州市	鄂州金刚石刀具产业；鄂州经济开发区工程塑胶管材产业
黄冈市	（麻城、浠水）汽车配件产业；鄂东新型建材产业；团风县钢结构产业；鄂东（英山、黄梅、龙感湖）纺织服装产业；黄冈现代森工产业
仙桃市	仙桃汽车零部件产业；仙桃市无纺布产业
潜江市	潜江经济开发区新型化工产业；潜江华中家居产业
天门市	天门泵阀产业
宜昌市	宜昌精细磷化工产业；宜昌医用纺织产业；宜昌低碳化学品产业；宜昌建筑陶瓷产业

---

　　① "四新两高"是指，新型干法水泥、新型墙体材料、新型装饰装修材料、无机非金属新材料及高档玻璃及制品、高档建筑卫生陶瓷。

荆州市	荆州市（公安）汽车零部件产业；荆州开发区白色家电产业；荆州沙市区针纺织服装产业；荆州（公安）塑料新材产业；荆州（洪湖）石化装备制造产业；荆州区拍马林浆纸印刷包装产业；荆州家纺产业；荆州（松滋）白云边酒业产业
荆门市	荆门新型化工产业；荆门城市矿产产业
襄阳市	襄阳汽车及零部件产业；枣阳汽车摩擦密封材料产业；襄阳（谷城）汽车零部件产业；襄阳樊城区纺织产业
十堰市	十堰商用汽车及零部件产业；十堰汽配高端装备制造产业；十堰（丹江口）汽车零部件产业
随州市	随州专用汽车及零部件产业；随州曾都区铸造产业；随州（广水）风机产业
恩施州	恩施富硒产业
咸宁市	咸宁机电产业集群；咸宁苎麻纺织产业集群；嘉鱼管材产业集群；赤壁纺织服装产业集群；通城涂附磨具产业集群；崇阳钒产业集群；医用敷料产业集群；通山石材产业集群

第三节　提档升级现代服务业

推动生产性服务业向专业化和价值链高端延伸，推进生活性服务业向精细化、个性化和高品质转变，积极培育服务业新业态新模式，推进服务业与农业、制造业更高水平的融合，促进服务业优质高效创新发展，提升湖北长江经济带产业综合竞争力。重点发展研发设计、金融、现代物流、电子商务等生产性服务业，大力发展旅游、健康养老、体育、教育培训等生活性服务业。

一、重点发展生产性服务业

1. 研发设计。建立研发服务联盟，打造一批专业化、开放性的研发服务平台，培育壮大服务外包主体。以汽车、电子信息、装备制造、船舶等行业为重点，增强工业设计能力，支持新技术、新工艺、新装备、新材料、新需求的设计运用研究，促进工业设计向高端综合设计服务转变。围绕建设武汉"工程设计之都"，重点发展水利、铁路、交通、船舶、建筑、电力、桥梁、冶金、化工、医药、港口等优势领域工程设计高端专业服务，建设若干低碳工程设计产业集聚区，打造以工程设计为龙头的设计产业链，以"一带一路"沿线国家为重点，提升产业国际化水平。

2. 金融。以科技金融创新为主线，以构建绿色金融体系为目标，推进金融服务改革创新。加强与互联网、大数据等新技术的密切结合，加快发展科技金融、民生金融、融资租赁、物流航运金融等金融新业态，推进互联网金融规范健康发展。完善金融组织体系，积极吸引全国性和外资金融机构在湖北设立区域总部和分支机构，支持民营资本发起设立中小型银行等金融机构。大力发展多层次资本市场。加快武汉城市圈科技金融改革创新，将武汉建成长江中游和中部地区金融中心以及科技金融、碳金融为特色的全国性专业金融中心和金融后台服务基地。建设襄阳、宜昌两个省域金融中心，支持有条件的中等城市结合自身产业特点，打造特色产业金融中心，积极开展县域金融工程。

3. 现代物流。推进铁水公空多模式联运，提高铁路和水路运输比重，构建低环境负荷的绿色物流系统。加快建设一批临港物流产业园区，打造南北物流通道和长江物流中心枢纽。加强电子口岸建设，加强与沿海、沿边口岸通关协作，构建服务于全球贸易和营销网络、跨境电子商务的物流支撑体系。加快推进武汉长江中游航运中心建设，支持"中欧班列（武汉）"等国际班列、航班、航线的发展和顺丰国际物流核心枢纽建设，构建国际物流服务网络。完善农村物流服务体系，构建覆盖全省的农产品物流绿色通道。

4. 电子商务。发展壮大一批专业性电子商务平台，加快建设跨境电子商务综合服务平台，努力构建农村电商生态链和生态圈。推进武汉、襄阳、宜昌等国家电子商务示范城市建设，支持鄂州葛店开发区建设国家级电子商务基地，支持十堰建设国家级电子商务示范基地和区域性电子商务示范城市。

二、大力发展现代生活性服务业

1. 旅游。保护性利用沿江生态文化旅游资源，以长江三峡、神农架、武当山为龙头，充分发挥楚文化、三国文化、红色文化、少数民族文化资源优势，着力推动旅游景区和旅游企业集群式发展，在形成整体竞争力的基础上打造旅游品牌。推进旅游与城镇化、新型工业化、农业现代化、现代服务业融合发展，积极发展乡村旅游、工业旅游、体育养生旅游和老年旅游等个性化旅游。

2. 健康养老。大力发展健康物联网、医疗保健、健康保险、体检、咨询等健康服务，支持相关健康产品的研发制造和应用，建立覆盖全生命周期的健康服务业体系，打造一批知名品牌和良性循环的健康服务产业集群。不断健全多层次、多样化的养老服务体系，支持社会力量举办养老机构，大力发展社区居家养老服务，繁荣养老服务消费市场，开发老年用品用具和服务产品，积极推进医疗卫生与养老服务融合发展。

3. 体育。实施体育精品工程，支持打造一批优秀体育俱乐部、示范场馆和品牌赛事，鼓励大型健身俱乐部跨区域连锁经营。积极推进场馆管理体制改革和运营机制创新，引入和运用现代企业制度，激发场馆活力。丰富体育赛事活动，大力发展多层次、多样化的体育赛事，积极引进国际精品赛事。积极探索体育产业与健康养老、旅游、文化创意设计、教育培训等产业融合发展的新业态。

4. 教育培训。加快推进教育培训机构品牌化、规模化、信息化发展。实施品牌战略，以武汉市为核心，着力培育一批具有重要影响力的教育培训服务业领域的龙头品牌。发展职业教育培训，开拓海内外教育培训市场。

专栏3　现代服务业集聚区

武汉市	武汉总部经济；武汉工业设计产业；武汉健康服务产业；武汉汽车服务产业；武汉临空产业；武汉黄陂文化生态旅游产业；武汉智慧物流产业；武汉文化创意产业；武汉物联网产业
黄石市	黄石旅游产业；黄石金融服务产业；黄石现代物流产业；黄石信息与软件服务产业
孝感市	孝感文化（红色）旅游产业；孝感健康养老服务业
鄂州市	鄂州现代物流产业；鄂州电子商务产业
黄冈市	黄冈大别山红色生态文化旅游产业；黄冈（蕲春）李时珍医药健康产业
咸宁市	咸宁健康养老服务产业；咸宁休闲旅游产业
仙桃市	仙桃电子商务产业
宜昌市	宜昌商业航空及航天产业；宜昌市物联网应用产业；宜昌现代物流产业；宜昌文化旅游产业
荆州市	荆州文化旅游产业；荆州电子商务产业
荆门市	荆门大健康产业；荆门现代物流产业；荆门通用航空服务产业；荆门电子商务产业
襄阳市	襄阳智能交通产业；襄阳现代物流；襄阳金融保险；襄阳电子商务和信息服务
十堰市	十堰健康养老产业；十堰旅游服务业；十堰汽车服务业
随州市	随州大洪山生态文化旅游产业；桐柏山生态文化旅游产业；健康养老产业
恩施州	恩施生态文化旅游产业；恩施休闲健康养老产业
神农架	神农架生态文化旅游业、健康养老业

第四节　积极发展高效生态农业

严守耕地红线，以绿色消费需求为导向，以提高农业市场竞争力和可持续发展能力为核心，深入推进农业结构的战略性调整，加快发展农业新型业态，生产优质、安全、无公害的农产品，推进农村一二三产业融合发展，促进农业可持续发展。

推进农业结构调整

1. 调整农业生产结构。严守耕地红线，以数量质量效益并重、竞争力增强、可持续发展为主攻方向，加快构建粮经饲统筹、种养加一体、农林牧渔结合的现代农业结构，形成可复制可推广的农村产业融合发展模式。改进种植制度、优化农产品种结构，提高农产品附加值。科学利用四大片区的林业资源，引导木本油料、森林食品、花卉苗木等产业健康发展，引导农民发展多种形式的林下经济，推进农林复合经营。推广畜牧业与种植业、林果业有机结合生态养殖方式，推广稻田生态种养等新型高效养殖模式。

2. 优化农业区域布局。按照因地制宜、发挥优势、分类施策的原则，将全省划分为江汉平原、鄂东南丘陵山区、鄂西山区和鄂北岗地四大农业片区。江汉平原以发展大宗农产品为主，鄂东南丘陵山区以发展林牧渔特色产品为主，鄂西山区以发展山区特色农林产品为主，鄂北岗地以连片粮棉油等大宗农作物种植为主。

发展农业新型业态

1. 积极发展现代农业。加强农田水利配套设施建设、落实耕地保护措施、建设高效粮食及蔬菜生产基地，大力发展农产品精深加工、水产养殖业和休闲渔业，着力构建经济、环境效益高的现代农业产业化体系。积极发展现代种业，打造粮食生产核心区和主要农产品优势区，强化农产品供给保障能力，支持中国农谷（荆门）、中国"有机谷"（襄阳）建设。构建沿江优势农产品生产与加工产业带、优质畜牧水产养殖与加工产业带、特色林果生产与加工产业带。

2. 发展生态农业新模式。推进种植业和养殖业的有机结合，培育构建循环生态农业产业体系。推广种植业废弃物—养殖业、养殖业废弃物—种植业、农业—农产品加工—乡村休闲旅游、农业减量化—低碳化生产模式等农业循环经济模式，发展循环型农业；推进保护型耕作、立体种植和间作套种技术，积极推行"种—养—沼"、"果—草—鸡"、"猪—沼—果"（菜）、"虾—稻"等种养结合、农牧结合、循环利用、沼气配套、有机肥加工、发酵床养殖等生态养殖模式；发展防渗渠道和管道输水，推广水稻节水灌溉技术和农作物喷灌、微喷灌、滴灌等技术，建设节水型农业生产方式；发挥沼气在发展有机牧业、生态农业方面的重要作用，积极开展沼渣、沼液的综合利用，打造沼气综合利用的农业循环利用产业链。推广使用低毒性、低残留农药、化肥，减少土壤和地下水污染。禁止露天焚烧秸秆，大力推进秸秆直接还田、过腹还田，积极探索秸秆能源化利用，延长秸秆综合利用链条，提升秸秆综合利用水平。

3. 发展生态休闲农业。建设以"新技术、新品种、高科技、现代化"为主要特色的综合性农业科技园区。提升蔬菜、花卉等都市农业发展水平，大力发展休闲农业，培育具有一定品牌效应的农业主题观光地。举办农业节庆活动，带动乡村旅游发展。鼓励文化农业、景观农业、公园农业等创意型农业业态，开辟农业和农村发展空间，提升现代农业的价值，培育新的经济增长点。

4. 推广"互联网＋"农业。积极探索农业物联网产业商业化运营机制和模式，扶持一批农业物联网技术应用示范企业，带动湖北物联网产业及相关信息产业发展。壮大一批龙头企业，建设一批农业发展平台，实施湖北智慧农业战略、"农产品加工流通促进工程"，做大做强"12316"① 服务品牌、"农业信息服务应用示范工程"等重大工程。

5. 促进农村一二三产业融合发展。推进农村产业链和价值链建设，建立多形式利益联结机制，创新融合方式，培育融合主体，完善融合服务。优化农业种植养殖结构，加快农业"接二连三"，由生产环节向产前、产后延伸，提高农产品加工转化率和附加值。推进农业与旅游、教育、文化与产业的深度融合，大力发展休闲农业、乡村旅游、创意农业、农耕体验等，建设休闲农业与农业公园试点。发展以土地林地为基础的各种合作形式，支持农民合作社入股或者兴办龙头企业，让农户分享加工、销售环节的收益。探索建立新型合作社的管理体系，拓展农民合作领域和服务内容，鼓励发展农产品加工和流通，建设一批农业化服务组织与农产品绿色加工园区等。加大政府支持力度，研究设立专门的产业投资基金，引导社会资本投入农村产业融合领域。坚持在节约集约利用土地的前提下，保障农村产业融合发展中的用地需求。改善农业农村的基础设施条件，搭建农村综合性信息化服务的平台，优化农村创业孵化平台，配合农村产业融合发展。结合农业供给侧改革要求，打造长江经济带优质农产品品牌名片，探索"互联网＋"绿色营销渠道，引导绿色消费、发展农业生态旅游，促进生态效益转化为经济效益，推进农业增效、农民增收与生态保护相互协调统一。

专栏 4　农村一二三产业融合示范区

武汉市	武汉都市农业示范园区
孝感市	孝感（汉川）食品加工产业；孝感（安陆）食品加工产业；孝感苗木花卉及园林工程产业
鄂州市	鄂州水产（螃蟹）产业
黄冈市	黄冈大别山区食品饮料及绿色食品产业；黄冈乳制品产业
咸宁市	咸宁油茶产业；茶叶产业（以砖茶为代表）；桂花产业；楠竹产业；苎麻产业
仙桃市	仙桃商品粮生产与加工产业
潜江市	潜江生态虾产业
天门市	天门棉花产业
宜昌市	宜昌茶产业；宜昌农产品深加工产业

① "12316"是全国农业系统公益服务统一专用号码。

续表

荆州市	荆州（洪湖）淡水渔业；荆州（监利）农产品深加工产业；荆州农高区现代农业示范基地
荆门市	荆门粮油加工产业
襄阳市	襄阳（宜城、老河口）食品加工产业；襄阳（襄州、南漳）农产品加工产业；襄阳油菜产业
十堰市	十堰竹房城镇带有机食品饮料产业；十堰茶产业；十堰中药材产业；十堰水产、餐饮产业
随州市	随州粮食生产加工产业；随县食用菌产业
恩施州	恩施茶产业；恩施绿色食品产业

第五章　提升产业综合竞争实力

依托国家级、省级企业技术中心，推动创新发展；以开发区、工业园为载体，推动集聚发展；推进产城，农村一二三产业、信息化与三产、军民融合发展；推动沿江产业合理有序转移，促进上下游产业联动发展，构建产业竞争新优势。

第一节　强化创新驱动发展

以国家级、省级高新区为重点区域，以若干具有比较优势的产业领域为重点，以国家级、省级企业技术中心为主力，加强创新能力建设，推进大众创业、万众创新，实现创新驱动发展。统筹协调技术创新主体，建立起以企业为主体，高校、科研院所共同参与、利益共享、风险共担的产学研协同创新机制，实现由"湖北制造"向"湖北创造"转变。

1. 建设产业创新中心。推进武汉全面创新改革试验，建设具有全球影响力的产业创新中心。跨区域整合创新资源，推动区域间共同设计创新议题、互联互通创新要素、联合组织技术攻关。提升长江经济带国家战略区域科技创新能力，打造区域协同创新共同体，统筹区域一体化发展。

2. 发挥创新平台优势。积极发挥知识创新平台、技术创新平台、支撑服务平台的作用，优化创新资源配置，提升科技创新能力和竞争力，促进科技成果转化。围绕重点领域创建一批国家大科学中心、国家实验室、国家工程（技术）研究中心、国家级企业技术中心，争取在优势领域和学科建设一批国家地方联合创新平台，以重大项目、重点工程、重大科技成果为载体组建一批产业技术创新联盟。

3. 营造创新环境。培育开放式实践载体和创新文化，完善创新服务体系，强化创新资金保障和制度安排，形成要素完备、支撑有力、开放包容的创新环境。通过举办长江流域创新创业论坛，倡导敢为人先、宽容并进的创新文化；发展服务型科技中介机构，形成湖北长江经济带创新服务体系；引进培育创新投融资机构，推动设立长江银行，充分发挥湖北省长江经济带产业基金作用，大力发展天使投资和创业投资，构建多元化、多层次、多渠道的创新投融资体系；完善行政审批、产学研结合、科技成果转化等体制机制，健全打击侵犯知识产权长效机制。

第二节　加快产业集聚发展

全面推进"一主两副多极"城市带动战略，发挥武汉、襄阳、宜昌等中心城市产业优势和辐射带动作用，以国家级、省级开发区为主要载体，完善区内和区外的产业链，建设世界级汽车、电子信息、工程设计施工产业集群，打造主导产业特色突出、优势明显的长江现代产业集聚带。

1. 打造世界级产业集群。提升工业"四基"能力①，加强重大关键技术攻关、重大技术产业化和应用示范，建设世界级汽车、电子信息、工程设计施工集群、高端装备制造产业集群。适量扩大整车产能，提升零部件配套能力，加快发展新能源汽车，差异化发展专用车，建设世界级重要整车及零部件产业基地、新能源汽车产业化基地，将汉随襄十汽车产业带建设成为产业链完整、研发能力强、具有国际竞争力的汽车走廊。依托东湖高新技术开发区，大力实施集成电路和新型显示培育、智能终端壮大、光通信和激光产业领先、软件及集成电路产业跨越、北斗产业应用等工程，建设沿江电子信息产业集群，提升国际竞争力。以水利水电、桥梁建筑等优势行业为核心，推动勘察、设计、施工、监理等建筑工程全产业链发展，鼓励发展多种融资模式，积极开拓国内外市场，打造世界级工程设计施工之都。

2. 加快开发区产业集聚发展。全面推进全省开发区产业发展规划编制和评审工作，根据各地资源禀赋、产业基础和区位特点，合理定位产业发展方向，引导生产要素向开发区、产业园区集聚，培育壮大开发区主导产业，完善上中下游产业链。适当超前规划开发区基础设施、公共服务设施，科学规划二、三产业发展，形成一批产城融合示范区，争创国家级新型工业化示范基地，支持具备条件的省级开发区申报国家级开发区或高新区。

---

① 工业"四基"能力：核心基础零部件、关键基础材料、先进基础工艺和产业技术基础。

3. 加快推进老工业区综合改造。继续推进武汉、襄阳、宜昌、黄石、荆州、十堰、荆门等老工业基地城市按照实施方案、时间表和路线图，有序实施城区老工业区搬迁改造，鼓励位于城区的老工业区企业向开发区、工业园（区）等搬迁集聚，同步推进技术改造和改制重组。因地制宜，实施"退二进三"和"退二优二"，形成多元发展、多业并举、多点支撑的发展态势，创建老工业基地转型升级示范区。

4. 构建"专精特新"的中小企业集群。引导和支持中小企业专业化、精益化、特色化、集群化发展，加快民营企业现代企业制度建设，推动中小企业、民营企业进一步优化结构和转型成长，瞄准发展潜力较强、市场前景广阔的产业领域，培育一批产业细分行业"小巨人"、"配套专家"和"单项冠军"。

第三节　推进产业融合发展

推进产城融合、信息化与三产融合、军民融合发展，构建交叉渗透、交互作用、跨界融合的产业协同发展的现代系统。

1. 推进产城融合发展。推动城镇化建设与产业集聚的协调发展，以产业集聚带动城镇化，以城镇化促进产业集聚。以产业集聚区为载体，积极支持条件成熟地区开展产城融合示范区建设工作，完善配套基础设施建设，加快产业园区从单一的生产型园区经济向综合型城市经济转型。将城镇化与调整优化产业结构结合起来，完善城镇化体制机制，提高城乡基本公共服务均等化水平，提高资源利用效率，改善生态环境质量，保障和改善民生，为新型工业化和新型城镇化探索路径提供示范。

2. 推动信息化与三产融合发展。大力推进企业开展"智能制造、服务型制造"，推动信息化与工业化、制造业与生产性服务业、"互联网＋"与农业等深度融合。充分利用互联网、物联网、大数据、云计算、人工智能等新一代信息技术改造提升支柱产业，提升制造业数字化、网络化和智能化水平，促进供给与需求精准匹配。加快新技术、新模式和新业态在制造业产品研发与设计、物流与供应链管理、品牌与售后服务等全流程的集成应用，鼓励制造业企业由以产品制造为核心向产品、服务和整体解决方案并重转变，从提供设备向提供设计、承接项目、系统维护和管理运营一体化服务转变。推动互联网与农业生产经营的加速融合，完善新型农业生产经营体系，培育多样化农业互联网管理服务模式。

3. 推动军民融合发展。坚持"军转民"与"民参军"、保障军品与发展民品相结合，强化改革创新，拓展军民融合新形式。结合市场需求和产业发展方向，开展联合攻关，破解关键基础材料、核心基础零部件、先进基础工艺等制约瓶颈，加快船舶与海洋工程装备国家新型工业化产业示范基地、航空航天工业园、军民结合产业园等建设。完善军民融合发展体制机制，积极争取开展军民融合改革试点，大力促进军民协同创新，推动军民技术双向转化应用，建设军民融合创新示范区。发展光电信息、民用航空、商用航天、汽车零部件、应急装备等军民融合特色产业，培育一大批军民融合领军企业和优势产业，实现军工经济与地方经济优势互补、深度融合、协调发展。

第四节　促进产业协同发展

引导区域产业合理布局，推动沿江产业合理有序转移，探索多种形式的产业转移合作模式，引导产业因地制宜、突出特色、错位互补协同发展。

1. 承接长江经济带产业转移。通过建设跨区域合作示范带，实现区域协同发展。有序推进承接产业转移示范区建设，引导产业有序转移，发展"飞地经济"，推动长江经济带湖北段与其他地区的产业合作。深入推进黄梅小池滨江新区开放开发，加快推进小池与九江融合发展。以武汉城市圈和荆州承接产业转移示范区为重点，科学承接长江下游地区产业转移。加快产业扶贫，积极利用扶贫帮扶大别山革命老区和对口支援三峡库区、丹江口库区等多种区域合作机制，建立产业转移合作平台。加强与沿江地区旅游合作，共建长江国际黄金旅游带。立足资源环境承载力，严格产业准入，逐步建立优势传统产业总部经济与生产基地合理配置的区域布局。

2. 促进上下游产业联动发展。统筹人口分布、经济布局与资源环境承载力，突出产业转移重点，提高生产要素配置效率，实现城乡、区域产业联动发展。构筑沿江产业链，促进上下游产品联动开发，有机衔接生产流通等环节，形成分工合理、特色鲜明、优势互补的产业协同发展格局。加快武汉城市圈、襄十随、宜荆荆产业一体化进程，发挥武汉、襄阳、宜昌等城市产业辐射引领作用，建设沿江腹地产业梯度转移承接地，引导中心城市的资源加工型、劳动密集型产业、以内需为主的资金和技术密集型产业向中小城市转移，促进生产要素流通。

第六章　实施绿色示范重大工程

实施绿色示范重大工程，是推进湖北长江经济带产业绿色发展的载体和抓手。通过实施绿色示范重大工程，推进传统产业转型升级和战略性新兴产业的发展壮大，提升服务业对一、二产业的支撑能力以及农业绿色发展水平。

第一节　实施绿色制造推广工程

1. 开展节能增效。对企业锅炉、电机等高耗能设备进行系统节能改造，提高资源利用效率。提升工程机械、汽车装备等再制造技术水平。推动再生资源清洁化回收、规模化利用，重点加强城镇生活、工业、建筑等废弃物综合利用，提高循环资源产出率。推动传统基础制造工艺绿色化发展，降低能耗，节约原辅材料，减少废弃物排放。

2. 开展清洁化改造。围绕重点污染物开展清洁生产技术改造，推广绿色基础制造工艺，降低污染物排放强度，促进大气、水、土壤污染防治行动计划落实。推进能源、造纸、钢铁、水泥、玻璃等行业的清洁化改造，减少二氧化碳、二氧化硫、氮氧化物、烟（粉）尘、氨氮等污染物排放。推动工业园区生产过程清洁化工艺技术改造，削减重金属、挥发性有机物、持久性有机物等非常规污染物排放量。加强尾矿整体利用和综合治理，恢复尾矿库原地的生态面貌。重点开发生物转化、高产低耗菌种、高效提取纯化等清洁生产技术，加强发酵类大宗原料药污染防治。

3. 开发应用节水技术。加强水资源高效开发利用技术体系和实验基地平台建设。对化工、钢铁、造纸、印染、食品、医药等行业实施节水技术升级改造，提高城市中水、矿井水、高浓度盐水等非常规水资源利用效率，建设水资源高效利用工程。

4. 开展循环经济试点。以"减量化、再利用、资源化"为主要内容，抓好20家国家级循环经济示范点建设。引入"互联网＋"理念，探索、规范、提升传统型再生资源回收利用模式，提升产业园区或集聚区服务能力，实现资源利用无缝对接，构建循环经济产业链。

第二节　实施智能化改造工程

1. 推进制造业智能化集成。推进信息技术和制造技术融合创新，在电子信息、汽车、装备等重点行业选择一批企业进行试点。着力抓好50家国家和省级智能制造试点示范，带动1000家企业实施智能化改造，深入推进14个国家级，26个省级新型工业化示范基地建设。创新工业机器人推广模式，支持企业应用工业机器人等自动化设备，把湖北建设成为全国领先的工业机器人智能装备产业发展集聚区和应用示范区。

2. 搭建云服务平台。加快网络经济强省建设，大力推进"楚天云""长江云"及"行业云"等信息平台建设。通过互联网、云计算等技术，建设工业互联网，统筹布局建设省内物联网和工业云等工业互联网平台，依托平台，推进研发设计、数据管理、工程服务等制造资源的开放共享，推进生产制造设备联网、云端监测和智能管控，提升整体生产效率和产品品质，实现制造需求和社会化制造资源的无缝对接。

第三节　实施"三品"提升工程

1. 大力丰富消费品种。支持企业深度挖掘用户需求，开展个性化定制、柔性化生产，丰富和细化消费品种类。推广应用"众包"等新型创意设计组织方式，培育一批网络化创新设计平台，提高创意设计水平。发展个性化、时尚化、功能化、绿色化消费品，增加中高端消费品供给。大力发展智能家电等智能消费品，研发营养与健康食品等健康类消费品。满足不同民族特色文化需求，发展民族文化特色消费品。

2. 实施品质提升行动。引导企业与国外中高端消费品对标，推进国内消费品标准与国际标准接轨。推进消费品工业领域省级产业计量测试中心建设，推广覆盖产品全生命周期的测量管理体系。制定实施消费品标准化和质量提升规划，推广工艺参数及质量在线监控系统，提高产品性能稳定性及质量一致性，提高企业质量控制和质量管理的信息化水平。加快发展第三方质量检验检测和认证服务。

3. 实施品牌创建行动。弘扬工匠精神，打造更多消费者满意的知名品牌。以服装、纺织、食品等消费品行业为重点，开展品牌创建、培育、宣传活动，培育湖北知名品牌。推动各地、各行业建立品牌商品工商对接机制，开展知名品牌产品"全国行""网上行"和"进名店"等活动，提高品牌竞争力。建立品牌人才培训服务机构，加强在职人员培训，形成多层次的品牌人才培养体系。选择特定行业和特定区域推行定制化生产试点，以点带面，打响"湖北定制"品牌。

第四节　实施服务型制造转型工程

围绕拓展产品功能和满足用户需求，增加研发设计、物流、营销、售后服务、企业管理、供应链管理、品牌管理等服务环节投入，提升服务价值在企业产值中的比重。增加服务要素在制造业投入产出活动中的比重，强化产业链两端资源投入，推动制造业企业向系统集成服务商转型，鼓励生产性服务业向制造业反延伸发展。支持在船舶、航空航天、纺织服装等特定行业推行服务型制造定制化生产模式。引导钢铁、装备等行业从单纯提供产品向提供设计、制造、安装及运维服务等一体化服务转变。

第五节 实施现代农业发展工程

1. "互联网＋"现代农业行动。加快农村综合信息服务平台建设，大力推进农业电商计划。在沿江地区推动互联网与农业生产经营各环节加速融合，壮大一批网络化、智能化、精细化的现代农场并形成示范带动效应，支撑新型农业经营体系加快完善。培育多样化农业互联网管理服务模式，健全农产品追溯体系，带动我国农业现代化、精细化水平全面提升。

2. 农业产业链延伸计划。支持农村开展农产品深加工，发展特色种养业、农产品加工业、农村服务业，提高农业和农产品附加值。扶持发展一村一品、一乡（县）一业，推进农村品牌建设。积极发展都市生态农业、山区立体生态农业，推广节能减排型生态农业技术模式，促进生态旅游观光型农业发展。

第七章 保障措施

第一节 加强组织领导

建立省推进产业绿色发展领导小组，统筹协调各项工作的开展；建立责任明确、协调有序、监管有力的产业绿色发展工作体系，切实履行相关职责。加强本规划与《湖北长江经济带生态保护和绿色发展总体规划》及其他专项规划的衔接，与各地市国民经济和社会发展"五年"规划及环保等重大专项规划的衔接，动态调整、优化全省现代产业布局。

第二节 强化要素保障

1. 强化资金保障

建立健全绿色金融体系和机制，为绿色发展提供融资支持。进一步完善价格和财税体系，提高企业绿色生产的收益或加大污染成本，增加绿色投资项目的现金流和竞争力。财政政策与绿色金融相结合，通过贷款贴息或风险补偿等方式，发挥"四两拨千斤"的作用，促进资金投向绿色发展项目。绿色信贷与国家节能减排、循环经济专项相结合，优先支持绿色发展项目。积极探索各种绿色金融工具的运用，包括绿色贷款、绿色债券、绿色保险、绿色基金等。

2. 强化智力支撑

充分依托高校、科研机构、企业的智力资源和研究平台，建立湖北产业绿色发展专家咨询库和咨询委员会，为科学制定湖北长江经济带产业绿色发展的重大政策、制度、规划提供决策参考。针对产业绿色发展的重要领域，依托全省重大人才工程，实施"百人计划""科技创业领军人才扶持计划"等引智工程，大力引进国内外优秀的行业领军人才和技术团队在鄂创新创业。建立产业领军人才需求库和信息库，加强与人才服务机构的战略合作，靶向引进"高精尖缺"人才，为产业绿色发展提供强有力的人才和智力支持。

3. 完善政策工具

根据实施和监督的成本效益，选择政策工具，以多种方式分类支持绿色生产和消费。对便于量化监督的能耗和污染排放，利用价格、税收和补助等政策，通过阶梯价格调整等工具，引导调整资源消费和生产方式，提高利用效率。对于实施和监督成本较高的领域，则应发挥民间社会组织和公众的监督配合作用。完善政府采购法，促进政府优先采购绿色产品和服务。对进入特色产业集群的企业购买土地给予优惠地价，重点项目优先列入全省重点项目库，在用地指标上给予倾斜。

第三节 完善法制保障

1. 完善生态法规体系

加强湖北长江经济带生态保护和绿色发展方面的立法工作，建立健全生态保护和绿色发展法规体系。清理修订与生态优先、绿色发展要求不相适应的地方性法规、规章和政策，进一步完善发展生态产业、推进循环经济、推广清洁生产等方面的地方性法规，建立生态保护红线、环境承载底线、资源利用上线约束机制，在禁止开发区、重点生态功能区探索建立多元化生态保护补偿机制，逐步扩大补偿范围，合理提高补偿标准。建立健全环境污染责任保险制度，扩大环境污染责任保险覆盖面。加大环境保护督查力度，严格执行生态环境损害责任终身追究制度和环境破坏赔偿制度。积极配合国家做好长江法的立法工作。

2. 加大执法监管力度

认真落实省人大《关于大力推进长江经济带生态保护和绿色发展的决定》等规范性文件精神，强化各级政府部门间协调机制，落实主责部门主体责任，按照"谁主管、谁牵头、谁负责"原则，加强行政监管；建立环境司法专门化制度，推动省市两级公检法三机关设立环境专门机构，推进环境联动司法和联动执法；完善生态保护行政执法与司法联动机制，联合打击环境违法犯罪行为。定期曝光违反负面清单管理的企业。建立企业环保信用档案制度，对失信企业要加大处罚和责任追究力度。通过统一的信用信息共享平台严格控制高污染、高排放企业的准入和转移。

3. 强化环保执法

完善企业环境在线监控设施硬件设施建设，实施在线超标预警，将所有数据实时地传递至数据库系统，进行汇总、分析。加强环境监察的日常监管，做到"人技并举，双管齐下"，杜绝偷排漏排等违法行为，确保环境安全。健全环境信息公布制度，全面推进网格化管理，接受社会监督。

第四节　创新体制机制

1. 完善绿色标准体系

健全绿色市场体系，增加绿色产品供给，统一绿色产品内涵和评价方法，建立统一的绿色产品标准、认证、标识体系，创新绿色产品评价标准供给机制。围绕产业链全过程，涵盖原材料选择、产品及工艺设计、生产加工、销售运输、废弃物回收等全生命周期环节，从能源消耗、资源消耗，以及对环境产生影响等维度，制定节能、节水、节地、节材、清洁生产、循环利用、污染物排放、环境监测等强制性标准，通过不断提升节能环保门槛倒逼各级政府、企业转型升级。培育专业的第三方评估机构，完善绿色发展标准，对绿色生产和服务活动的风险和效果开展评估。

2. 构建绿色化的统计制度

加快修订国民经济行业分类目录，细化节能环保等新兴产业分类；围绕产业链全过程，从能源消耗、资源消耗、对环境产生影响等维度，构建产业发展统计指标体系。建立环境信息的监测和共享机制。加快整合各地区和各部门的环境统计口径，依据主体功能区制定差异化的生态环境监测标准，构建统一的环境数据共享平台，提高负面清单管理的透明性。同时，根据环境监测数据动态调整和优化负面清单项目。

3. 创新生态环保投资运营机制

积极开展碳排放权、排污权、节能量等交易试点，推进排污权有偿使用和交易试点，建立排污权有偿使用制度，规范排污权交易市场，鼓励社会资本参与污染减排和排污权交易。加快调整主要污染物排污费征收标准，实行差别化排污收费政策。加快碳排放权交易制度试点，探索森林碳汇交易，发展碳排放权交易市场，鼓励和支持社会投资者参与碳配额交易，通过金融市场发现价格的功能，调整不同经济主体利益，有效促进环保和节能减排，逐步建立和完善碳排放权的形成机制、分配机制、交易机制、价格形成机制、登记核查机制和市场监管机制六大机制。

4. 构建绿色化的考核评价制度

进一步强化绿色发展目标责任评价考核，加强监督检查，保障规划目标和任务的完成。针对不同的功能区域定位，分类建立区域发展成果评价指标体系，加大化石能源消耗、新能源利用、资源节约、清洁生产、环境损害、生态效益等指标权重，合理降低 GDP 权重；根据不同区域的能源、资源禀性和发展阶段，优化考核评价标准。完善干部考核评价任用制度，建立领导干部实行自然资源资产、环境责任的任期审计和离任审计，对造成严重污染环境、严重破坏生态的实行终身追责。

附件　湖北省资源环境承载力评价

根据"省级主体功能区域划分技术规程"设计的 10 项基础指标中，有 6 项（可利用土地资源、可利用水资源、环境容量、生态系统脆弱性、生态重要性、自然灾害危险性）与资源环境承载力相关的指标，分别反映了土地资源、水资源、大气和水环境、生态等要素的潜力和分布情况。6 项指标的计算方法见附表。

附表　资源环境承载力计算方法

序号	指标项	具体指标	指标项及具体指标算法	所需底层数据
1	可利用土地资源	可新增建设用地面积、可新增建设用地的斑块破碎度	可新增建设用地面积＝适宜建设用地面积－适宜建设用地面积中所含已有建设用地面积－适宜建设用地面积中所含基本农田面积－适宜建设用地面积中所含自然保护区面积　可新增建设用地的斑块破碎度＝［可新增建设用地的斑块的数量］／［可新增建设用地面积］	1：400 万湖北省地形图（矢量或栅格）；1：400 万湖北省土地利用现状图（矢量或栅格），近年；1：400 万湖北省土地利用规划图（矢量或栅格），近年

续表

序号	指标项	具体指标	指标项及具体指标算法	所需底层数据
2	可利用水资源	可利用水资源量	［可利用水资源量］=［可开发利用水资源量］－［已开发利用水资源量］； ［可开发利用水资源量］=｛［多年平均总水资源量］＋［多年年入境水资源量］｝×a； ［已开发利用水资源量］=［2014年生产用水量］＋［2014年生活用水量］＋［2014城镇年公共用水量］； ［城镇公共用水量］=［城镇年供水量］×b	1996－2014年湖北省多年平均水资源量； 1996－2014年湖北省多年平均入境水资源量； 2014年湖北省生产用水量、生活用水量、生态用水量、城镇公共用水量
3	环境容量	大气环境容量（SO_2）、水环境容量（氨氮、化学需氧量）	各县市 SO_2 的环境容量 = Ai × (Cki － C0) × Si/√S 各县市化学需氧量环境容量 = ∑ (Ci － CiO) × Qi 各县市氨氮环境容量 = ∑ (Cni － Cno) × Qi 各县市特定污染物环境容量承载能力 = (Pi － Gi)/Gi	Ai——地理区域总量控制系数； Cki——SO_2 标准年日平均浓度； C0——SO_2 背景浓度； Si——各县市的面积； S——湖北省总面积； Ci——COD 目标浓度； Qi——可利用水量； Cio——COD 本底浓度； Cni——氨氮目标浓度； Cno——氨氮本底浓度； Pi——年平均排放量
4	生态系统脆弱性	生态系统脆弱性、土壤侵蚀脆弱性	生态系统脆弱性 = MAX｛［土壤侵蚀脆弱性］，［土地沙漠化脆弱性］，［石漠化脆弱性］，［土壤盐渍化脆弱性］｝=［土壤侵蚀脆弱性］	土壤平均侵蚀模数(2014)
5	生态重要性	生态重要性、森林生态系统重要性、湿地生态系统重要性、生物多样性重要性、湖泊生态系统重要性	生态系统重要性 = MAX｛［森林生态系统重要性］，［湿地生态系统重要性］，［生物多样性重要性］，［湖泊生态系统重要性］｝ 林地覆盖率 = 乡镇林地面积/国土总面积 湿地面积比率（狭义）= 乡镇湿地面积（狭义）/国土总面积 物种数量比率 = 乡镇物种数量/湖北物种数量 湖泊面积比率 = 乡镇湖泊面积/国土总面积	县市森林面积（2014年森林覆盖率）；县市湿地面积（2014年，除去湖泊的面积）、物种数量、湖北物种数量、县市湖泊面积(面积比)

续表

序号	指标项	具体指标	指标项及具体指标算法	所需底层数据
6	自然灾害危险性	自然灾害危害性、自然致灾因子综合指数、自然成灾因子综合指数	自然灾害危险性 =（自然致灾因子综合指数 + 自然灾害成灾综合指数）/2 自然致灾因子综合指数： $Zh = Hd/Max（Hd）+ Hi/Max（Hi）+ Hc/Max（Hc）$ Hd——自然致灾因子多度：$Hd = n/N$ 其中 n 为县域自然致灾因子数，N 为湖北自然致灾因子数 Hi——自然致灾因子相对强度：$Hi = \sum Pi \times Si$ 其中 Pi 为第 i 种致灾因子的相对强度①，Si 为该种致灾因子的面积比 Hc——自然致灾因子被灾指数：$Hc = \sum Si$ 其中 Si 为县域第 i 种致灾因子影响面积比 Si 自然灾害成灾综合指数： $Ch = Dd/Max（Dd）+ Df/Max（Df）+ Dr/Max（Dr）$ Dd——自然灾害成灾多度②：$Dd = n/N$ 其中 n 为县域自然灾害灾种数，N 为湖北自然灾害灾种数 Df——自然灾害频次：$Df = m/Y$ 其中 m 为县域自然灾害发生次数，Y 为统计年数 Dr——自然灾害灾次比：$Dr = m/M$ 其中 m 为县域自然灾害发生次数，M 为湖北自然灾害发生次数	自然灾害多年发生次数、自然灾害多年灾种数、自然灾害多年分灾种受灾面积、农作物病虫灾害多年发生区域、发生面积（作物病害、作物虫害）、森林病虫害多年发生区域、发生面积（分地市）、地震活动多年分区域发生次数、地质灾害多年发生次数、发生区域、受灾面积（滑坡、泥石流、沉陷）、农业自然灾害多年发生次数、发生区域、农作物受灾面积（暴雨洪涝及次生灾害、雷雨大风及冰雹、干旱）、洪涝旱灾害多年发生次数、发生区域、受灾面积

　　根据资源环境承载力 6 项指标计算结果，利用 ARCGIS10.2 软件，每个指标分别进行地理可视化表达（见附图 1①），然后进行要素栅格转换，运用空间分析模块，进行叠加分析，叠加各项生态敏感因素，得出资源环境承载能力综合评价结果（见附图 2）。

---

　　① 将各单项因子进行叠加分析，得出综合承载力评价图，其中：评价值 8～12 绿色区域代表不超载，13～17 黄色区域代表临界超载，18～19 红色区域代表超载。

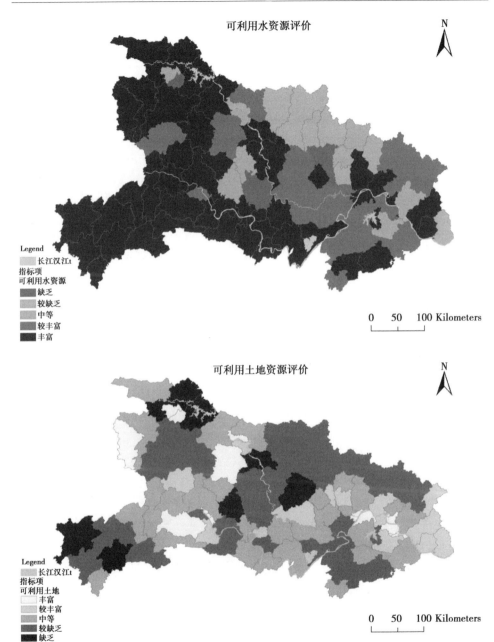

附图1　湖北省长江经济带资源环境因子分项评价图

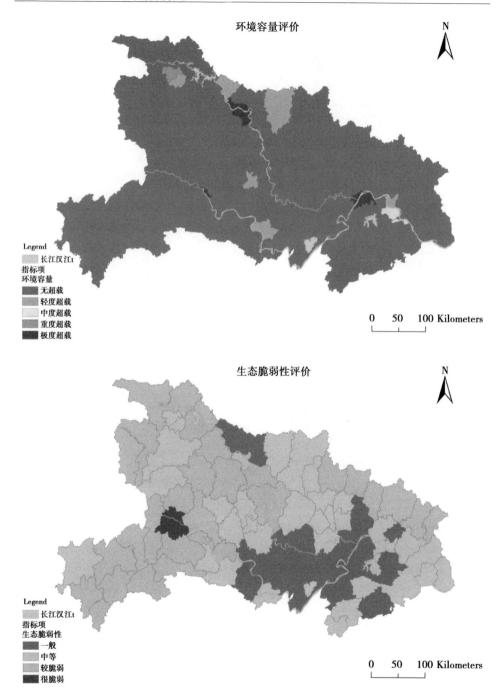

附图1　湖北省长江经济带资源环境因子分项评价图（续）

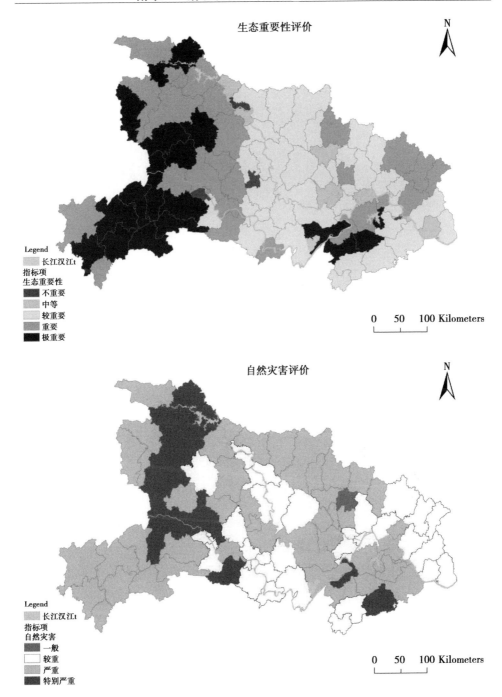

生态重要性评价

N

Legend
长江汉江t
指标项
生态重要性
不重要
中等
较重要
重要
极重要

0　　50　　100 Kilometers

自然灾害评价

N

Legend
长江汉江t
指标项
自然灾害
一般
较重
严重
特别严重

0　　50　　100 Kilometers

附图1　湖北省长江经济带资源环境因子分项评价图（续）

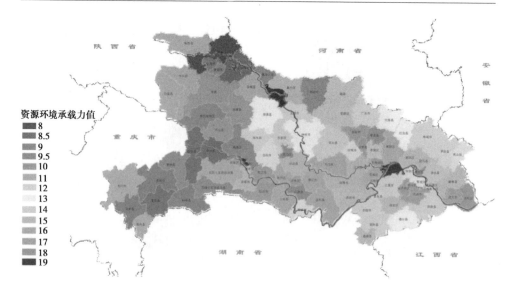

附图 2　湖北省长江经济带资源环境承载力综合评价图

注：将各单项因子进行叠加分析，得出综合承载力评价图，其中：评价值 8～12 绿色区域代表不超载，13～17 黄色区域代表临界超载，18～19 红色区域代表超载。

附录4 中共中央、国务院《关于建立健全生态产品价值实现机制的意见》（2021）

建立健全生态产品价值实现机制，是贯彻落实习近平生态文明思想的重要举措，是践行绿水青山就是金山银山理念的关键路径，是从源头上推动生态环境领域国家治理体系和治理能力现代化的必然要求，对推动经济社会发展全面绿色转型具有重要意义。为加快推动建立健全生态产品价值实现机制，走出一条生态优先、绿色发展的新路子，现提出如下意见。

一、总体要求

（一）指导思想。以习近平新时代中国特色社会主义思想为指导，全面贯彻党的十九大和十九届二中、三中、四中、五中全会精神，深入贯彻习近平生态文明思想，按照党中央、国务院决策部署，统筹推进"五位一体"总体布局，协调推进"四个全面"战略布局，立足新发展阶段、贯彻新发展理念、构建新发展格局，坚持绿水青山就是金山银山理念，坚持保护生态环境就是保护生产力、改善生态环境就是发展生产力，以体制机制改革创新为核心，推进生态产业化和产业生态化，加快完善政府主导、企业和社会各界参与、市场化运作、可持续的生态产品价值实现路径，着力构建绿水青山转化为金山银山的政策制度体系，推动形成具有中国特色的生态文明建设新模式。

（二）工作原则
——保护优先、合理利用。尊重自然、顺应自然、保护自然，守住自然生态安全边界，彻底摒弃以牺牲生态环境换取一时一地经济增长的做法，坚持以保障自然生态系统休养生息为基础，增值自然资本，厚植生态产品价值。
——政府主导、市场运作。充分考虑不同生态产品价值实现路径，注重发挥政府在制度设计、经济补偿、绩效考核和营造社会氛围等方面的主导作用，充分发挥市场在资源配置中的决定性作用，推动生态产品价值有效转化。

——系统谋划、稳步推进。坚持系统观念，搞好顶层设计，先建立机制，再试点推开，根据各种生态产品价值实现的难易程度，分类施策、因地制宜、循序渐进推进各项工作。

——支持创新、鼓励探索。开展政策制度创新试验，允许试错、及时纠错、宽容失败，保护改革积极性，破解现行制度框架体系下深层次瓶颈制约，及时总结推广典型案例和经验做法，以点带面形成示范效应，保障改革试验取得实效。

（三）战略取向

——培育经济高质量发展新动力。积极提供更多优质生态产品满足人民日益增长的优美生态环境需要，深化生态产品供给侧结构性改革，不断丰富生态产品价值实现路径，培育绿色转型发展的新业态新模式，让良好生态环境成为经济社会持续健康发展的有力支撑。

——塑造城乡区域协调发展新格局。精准对接、更好满足人民差异化的美好生活需要，带动广大农村地区发挥生态优势就地就近致富、形成良性发展机制，让提供生态产品的地区和提供农产品、工业产品、服务产品的地区同步基本实现现代化，人民群众享有基本相当的生活水平。

——引领保护修复生态环境新风尚。建立生态环境保护者受益、使用者付费、破坏者赔偿的利益导向机制，让各方面真正认识到绿水青山就是金山银山，倒逼、引导形成以绿色为底色的经济发展方式和经济结构，激励各地提升生态产品供给能力和水平，营造各方共同参与生态环境保护修复的良好氛围，提升保护修复生态环境的思想自觉和行动自觉。

——打造人与自然和谐共生新方案。通过体制机制改革创新，率先走出一条生态环境保护和经济发展相互促进、相得益彰的中国道路，更好彰显我国作为全球生态文明建设重要参与者、贡献者、引领者的大国责任担当，为构建人类命运共同体、解决全球性环境问题提供中国智慧和中国方案。

（四）主要目标。到 2025 年，生态产品价值实现的制度框架初步形成，比较科学的生态产品价值核算体系初步建立，生态保护补偿和生态环境损害赔偿政策制度逐步完善，生态产品价值实现的政府考核评估机制初步形成，生态产品"难度量、难抵押、难交易、难变现"等问题得到有效解决，保护生态环境的利益导向机制基本形成，生态优势转化为经济优势的能力明显增强。到 2035 年，完善的生态产品价值实现机制全面建立，具有中国特色的生态文明建设新模式全面形成，广泛形成绿色生产生活方式，为基本实现美丽中国建设目标提供有力支撑。

二、建立生态产品调查监测机制

（五）推进自然资源确权登记。健全自然资源确权登记制度规范，有序推进统一确权登记，清晰界定自然资源资产产权主体，划清所有权和使用权边界。丰富自然资源资产使用权类型，合理界定出让、转让、出租、抵押、入股等权责归属，依托自然资源统一确权登记明确生态产品权责归属。

（六）开展生态产品信息普查。基于现有自然资源和生态环境调查监测体系，利用网格化监测手段，开展生态产品基础信息调查，摸清各类生态产品数量、质量等底数，形成生态产品目录清单。建立生态产品动态监测制度，及时跟踪掌握生态产品数量分布、质量等级、功能特点、权益归属、保护和开发利用情况等信息，建立开放共享的生态产品信息云平台。

三、建立生态产品价值评价机制

（七）建立生态产品价值评价体系。针对生态产品价值实现的不同路径，探索构建行政区域单元生态产品总值和特定地域单元生态产品价值评价体系。考虑不同类型生态系统功能属性，体现生态产品数量和质量，建立覆盖各级行政区域的生态产品总值统计制度。探索将生态产品价值核算基础数据纳入国民经济核算体系。考虑不同类型生态产品商品属性，建立反映生态产品保护和开发成本的价值核算方法，探索建立体现市场供需关系的生态产品价格形成机制。

（八）制定生态产品价值核算规范。鼓励地方先行开展以生态产品实物量为重点的生态价值核算，再通过市场交易、经济补偿等手段，探索不同类型生态产品经济价值核算，逐步修正完善核算办法。在总结各地价值核算实践基础上，探索制定生态产品价值核算规范，明确生态产品价值核算指标体系、具体算法、数据来源和统计口径等，推进生态产品价值核算标准化。

（九）推动生态产品价值核算结果应用。推进生态产品价值核算结果在政府决策和绩效考核评价中的应用。探索在编制各类规划和实施工程项目建设时，结合生态产品实物量和价值核算结果采取必要的补偿措施，确保生态产品保值增值。推动生态产品价值核算结果在生态保护补偿、生态环境损害赔偿、经营开发融资、生态资源权益交易等方面的应用。建立生态产品价值核算结果发布制度，适时评估各地生态保护成效和生态产品价值。

四、健全生态产品经营开发机制

（十）推进生态产品供需精准对接。推动生态产品交易中心建设，定期举办生态产品推介博览会，组织开展生态产品线上云交易、云招商，推进生态产品供给方与需求方、资源方与投资方高效对接。通过新闻媒体和互联网等渠道，加大生态产品宣传推介力度，提升生态产品的社会关注度，扩大经营开发收益和市场份额。加强和规范平台管理，发挥电商平台资源、渠道优势，推进更多优质生态产品以便捷的渠道和方式开展交易。

（十一）拓展生态产品价值实现模式。在严格保护生态环境前提下，鼓励采取多样化模式和路径，科学合理推动生态产品价值实现。依托不同地区独特的自然禀赋，采取人放天养、自繁自养等原生态种养模式，提高生态产品价值。科学运用先进技术实施精深加工，拓展延伸生态产品产业链和价值链。依托洁净水源、清洁空气、适宜气候等自然本底条件，适度发展数字经济、洁净医药、电子元器件等环境敏感型产业，推动生态优势转化为产业优势。依托优美自然风光、历史文化遗存，引进专业设计、运营团队，在最大限度减少人为扰动前提下，打造旅游与康养休闲融合发展的生态旅游开发模式。加快培育生态产品市场经营开发主体，鼓励盘活废弃矿山、工业遗址、古旧村落等存量资源，推进相关资源权益集中流转经营，通过统筹实施生态环境系统整治和配套设施建设，提升教育文化旅游开发价值。

（十二）促进生态产品价值增值。鼓励打造特色鲜明的生态产品区域公用品牌，将各类生态产品纳入品牌范围，加强品牌培育和保护，提升生态产品溢价。建立和规范生态产品认证评价标准，构建具有中国特色的生态产品认证体系。推动生态产品认证国际互认。建立生态产品质量追溯机制，健全生态产品交易流通全过程监督体系，推进区块链等新技术应用，实现生态产品信息可查询、质量可追溯、责任可追查。鼓励将生态环境保护修复与生态产品经营开发权益挂钩，对开展荒山荒地、黑臭水体、石漠化等综合整治的社会主体，在保障生态效益和依法依规前提下，允许利用一定比例的土地发展生态农业、生态旅游获取收益。鼓励实行农民入股分红模式，保障参与生态产品经营开发的村民利益。对开展生态产品价值实现机制探索的地区，鼓励采取多种措施，加大对必要的交通、能源等基础设施和基本公共服务设施建设的支持力度。

（十三）推动生态资源权益交易。鼓励通过政府管控或设定限额，探索绿化增量责任指标交易、清水增量责任指标交易等方式，合法合规开展森林覆盖率等资源权益指标交易。健全碳排放权交易机制，探索碳汇权益交易试点。健全排污权有偿使用制度，拓展排污权交易的污染物交易种类和交易地区。探索建立用能权交易机制。探索在长江、黄河等重点流域创新完善水权交易机制。

五、健全生态产品保护补偿机制

（十四）完善纵向生态保护补偿制度。中央和省级财政参照生态产品价值核算结果、生态保护红线面积等因素，完善重点生态功能区转移支付资金分配机制。鼓励地方政府在依法依规前提下统筹生态领域转移支付资金，通过设立市场化产业发展基金等方式，支持基于生态环境系统性保护修复的生态产品价值实现工程建设。探索通过发行企业生态债券和社会捐助等方式，拓宽生态保护补偿资金渠道。通过设立符合实际需要的生态公益岗位等方式，对主要提供生态产品地区的居民实施生态补偿。

（十五）建立横向生态保护补偿机制。鼓励生态产品供给地和受益地按照自愿协商原则，综合考虑生态产品价值核算结果、生态产品实物量及质量等因素，开展横向生态保护补偿。支持在符合条件的重点流域依据出入境断面水量和水质监测结果等开展横向生态保护补偿。探索异地开发补偿模式，在生态产品供给地和受益地之间相互建立合作园区，健全利益分配和风险分担机制。

（十六）健全生态环境损害赔偿制度。推进生态环境损害成本内部化，加强生态环境修复与损害赔偿的执行和监督，完善生态环境损害行政执法与司法衔接机制，提高破坏生态环境违法成本。完善污水、垃圾处理收费机制，合理制定和调整收费标准。开展生态环境损害评估，健全生态环境损害鉴定评估方法和实施机制。

六、健全生态产品价值实现保障机制

（十七）建立生态产品价值考核机制。探索将生态产品总值指标纳入各省（自治区、直辖市）党委和政府高质量发展综合绩效评价。推动落实在以提供生态产品为主的重点生态功能区取消经济发展类指标考核，重点考核生态产品供给能力、环境质量提升、生态保护成效等方面指标；适时对其他主体功能区实行经济发展和生态产品价值"双考核"。推动将生态产品价值核算结果作为领导干部自然资源资产离任审计的重要参考。对任期内造成生态产品总值严重下降的，依规依纪依法追究有关党政领导干部责任。

（十八）建立生态环境保护利益导向机制。探索构建覆盖企业、社会组织和个人的生态积分体系，依据生态环境保护贡献赋予相应积分，并根据积分情况提供生态产品优惠服务和金融服务。引导各地建立多元化资金投入机制，鼓励社会组织建立生态公益基金，合力推进生态产品价值实现。严格执行《中华人民共和国环境保护税法》，推进资源税改革。在符合相关法律法规基础上探索规范用地供给，服务于生态产品可持续经营开发。

（十九）加大绿色金融支持力度。鼓励企业和个人依法依规开展水权和林权等使用权抵押、产品订单抵押等绿色信贷业务，探索"生态资产权益抵押项目贷"模式，支持区域内生态环境提升及绿色产业发展。在具备条件的地区探索古屋贷等金融产品创新，以收储、托管等形式进行资本融资，用于周边生态环境系统整治、古屋拯救改造及乡村休闲旅游开发等。鼓励银行机构按照市场化、法治化原则，创新金融产品和服务，加大对生态产品经营开发主体中长期贷款支持力度，合理降低融资成本，提升金融服务质效。鼓励政府性融资担保机构为符合条件的生态产品经营开发主体提供融资担保服务。探索生态产品资产证券化路径和模式。

七、建立生态产品价值实现推进机制

（二十）加强组织领导。按照中央统筹、省负总责、市县抓落实的总体要求，建立健全统筹协调机制，加大生态产品价值实现工作推进力度。国家发展改革委加强统筹协调，各有关部门和单位按职责分工，制定完善相关配套政策制度，形成协同推进生态产品价值实现的整体合力。地方各级党委和政府要充分认识建立健全生态产品价值实现机制的重要意义，采取有力措施，确保各项政策制度精准落实。

（二十一）推进试点示范。国家层面统筹抓好试点示范工作，选择跨流域、跨行政区域和省域范围内具备条件的地区，深入开展生态产品价值实现机制试点，重点在生态产品价值核算、供需精准对接、可持续经营开发、保护补偿、评估考核等方面开展实践探索。鼓励各省（自治区、直辖市）积极先行先试，并及时总结成功经验，加强宣传推广。选择试点成效显著的地区，打造一批生态产品价值实现机制示范基地。

（二十二）强化智力支撑。依托高等学校和科研机构，加强对生态产品价值实现机制改革创新的研究，强化相关专业建设和人才培养，培育跨领域跨学科的高端智库。组织召开国际研讨会、经验交流论坛，开展生态产品价值实现国际合作。

（二十三）推动督促落实。将生态产品价值实现工作推进情况作为评价党政领导班子和有关领导干部的重要参考。系统梳理生态产品价值实现相关现行法律法规和部门规章，适时进行立改废释。国家发展改革委会同有关方面定期对本意见落实情况进行评估，重大问题及时向党中央、国务院报告。

后　记

第一次接触到生态经济是在华中农业大学攻读博士学位时，大约是 2003 年，听一个荷兰生态经济学家的讲座，但是由于语言障碍，当时对生态经济的了解十分有限，只有一个印象十分深刻，生态经济是经济学一个非常重要的分支！随着人类文明的发展，科技在带来生产力巨大发展的同时，也带来严重的环境问题，从生态的视角研究经济应运而生，这不仅关系经济发展，而且关系人类生存，所以可持续发展引起经济学界越来越多的关注和重视。

很长一段时间里，我的研究焦点在农业产业化和市场化，后来慢慢发现，随着农业产业化进程的推进，现代科技对农业的渗透越来越深入，农业可持续发展面临严峻挑战。

大别山是我出生的地方，那里的青山绿水构成了我全部童年的美好记忆！同所有怀旧思绪一样，家乡儿时的模样逐渐模糊，夏天供全村人共享的"大床"——满河黄沙几乎消失殆尽，河床就像一个瘦骨嶙峋的老人，露出了黑黑的泥底和残垣斑驳的河岸。一河清澈见底的山泉水现在好像经常断流，偶尔到河边，看着河水裹着白色垃圾艰难地迂回在被挖得坑坑洼洼的河道，心里就特别怀念孩提时鱼翔浅底的情境：水底鱼儿欢快的追赶、嬉戏，夏天放学回家，拿上鱼圈奔向河中，既是规定的任务，也是戏水的最好时候，一两个小时下来，虽然不可能有太多收获，但是绝对不会空手而归。那时家穷，奶奶舍不得我们自己享用"战利品"，每次把我们抓到的小鱼一个个清肠去沙，用食盐腌上两天，再摆到簸箕里暴晒风干，用陶罐封装保存，等到有贵客时或煎或炸，即为上等菜肴……作为对我们劳动的犒赏，通常把腌鱼析出的汁水，和了米粉，拌上辣椒，烙成煎粑，带着浓浓的鱼香，就是下饭的好菜，也挺能解馋！现在河里肯定是没有鱼了，且不说河水污染、断流，鱼很难觅食、产卵，更难成活。听说还有一种电鱼工具，连"鱼秧"都不放过，鱼自然绝后了！

有时回乡，责怪这些破坏环境的行为是农民的生态意识淡漠，目光短浅。大哥解释说，农民是善良的，即使是夜间偷偷出去电鱼的人，也尽可能不电击鱼秧。但是确实太穷了，大别山深处田地收成低，靠庄稼糊口都困难。每个家庭要供孩子上学，预备看病花钱，农村没有别的产业，农民没有收入来源，只能把能够变卖的资源拿去换点油盐钱，积攒孩子的学费或者老人的医药费！

如何破解山区、丘陵地区经济发展难题是一直萦绕在我心间的情结，这是我近十几年来一直苦苦追寻的答案，2009 年我出版了第一本专著——《中国农业市场发育与产业化》，考虑通过农业产业化破解大别山农村发展难题。后来发现，受制于山区交通和通信状况，大别山地区市场条件较差，仅物流成本一项就压垮很多产业发展。2015 年我写了第二本关于故乡发展的专著——《大别山"试验区"可持续发展路径选择》，提出调整产业结构，发展现代农业、新型工业和特色旅游，通过信息化替代，克服物流成本高昂瓶颈，促进大别山地区生态文明建设。但是，不得不承认，受制于经济发展水平，这些良好的愿望均因为市场主体缺失，仅依靠政府有限的资源勉强为之，效果自然大打折扣。

经济发展水平不高，人才、资金外流，乡村凋敝，经济发展水平更低……家乡似乎进入一个发展恶性循环的旋涡，越陷越深……我思虑再三，才有了这本专著的构思：大别山地区的绿色发展必须跳出大别山来思考，大别山的青山绿水不是仅仅恩泽大别山人，恰恰是惠及长江下游广大的"长三角"地区，这里是长江下游城市群的"肺"和"蓄水池"，为"长三角地区"源源不断地输送清洁空气和洁净的水源。如果大别山地区放弃这些生态功能，走大开发的道路，长江下游广袤城市群就会陷入缺氧、缺水的状态。如果说大别山的物产输出要消耗更多能源，导致产业发展困难。那么，长江下游工农业生产消耗更多的生态产品，怎么没有影响产业发展呢？谜底就在于：能源消费是要付费的，而且越来越昂贵。但是生态产品是免费的，用得越多占的便宜越大！这相当于大别山地区用别人的产品要花钱买，而别人用大别山的产品却不用付费，这种不对等交换关系直接导致大别山地区发展走向"恶性循环"！

就在昨天（2021 年 7 月 16 日），全国碳排放权交易市场正式上线交易，由湖北牵头建设的全国碳排放权注册登记系统和由上海牵头建设的数据报送系统随即分别投入运行，上海环境能源交易所负责全国碳市场的交易运营和维护。发电行业成为首个纳入全国碳市场的行业，纳入重点排放单位超过 2000 家。我国碳市场将成为全球覆盖温室气体排放量规模最大的市场，处于该市场最活跃的中心和"数据中枢"地位的湖北必将迎来绿色发展的风口。儿时天真的盼望"空气能卖钱"的时代真的到来了！而且随着绿色发展的深入推进，大别山生态价值将如同煤炭和石油勘探一样，逐步被"挖掘和开采"，真正实现"绿水青山就是金山银山"的美好愿望！

衷心希望，随着本书定稿，家乡真正能够找到生态保护与经济发展相辅相成崭新发展路径！

在本书即将付梓之际，伏案沉思，感触良多！本书同以往专著撰写过程很不相同，原来的团队成员羽翼渐丰，都有了自己研究的新天地，我不能过多打扰他们的研究思路，所以本书的每个字都是自己敲键盘"码出来"的。同时，我的工作岗位也有调整，从本科教学管理转变为研究生教育教学管理，新岗位还没有来得及熟悉，学校党委又将"申硕办"主任的重担交到我的肩上。我深深知道，新增硕士学位授予权是黄师几代人的梦想，唯其如此才能实现黄冈师范学院高质量发展！"天道酬勤"，人的潜能真是巨大的宝藏，在过去一千个日日夜夜里，我一边思考学校研究生教育教学改革，一边谋划申硕攻坚、决胜方案，同时兼顾本书的写作。随着本书的出版，我在三条战线都取得了满意的成绩：学校申硕实现湖北突围，以第二顺位推荐到国务院学位委员会参加评审；学校研究生学制"二改三"顺利推进，研究生招生规模在2020年翻一番的基础上，2021年再度大幅增长。衷心感谢党委书记王立兵的运筹帷幄和包容鼓励！感谢党委副书记陈向军校长身先士卒，始终与我们一起奋战在一线！感谢研究生处和申硕办两个团队的同志们精诚团结，无私奉献！感谢我的家人默默付出和坚定支持！

"潮平两岸阔，风正一帆悬。"值此建党100周年之际，谨以本书作为个人向党的百年华诞献礼！同时，站在新的起点，恰逢国家绿色发展的风口，谨以本书作为自己研究家乡发展再做一个注解！衷心祝愿本书能为家乡振兴和美好未来贡献一丝绵薄的力量，如此才不辜负一直关心和帮助我的领导、同仁和家人的期待！

夏庆利

2021 年 7 月 17 日于福星花园